〈グローバル・ヒストリー〉の中のキリスト教

近代アジアの出版メディアとネットワーク形成

ミラ・ゾンターク［編］

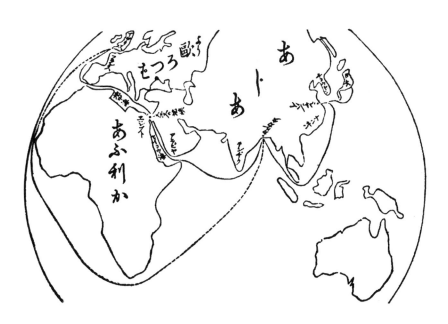

新教出版社

はじめに

　筆者は9年前から立教大学の全学共通カリキュラムの一環として「日本のキリスト教の歩み」と題した講義を担当してきたが、途中実施されたカリキュラム改革によってこの科目は4年前から「世界史の中のキリスト教」という科目群に配置された。それに伴って「日本キリスト教史」の表記がサブタイトルに移動された。筆者は新しい科目定義に共鳴したが、その時から例年の授業評価アンケートで「この講義は世界史の中のキリスト教と題されているが、履修したら日本のキリスト教についてであった。題名を変えて対象を明記した方がよい」と書く学生が出てきた。題名だけではなく、シラバスもしっかり読めば履修登録をする前にわかるはずだが、こうしたコメントのおかげで学生の頭の中に存在する「世界史」と「日本史」（自国史）との間の高い壁に気づくことができた。その壁は日本の後期中等教育での「世界史」と「日本史」との教科目の区別によって建てられたものだろう。韓国や中国など、他の東アジア諸国でも同様であるが、茨木が指摘した通り、「『歴史教育』という言葉は自国史教育と同義に使用される場合が多く、さらに、本来は自国史をも含んだ概念であるべき世界史は自国史を除いた外国史と同義とみなされる場合も少なくない」[1]。

　韓国と中国ですでに導入されている「東アジア史」はこの壁を崩し始めているものの、自国史と世界史との溝を埋めることはできていない。しかしこの課題は、「普遍性」を主張し、実際に世界中に普及している「世界宗教」の歴史を扱う場合さらに緊急性を増す。本書はその一つであるキリスト教に焦点を当てるが、これまで「キリスト教史」とされてきた歴史記述は果たして自国史と世界史とを統合し、一つの有機体として描く記述であったのだろうか。そうであったとすれば、そこから学ぶこともできるが、そうでなかったとすれば、まずは諸国の個別な発展を一つの「歴史」に繋げてみるべきである。キリスト教に注目するということは必ずしも条件となっていないが、この試みは1980年代に遡り、1982年に設立された世界史協会（World History Association）をもっ

1　茨木（2014）、18頁。茨木は「自国史と世界史を一つにした「歴史」による教育の重要性」を強調するが、そうした「「歴史」の研究者が存在しないことも確認できる」と述べる。同書、37頁。

て組織化を目指し、アメリカ合衆国の高等学校や大学のカリキュラムにおいて「西洋文明」（Western Civilization）の廃止と「世界史／グローバル・ヒストリー」（World History / Global History）の導入、そしてそれに伴う歴史教科書の改訂をもたらした。近年の日本では、これまでの外交史、国際関係史、外国史、そして諸国の歴史比較研究とは徹底的に異なる視点を持つ世界史への新しいアプローチが「グローバル・ヒストリー」として知られるようになった。

　この新しい視野から歴史を研究する学者は、世界各地の動向をあるテーマ設定の下で包括的に分析しようとするが、その際とくに「統合」──人々を一つの人類としてまとめていこうとする歴史的諸過程──と、「差異」──各地の歴史的発展の相違が明らかにする人間の経験の多様性──に注目する。このような研究は学際的および地域をまたぐ共同研究を通してしか実現され得ないことは言うまでもない。

　このアプローチを積極的に適用する「キリスト教のグローバル・ヒストリー」の具体的な狙いおよび方法論については盛んに議論されている[2]。そうした議論の重要な課題の一つは、6大陸に広がっているグローバル・ムーブメントとしてのキリスト教の文脈的、教派的、そして文化的な多様性を適切に反映する「キリスト教のグローバル・ヒストリー」は、どのような資料に基づいて書かれるべきかという課題である。キリスト教史は長い間、西洋人宣教師の英雄史または西洋教会の諸教派の教派史として、「西洋」という一つの中心から世界中に広められたキリスト教の拡大史として描かれてきた。それを意識して、代替的なアプローチを取り入れようとする時、西洋人によって集められ、作られた資料に十分含まれていない「現地人キリスト教徒の声」をどうやって拾うことができるかが問題となる[3]。これまでの30年間、さまざまな地域の「現地

2　近年の議論について Irvin 2008、Cabrita, Maxwell and Wild-Wood 2017 と Koschorke and Hermann 2014 を参照。

3　1960 年代以降、西洋からの独立を目指す運動が世界中で高まっていくにつれて、元宣教地域においてキリスト教の積極的な土着化が目指された。その結果、一方では土着思想を提示する神学著作が新しく執筆されたが、他方では各地のキリスト教史における土着キリスト教の先駆者が注目され、彼らが残した資料が再発見された。そしてそれらの「発掘」調査を支援するキリスト教組織も形成されていた。例として、CEHILA（Comisión des Estudios de Historia de la Iglesia Latinoamericana、ラテンアメリカの教会史研究会）、EATWOT（Ecumenical Association of Third World Theologians、第三世界神学者エキュメニカル協会）またはその教会史委員会（Church History Commission）や、

人キリスト教徒」が残した資料が多く収集され、著作集、資料集などとして研究者に提供されてきた。

　その一方、日本などの元「宣教地域」でもキリスト教史に対するアプローチが変わってきた。それまで無視されてきた諸現地のキリスト教徒に注目し、そして「土着」の解釈を評価するアプローチが取り入れられるようになったのである。しかし、「土着化」に注目するあまり、一地域（自国）を超えて諸地域、また世界に共通する現象や、地域をまたぐ繋がりにおいて生じた発展などには十分な注意が払われてこなかった。せっかく「現地人キリスト教徒の声」として収集された資料が十分に研究されておらず、特にグローバルな視点から研究されることがあまりにも少なかったと言わなければならない。今なお根深く存在する「自国史」と「世界史」との溝を埋める形で、本書は、特に19世紀末～20世紀初頭の地域・大陸をまたぐキリスト教ネットワークの形成において近代メディアが果たした役割をしっかり見つめようとしている。

　以上のことを踏まえて、本書の第1部では、1990年代から「キリスト教のグローバル・ヒストリー」の構築に貢献してきた、ミュンヘン大学（ドイツ）の名誉教授クラウス・コショルケの研究業績の一部を紹介し、キリスト教史をネットワーク形成の歴史として捉え直す。第2部では、同氏が立ち上げた研究チーム「グローバル・クリスチャニティのミュンヘン学派」（Munich School of World Christianity）の最新のプロジェクト（近代アジアとアフリカにおける現地キリスト教徒による新聞・雑誌の比較研究）の狙いと全体構造を提示した上で、その研究プロジェクトの中からアジア（インドとフィリピン）を対象とした事例研究を紹介する。第1部、第2部で取り上げる「グローバル・クリスチャニティのミュンヘン学派」の研究成果が日本に紹介されるのは本書が初めてとなる。さらに、第3部では、東アジア（日本、韓国、中国、台湾）のキリスト教史を専門とする研究者5名が、「グローバル・クリスチャニティのミュンヘン学派」に代表されるこの新しいアプローチにどう応答し、その研究を充実させながら、問題点として何を指摘してきたかを提示する。したがって本書は3部によって構成されており、第1部と第2部の論文は英語またはドイツ語から（本

DABOH（IAMS Mission Study Group, Documentation, Archives, Bibliography and Oral History、世界宣教学会の記録・文庫・文献・口頭歴史研究会）などが挙げられる。

書の狙いと形式に合わせながら）翻訳されたもので、第3部の諸章は最初から日本語で執筆されたものである。

　筆者はこれまで日本学、宗教学と思想史の研究者として主に近現代日本におけるキリスト教に焦点を当ててきたが、2014年の研究休暇中に取り組もうと考えた研究プロジェクトにふさわしい出張先を探した際にコショルケ氏とその研究チームに出会った。筆者の初期プロテスタント新聞研究のプロジェクトがミュンヘン大学の研究チームの最新の新聞・雑誌比較研究のプロジェクトと重なる部分が多く、筆者はチームの誰とも面識がなかったにもかかわらず快く迎え入れてもらった。13か月間コショルケ氏の研究チームに参加し、第7回ミュンヘン・フライジング国際会議にも、またアンドリュー・ウォールズ（1928-）と交えて、ミュンヘン大学とリバプール・ホープ大学の共同国際会議にも参加できたことは大変光栄であった。そこで、世界各地で「キリスト教のグローバル・ヒストリー」の推進者として活躍する数多くの研究者に出会うことができた。本書の第7章は両会議での研究発表を経て執筆された。

　その中でコショルケ氏とそのチームの他のメンバーと親密な関係を築き、2016年にコショルケ氏を招へい研究員として立教大学に招待し、大学生、そして東アジアのキリスト教史の専門家との出会いを実現させることができた。本書の第3章と第5章はコショルケ氏が日本滞在中に行った講義の内容に基づいている。本書の第9、11、12章はコショルケ氏を囲んで立教大学で開催したワークショップで発表されたものである。そして、その他の章はそれぞれの部の狙いに沿って、翻訳対象として選定され、または依頼された論文である。

　「グローバル・クリスチャニティのミュンヘン学派」は、上に指摘した「統合」と「差異」という二つの側面を意識しながら、すでに古代に存在していた宗教（ネストリウス派キリスト教）を基盤に世界中に広がったネットワークと、そのネットワークにおける情報の多方向的な伝達、さらにそれによって遠隔地の信徒との間で形成された相互認識の形成を分析してきた。近年は、19世紀末のアフリカとアジアで現地人キリスト教徒によって発行された新聞・雑誌を題材として、「現地人キリスト教徒の公共圏」（indigenous Christian public sphere）の形成におけるそれらの新聞・雑誌の役割に焦点を当てている。それらの背景に宣教師または宣教団体によって発行された定期刊行物があること

も無視できない。後者は現地人キリスト教徒のエリートに共通の言語（lingua franca）を提供した場合も多く、すでに現地人キリスト教徒の言説を含めている例も多くあり、またそのいずれもが現地人キリスト教徒が自らの新聞・雑誌を通して展開した議論の対話相手となっている。「グローバル・クリスチャニティのミュンヘン学派」が分析の対象とした新聞・雑誌はすべて現地人のみによって運営されていた。それに応答する東アジアのキリスト教研究者は、場合によっては宣教師の定期刊行物にも注目しているが、「宣教師の出版メディア」（missionary press）と「現地人キリスト教徒の出版メディア」との密接な関係を考慮すれば、それらの比較は意義があるものと言える。

　しかし一方で「グローバル・クリスチャニティのミュンヘン学派」は、近代アジアにおけるキリスト教の発展において日本とそのキリスト教徒が「ロール・モデル」として果たした役割の重要性を認識していたにもかかわらず、これまで日本、そして東アジアのキリスト教系新聞・雑誌を研究対象としてこなかった。そこで本書の第3部は、東アジアでの従来のキリスト教史研究とは異なる視野でキリスト教系新聞・雑誌を分析し、「グローバル・クリスチャニティのミュンヘン学派」が残した「地図上の空白」を埋めるとともに、「グローバル・クリスチャニティ」というコンセプトのさらなる共同開発を目指す。

　本書が日本における「グローバル・ヒストリー」という新しい歴史学的アプローチの普及に貢献しながら、近代メディアの発展とアジアのキリスト教の関連性について新しい見解を示すものとなることを願っている。さらには、東アジアを基盤とする研究者が本書によって、西洋中心主義批判への反省として（しかもまた西洋において）開発された「グローバル・ヒストリー」および「グローバル・クリスチャニティ」というコンセプトを批判的に見つめ、そのグローバル性を徹底させるよう刺激されることを願っている。

　2019年4月

ミラ・ゾンターク

目　次

はじめに　3

第1部
「グローバル・クリスチャニティのミュンヘン学派」とは何か

第1章　キリスト教のグローバル・ヒストリー ……………………………… 14
　　　　── 新しい地図の必要性

　　　　　　　　　　　　　　クラウス・コショルケ［工藤万里江訳］

第2章　宗教と人口移動 ………………………………………………… 47
　　　　── グローバル・クリスチャニティの多極的歴史観

　　　　　　　　　　　　　　クラウス・コショルケ［平田貴子訳］

第3章　東シリアのネストリウス派「東方教会」………………………… 68
　　　　── 近代以前のアジアにおける大陸ネットワーク

　　　　　　　　　　　　　　クラウス・コショルケ［平田貴子訳］

第2部
近代アジアとアフリカのキリスト教系新聞・雑誌の比較研究
「グローバル・クリスチャニティのミュンヘン学派」の最新プロジェクト

第4章　新聞・雑誌に映し出される1900年頃のアジア・アフリカ ⋯⋯ 90
　　　　現地人キリスト教徒エリート
　　　　── 研究プロジェクトの狙いと選定資料の紹介

　　　　　　　　　　　　　　クラウス・コショルケ［工藤万里江訳］

第5章　近代アジアにおける現地人キリスト教徒エリートの ……105
　　　　ネットワーク
　　　　── 日印交流によって促進されたキリスト教国際主義

　　　　　　　　　　　　　　　　クラウス・コショルケ［平田貴子訳］

第6章　フィリピン教養人イサベロ・デ・ロス・レイエスと ……126
　　　　「フィリピン独立教会」
　　　　── 植民地支配下の公共圏における独立公表

　　　　　　　　　　　　　　　　アドリアン・ヘルマン［平田貴子訳］

第3部
近代東アジアにおけるキリスト教系新聞・雑誌の比較研究

第7章　キリスト教愛国主義と大日本帝国の膨張主義 ……………150
　　　　── 近代日本キリスト教徒エリートの「神の国」論

　　　　　　　　　　　　　　　　　　　　ミラ・ゾンターク

第8章　『新人』の誕生 ……………………………………………174
　　　　── 同時代のキリスト教におけるグローバルな伝道文化との関連で

　　　　　　　　　　　　　　　　　　マイケル・I・シャピロ

第9章　『万国公報』における中国人知識人のキリスト教観 ………195
　　　　── 儒学的価値観との対立と調和

　　　　　　　　　　　　　　　　　　　　　　倉田明子

第10章　*The Chinese Recorder*考 ………………………………… 211
　　──19世紀後半における自立教会の形成をめぐる議論

渡辺祐子

第11章　近代台湾における非エリート的文字文化の成立 …………… 230
　　──教会白話ローマ字と『台湾教会公報』が果たした役割をめぐって

髙井ヘラー由紀

第12章　大日本帝国と福音派プロテスタント教における「公共」……248
　　　　と朝鮮キリスト教（1910-1919）
　　──『公道』と『基督青年』にみる植民地朝鮮のキリスト教公共圏形成

マイケル・I・シャピロ

引用・参考文献一覧　266

新聞・雑誌一覧　285

おわりに　289

装　丁　桂川　潤

凡　例
・引用に際し、漢字は新字体のあるものは新字体とした。
　また、読みやすさを考慮し、歴史的仮名遣いは現代仮名遣いに改めた。
・文中の〔　〕は引用者、訳者または編者による補記である。
・漢字の新聞・雑誌名の表記は新字体とした。

第1部

「グローバル・クリスチャニティの
ミュンヘン学派」とは何か

第 1 章

キリスト教の
グローバル・ヒストリー

新しい地図の
必要性 [1]

クラウス・コショルケ

1. はじめに

　キリスト教の新たなグローバル状況は、新たな歴史記述学的（historiographical）
アプローチを必要としている。ここ25年間になされた多くの努力と特筆すべき
発展にもかかわらず、私たちは今なおグローバル・クリスチャニティの総合的
な歴史を描き出す最初の段階にいる。「グローバル・クリスチャニティのミュ
ンヘン学派」（Munich School of World Christianity）のメンバーはこの新しいプ
ロジェクトに重要な貢献をしてきたが、その研究は三つの基本的な原則に依っ
てきた。すなわち、（1）キリスト教の多様な教派的、地域的、文化的発現を
より大きな全体の一部として記述するために、キリスト教のグローバル・ヒス
トリーに関する新たな、拡大された地図が必要だという認識、（2）近年のみ
ならず、その最初期よりグローバル・クリスチャニティの歴史全体に見られる
「多極構造」（polycentric structures）への気づき、そして（3）地域をまたぐ結
びつきとそれに基づくキリスト教のグローバル・ヒストリーという概念 ——
これは、大陸をまたぐ多方向の相互作用（初期にグローバル・サウス内に形成さ
れた「南－南」間の繋がりの例を含む）に注目する概念である —— にきちんと注
意を払うこと、の三つである。

1　〔本章はKoschorke 2016aの翻訳である。タイトル変更など、本書の一貫性を優先した修正を加え
　　た。〕

2. 新たな拡大地図の必要性

　1493年、ニュルンベルク（ドイツ）出身の地図作成者で探検家のマルティン・ベハイム（Martin Behaim、1459-1507）は現存するものとしては最古の地球儀を作成した。この地球儀には当時の地理学の知見が反映されており、ヨーロッパが描かれ、そこにアフリカの輪郭、そして当時知られていた範囲でアジア地域の輪郭が描かれていた。しかし実に不幸なことに、ベハイムの地球儀にはある大陸が描かれていなかった。アメリカ大陸である。アメリカ大陸は1492年にクリストファー・コロンブス（Christopher Columbus、1451-1506）によって「発見」されたばかりだった。この地球儀にアメリカ大陸が描かれなかったのは、ジェノバ出身のコロンブスの遠征と地球儀の作成との間隔が短かったためだけではない。コロンブスはかつてマルコ・ポーロが感動を込めて表現したアジアの素晴らしい宝を見つけるため東回りルートの代わりとなる西回りのルートを探してアメリカ大陸に到着していたのだが、彼自身、自分の発見がどれほど大きな意味を持っているかに気づいていなかった。彼もまた、ベハイムの地球儀が示している世界観とほぼ同じ世界観を持っていたからである。コロンブスがまだ知られていなかった大陸を発見していたことに気づいたのは、他の人々（たとえばアメリゴ・ヴェスプッチ（Amerigo Vespucci、1454-1512）、彼の名前はやがて、この大陸の名前となった）であった。しかしその後もしばらく、「新世界」が旧世界の政治界および教界の議論で取り上げられることはなかった。たとえば16世紀カトリック世界においてもっとも重要な出来事であったトリエント公会議（1545-1563）でも、アメリカ大陸に関する議論はまったくなかった。人々の頭の中にある既成の地図が現実の変化に適応するまでには、何十年もかかったのである。

2.1. メタファーとしてのベハイムの地球儀
　いくつかの点においてベハイムの地球儀は、グローバルな運動としてのキリスト教史研究の状況を示すメタファーと言えるだろう。宗教史家のマーク・A・ノルは「キリスト教の新たな世界状況は、新たなキリスト教史を必要とし

ている」（Noll 2009, 9）と述べている。しかし、現在学術的な研究や授業で用いられている地図は、ここ50年間に起こった劇的な変化をほんの一部しか反映していない。これらの地図のいくつかはすでに有効期限が切れたもので、拡大しつつあるグローバル・クリスチャニティの中で減縮傾向にある領域しかカバーできていない。他のいくつかの地図はキリスト教の「新たな世界状況」に応答しようと試みて、そのグローバルな側面を強調している。しかしそれらの地図は、異なる成り立ちがあり、精度や信頼性にも差異があるさまざまな地域の地図を合わせて作られたものである。近年研究がだいぶ進展しているものの、私たちは今なお、劇的に変化した宗教的地形の案内となりうる新たな地図を描くために徹底的な調査を始めたばかりと言えるだろう。

キリスト教の「新たな世界状況」における重要な側面として、以下のことが挙げられる。

・よく引用される「重力の中心の移動」（Walls 1996, 8）―― 数的な強み、地理的拡張、そして多文化間の出会いの力学といった面における変化。
・グローバル・サウスに生きる人々がキリスト教世界の中で多数派になっていること（現在およそ65パーセント）―― キリスト教徒の82パーセントが北半球にいた1900年の状況と比べてほしい。この要因としては、キリスト教が多数派の社会の人口が増加したこと（たとえばラテンアメリカの人口は1900年には6000万人だったが、2000年には5億2000万人となった）、そしてもともとはキリスト教が伝えられていなかったあるいは周縁化されていた地域や文化（特にサブサハラアフリカ）で急速に教会が成長したこと、という二つが考えられる。
・アジア、アフリカ、ラテンアメリカにおける新しいタイプの教会の広まりと、「土着化」（inculturated）したキリスト教の存在。
・大陸をまたぐ人口移動の結果として生じる宗教的地形の地球規模での変化（これはキリスト教徒コミュニティ、非キリスト教徒コミュニティの両方に影響を与えている）。

こうした新たな状況における重要な側面のひとつは、地理的分布の伝統的な

パターンが崩壊していることである。今日私たちは旅をしなくともグローバル・クリスチャニティの文化的、教派的、地域的多様性に出会うことができる。いまやコプト・キリスト教徒やナイジェリアのアラドゥラ教会、ボリビアのペンテコステ派、韓国の長老派、中国のルター派、その他移民の共同体などを自分の近所に見出すことは簡単だ。これはニューヨークやロンドン、フランクフルトなどの西洋の大都市についても、またケープタウンやサンパウロ、シンガポールなどその他の大都市地域についても言えることである。こうした状況はこれまでとは違う形で、グローバルなキリスト教運動におけるそれぞれの支流を「共有する歴史」が強く求められているということを示している。

　現在の歴史記述学的アプローチやカリキュラムには主に以下の問題がある。

（1）　キリスト教を西洋の宗教として提示し続ける、高度に専門化された教会史の地図。たとえば今日ドイツ語圏の学術的文脈では「エキュメニカル」な教会史に取り組む重要なプロジェクトがいくつも見られる。こういったプロジェクトは、グローバル・クリスチャニティの教派的な多様性にしっかり向き合おうとしている。しかし伝統的な教会の地理学はだいたいのところ以前と変わっていない。それらにはグローバル・サウスで成長を続けているキリスト教徒の存在が含まれていない。これは伝統的に「教会史」と「宣教史」という二分法がなされてきた結果ではないかと思われる。ドイツ語圏の学術界では「教会史」はヨーロッパ（と北米）の教会に関するもの、「宣教史」は「海外」（overseas）のキリスト教に関するものとされているからだ。

（2）　「製本業者の統合」（ユルゲン・オースタハメルから借りた用語）。今日さまざまな場所で行われているプロジェクトのいくつかは、多かれ少なかれ関連性のない地域的・教派的な歴史を付け加えることで、グローバルな視点を発展させようとしている。それらは異なる状況下で、多様な方法論的前提のもとで、そして異なる学術的あるいは教会的文脈のもとでデザインされたさまざまな地図を（不均一に）織り合わせている。それらの地図のあるものは徹底した学際的言説の結果として生まれたものであり、またあるものはある種の宣教師聖人伝に限定されたものである。それゆえ、グ

ローバル・クリスチャニティの歴史において「研究不足」な地域と「研究過多」な地域とを関連づける新しい方法が早急に必要とされている。

（3） その他にも不十分な試みが多くある。それらは伝統的な西洋志向のカリキュラムにいくつかの「南のパラダイム」をその関連性を意識しないまま付け加えるだけで、グローバルな運動としてのキリスト教に関する、新しい統合的理解の必要性を認識していない。たとえば中国などアジアの国においてなされている新たな取り組みにも、同じような傾向が見られる。中国では世俗の歴史家がさまざまな学術分野において、中華人民共和国の建国宣言（1949年）以来長く無視されてきた中国キリスト教史を自国の歴史の重要な側面として注目するようになってきた。その一方で彼らは、さまざまなキリスト教運動のグローバルな文脈を極めて伝統的な用語で言い表すだけで、それらをたとえばアジアにおける同等の発展などと結びつけようとはしない。

（4） 異なる地域的・大陸的文脈にはそれぞれ異なる研究伝統がある。アフリカのキリスト教史研究におけるもっとも重要なテーマのひとつはアフリカ独立教会の勃興である。それらは19世紀の同時期にさまざまな地域で自然発生的に生まれた。これらの教会の存在を考慮せずして、ポストコロニアル時代の爆発的な教会の成長を理解することはできない。さらに、同時期のアジアでも類似した発現があった。それは宣教師のパターナリズム（と人種主義）と現地のキリスト教徒エリートの間で起こった衝突と独立運動の結果だったのだが、こうした事実にはほとんど注意が払われてこなかったし、それらに関する体系的な比較研究もほとんどなされてこなかった。この時期のアジアとアフリカにおける発展はある部分では比較可能だが、ある部分では類似点がない。

　私たちが今なお必要としているのは、グローバルなキリスト教史の新たな拡大地図である。新しい地図によって私たちはそれぞれに特有の歴史を地域的または教派的により大きな全体の一部として認識することができる。そのような拡大地図は、共通の未来を作るための共通の過去への気づきを促す助けとなってくれるだろう。同時にそれらの地図はキリスト教世界のさまざまな地域がい

かに相互に依存していたかということについて、新しい視座から問うことも可能にしてくれるだろう。

この際、特に重要なのはキリスト教史におけるグローバルな視座が第二次世界大戦以降の時期――「ポストコロニアル」や「ポストミッショナリー」などと呼ばれる時期――にのみ限定されるのではないということだ。「グローバル・クリスチャニティ」は「現代のキリスト教」と同義語ではないし（Clarke 2014）、20世紀初期のプロテスタント宣教運動は「最初のグローバリゼーション」と表現されるべきではない（Robert 2008）。1〜2世紀の最初期からキリスト教運動は地理的、言語的、民族的、そして文化的境界を超越するコミュニティとしての自己認識を持っていた。その歴史はグローバルな拡大（と縮小）の、そして広範囲にわたる統合（と断片化）の繰り返しの歴史である。何世紀にもわたるこのプロセスの中で、キリスト教運動は当時知られていた世界のいたるところで発展的に拡大した。初期教会から現代に至るまで、さまざまな時代におけるこれらグローバルな側面に細心の注意を払うことが、「グローバル・クリスチャニティのミュンヘン学派」とその広範囲に及ぶ研究の特徴のひとつである[2]。この研究は、驚くべき発見に満ちている。

2.2.　比較研究

グローバル・クリスチャニティの視座を発展させるための重要な手段のひとつは、比較研究である。さまざまな文脈に対して同じ問いを立てることで、地理的に離れた場所や異なる政治的・文化的・宗教的状況における発展の類似点と相違点とを分析することができる。その目的は、特定の地域的な発展の輪郭を際立たせると同時に、キリスト教史の「統合的な」理解に必要な包括的動向と課題とを明らかにすることである。

この比較研究のアプローチは「グローバル・クリスチャニティのミュンヘン学派」の多岐にわたる研究プロジェクトの基本理念である。たとえばミュンヘン・フライジング国際会議では、グローバル・クリスチャニティの歴史記述学の未来に関する基礎的な側面が検証されてきた。この意図のもと、会議の

2　第4回国際ミュンヘン・フライジング国際会議では中世から20世紀初頭にかけてのパラダイムがテーマとなった（Koschorke 2012a）。

初期の頃には、ヴァスコ・ダ・ガマ（Vasco da Gama、1460-1524）の有名な言葉「キリスト教徒と香辛料のために」に含意されるテーマに焦点が当てられた。すなわちそこでは「植民地主義的なキリスト教と現地キリスト教との対立と相互作用」の問題が扱われたのであった（Koschorke 1998a）。そこでの中心的な問いは、西洋人キリスト教徒は一連の宣教拡大の時期にヨーロッパ外の諸地域でどれほど古い形のキリスト教に出会っていたのか、その中でどういった形の出会いがさらなる発展を見せたのか、そしてそういった出会いは各地域におけるその後のキリスト教の歴史にとって何を意味していたのか、といったものであった。たとえばポルトガル人は16世紀にアジア（インド）とアフリカ（エチオピア）の両方で古代オリエントの教会と、その時すでに現地にあったキリスト教徒コミュニティに出会っていた。しかし後述するようにこうした出会いが最終的にどのような結果をもたらしたのかは地域によってかなり異なっている。17世紀には、オランダ人がさまざまな地域でポルトガルの植民地支配に取って代わり、それらの場所でカトリック教徒に遭遇した。そしてオランダ人はある場所（たとえばセイロン、現在のスリランカ）ではカトリックと激しく闘い、また他の植民地（たとえばキュラソー）では、それを白人支配者の宗教ではなくアフロ・アメリカンの奴隷の宗教としてのみ許した。同じように、19世紀末から20世紀にはプロテスタント宣教師がさまざまな地域や大陸で現地教会の独立運動による挑戦を受け、それに対してさまざまに応答した。

　2009年に開催された第4回ミュンヘン・フライジング国際会議のテーマは「グローバル・クリスチャニティの転換点としての1989/90年」であった（Koschorke 2009b）。この会議では、ソビエト連邦とその崩壊が東ヨーロッパでそれまで迫害されていた教会やキリスト教徒に与えたインパクト（これはすでにかなり研究されていた）のみならず、他の地域にも与えたインパクトについての議論に重点が置かれた。それゆえ同会議の日程は、ヨーロッパ、アフリカ、ラテンアメリカ、北米といったように、地域ごとに時間を分けて構成されていた。会議ではソビエト帝国の崩壊と冷戦の終結が、一律ではなく各地域の特異性と相違を残したまま宗教的地形に強く影響を与えたことについて検証がなされた。たとえばベルリンの壁の崩壊と南アフリカでのアパルトヘイト体制の破綻との間には密接な繋がりがあった。西洋列強はもはや共産主義の脅威に

対する「防波堤」としてアパルトヘイト体制を支える必要がなくなったのである。同じようにこの時期、数多くのアフリカの国々で独裁的な体制が崩壊した。それらの体制はそれまでは競合する超大国によって支えられていたのだ。それ以降の「民主主義化の第二波」の間、アフリカの教会やキリスト教指導者は仲介者として、そして「円卓会議」の組織者として重要な役割を果たした。アジアのさまざまな地域では、ソビエト支配の崩壊と並行してさまざまな形式の宗教的ナショナリズムが再び出現してきた。その結果いくつかの場所（アルメニア、ジョージア）ではキリスト教徒のコミュニティが強められ、他の場所（主にムスリムが多数派の地域）ではキリスト教徒コミュニティに危機がもたらされた。ラテンアメリカでは、解放の神学の推進者たちが社会主義という枠組みの消滅に対処せざるを得なくなった。さらに地理的には離れている諸地域（南アフリカ、韓国、ブラジル）において、独裁体制との対立の結果生まれた「預言者的」な諸神学が、各国の民主主義的な変化の応答としての「公共の神学」（public theology）の探求に取って代わられていった。

　ミュンヘン学派のプロジェクトにおけるもうひとつの重要な成果は、『文書記録からみたアジア、アフリカ、ラテンアメリカのキリスト教史（1450-1990年）』（*Documentary History of Christianity in Asia, Africa, and Latin America, 1450-1990*）と題する画期的な書物である。本書は現在までにドイツ語、英語、スペイン語で出版されており、さらに他の言語への翻訳も計画されている（Koschorke, Ludwig and Delgado 2007）。本書はアジア、アフリカ、ラテンアメリカと大陸ごとに重要な文書を集めたものであり、それら三つのパートにおいて同年代順に整理されている。これによって研究者、教師、そして学生はある特定の地域の歴史を他の地域の同時期の発展と結びつけることができるようになる。ヨーロッパ宗教改革史の専門家は、スペインの「コンキスタ」をめぐる海外での議論について知ることができる。インドや西アフリカ、あるいはメキシコのキリスト教史を専門とする歴史家は大陸の他の地域で同時期に起こった出来事を検証することができる。20世紀初頭のアフリカにおける独立教会の勃興は西アフリカ、南アフリカ、東アフリカごとにまとめられており、さらに現地の教会運動や、インド、スリランカ、日本、フィリピンにおける関連性のある試みについても掲載されている（Koschorke, Ludwig and Delgado 2007, 100-106, 216-27）。

クラウス・コショルケ

3. 多極構造の事例研究

　歴史研究では、過去5世紀にわたるグローバリゼーションのプロセスがヨーロッパ化のプロセスと同一視される傾向がある。同じように、近世以降のキリスト教の世界的な広まりは伝統的に西洋人宣教師の活動 —— 最初は16世紀以降のカトリック修道会によるもの、そののち特に19世紀から20世紀にかけてのさまざまなプロテスタントの団体や協会によるもの —— の結果だと言われてきた。たしかに西洋の宣教師の活動は特定の地域や時期において —— そして特にキリスト教徒と非キリスト教徒の最初の出会いにおいて —— は重要であったが、キリスト教の世界的な普及にとっては他のさまざまな要因のひとつに過ぎない。グローバル・クリスチャニティの多極的な歴史を理解するためには、キリスト教の拡大において地域的な中心地がたくさんあったこと、さまざまな登場人物がいたこと、現地人のイニシアチブが多数あったこと、そしてキリスト教が現地に適用される時に多様な形をとったことなどを考慮に入れる必要がある。

　この原則は他の時代 —— 第二次世界大戦後の現代のみならず、ガリラヤ、エルサレム、アンティオキア（使徒パウロが宣教の旅を始めたところ）におけるキリスト教の最初期の時代 —— にも適用できる。新約聖書の時代にはすでに、ローマなどにおいて著名なキリスト教徒の集団が無名の人たちによって形成されていた。古代教会にはただひとつの宗教的・組織的な中心地があったのではない。その中で、たとえば思想や権限において優位を保持しようとしたローマ主教の試みは惨めな失敗に終わった。中世ですら、西のラテン・キリスト教や東のビザンティン・キリスト教とは別のところで、同時代の「グローバル・クリスチャニティ」の第三の中心地すなわち「ネストリウス派」とも呼ばれる東シリアの「東方教会」が存在していた。この一派は13〜14世紀を頂点として、シリアから東中国、さらにシベリアから南インドやセイロンへと拡大した。つまり地理的な面では、同時代の西ヨーロッパにおけるローマ・カトリックの拡大範囲をはるかに凌駕するものだったのである[3]。

3　Malek and Hofrichter 2006, Koschorke 2009a を参照〔後者の邦訳は本書に第3章として含まれている〕。

3.1. 16〜17世紀のインドとエチオピア

　こうした多極性は、16世紀のキリスト教史にも見られる。16世紀はイベリア人が海外進出をした時代であり、ヨーロッパによる植民地支配が始まった時代でもあった。実際キリスト教が最初にアメリカ大陸に到達したのは、もっぱらスペイン（とポルトガル）による征服という文脈においてであった。しかし、このような文脈においてすら、かなり早い段階で先住民「ネイティブ・インディアン」のキリスト教が生まれた。このことを抜きにしては、この新しい宗教がその後大陸全体に広まったことを理解できない。前述したようにポルトガル人はアジア（インド）とアフリカ（エチオピア）で古代キリスト教共同体に出会っていた。それは1000年以上にもわたってそれらの地に存在し続けてきた。新参者のポルトガル人と伝統的な東洋のキリスト教との出会いは、16世紀の宗教史においてもっとも刺激的な出来事のひとつである。加えて、この出会いはその後この地とさらに広範囲にわたるキリスト教に多大なインパクトを与えることになる。

　ポルトガル人はインドにおいてトマス派（Thomas Christians）と複雑な関係性を持つようになった。ある有名な物語に、インドの地に最初に降り立ったポルトガル人のことが綴られている。1498年にヴァスコ・ダ・ガマが海路でインドに到着した時（その数年前、彼のライバルだったコロンブスは他の大西洋ルートをとったことによってインドを見逃してしまった）、彼は現在のケララ州にあるカルカット（現在のコーリコード）のビーチで二人のアラブ商人に出会った。彼らはヴァスコ・ダ・ガマにジェノバおよびカスティリャの言葉で挨拶をして、親しげにこう語りかけた。「あなたはいったい何を探しているのですか？」ヴァスコ・ダ・ガマはこれに答えてあの有名な言葉を発した。「キリスト教徒と香辛料です。」香辛料を探していたのは —— そしてアラブ商人たちによる香辛料取引の独占に終焉を告げることは —— ポルトガルの海外進出の経済的な動機であり、「キリスト教徒」を探していたのはイデオロギー的な動機であった。中世ヨーロッパではすでに、遠く離れたアジアの地に東洋の教会があるという情報が漠然とではあるが共有されていた。そしてヴァスコ・ダ・ガマは偶然にも、まさしく現地のキリスト教徒が何世紀にもわたって生きてきたインドの地に降り立ったのである。彼らは自分たちを「トマス派」と呼んでいた。

その後のポルトガル人とトマス派の物語は、ある意味で突拍子もない誤解の連続と言えるだろう。たとえばインドの地に来たばかりのポルトガル人は最初の礼拝をヒンドゥー寺院で行ったのだが、彼らはそこをキリスト教会だと誤解していた。のちに彼らは「本物の」トマス派のキリスト教徒と出会うことになる。当初いずれの側も新しいキリスト教徒の友人との出会いを喜んだものの、次第にその喜びは相互不信へと変わっていった。イエズス会はローマ・カトリックの基準に照らし合わせてトマス派が正統性を欠いていると批判を強めていった。最終的には、悪名高き1599年のディアンパー教会会議（Synod of Diamper）で、インド人キリスト教徒の由緒ある「シリア」教会がほぼ強制的にポルトガル人植民者の教会に統合された。1653年にトマス派の小さなグループがこの強制的な統合からなんとか自由になった。そしていくつもの派に分かれながら、彼らは今日もなお存在している。しかしディアンパーの前後に起こったさまざまな出来事は数世紀にもわたるトラウマを残してしまった。その一方で、20世紀初頭にインド・ナショナリズムが勃興した時、シリア教会は新たな方法でインド人民衆を魅了した。なぜならトマス派は非植民地主義的なキリスト教の象徴であり、ヨーロッパ人宣教師の「教派主義」によって分割されていないインド人教会の模範であったからである。

　トマス派と新たにやってきたポルトガル人の植民地主義的なカトリシズムに加えて、16世紀のインドには第三のキリスト教が起こった。それは、ヒンドゥー社会では周縁化され、ムスリム商人たちに抑圧されていたパラヴァスという南インドの漁民共同体が自己キリスト教化（self-Christianization）した結果生まれたものであった。彼らはポルトガル人が到着したと聞いてすぐにポルトガル人に連絡を取り、司祭を送ってくれるよう依頼した。その結果、1535年を起点として、パラヴァスの間で大衆運動が起こり、彼らの多くがポルトガルのカトリシズムを受け入れてキリスト教会に加わった。1542年にフランシスコ・ザビエル（Francisco de Xavier、1506-1552）――のちにカトリックの聖人伝で「アジアの使徒」と讃えられる人物――がパラヴァスの地域に来たとき、ザビエルはすでにできあがっていたキリスト教徒のコミュニティに出会ったのである。加えてパラヴァスはキリスト教がその地で自主的に広まっていく媒介者となった。漁師たちはモンスーンの風に依存していたため季節ごとに暮

第1章　キリスト教のグローバル・ヒストリー

らす場所を変え、インドの南岸地域とスリランカの北岸（マンナール周辺域）を定期的に往来し、新しく獲得した信仰を各地で広めた。ポルトガル人がその地域に入ってくるかなり前からすでにこういうことが起こっていたのである。現地のヒンドゥー支配者（1544年当時はジャフナ王子）によっていち早くもたらされた迫害もキリスト教徒コミュニティの成長を止められなかった。今日でもなお、マンナール周辺地域はスリランカのカトリシズムの拠点とされる。そして南インドでは、キリスト教徒のパラヴァスがその地域のカースト制の中でひとつの確固たるグループとなっている[4]。

　これに似た歴史が16世紀のエチオピアで繰り広げられた。ここでもポルトガル人は、4世紀というはるか昔から独立した伝統を持つ古代キリスト教会と出会った。エチオピア人は自分たちのキリスト教の起源を聖書の時代に、しかも旧約聖書の時代にまで遡って見ている。ここでもイベリア人は最初招待された友人としてこの地に来て、ムスリムの侵入者に対抗する仲間として心から歓迎された。しかしカトリックの宣教師がエチオピア正教会をラテン化しようとしたため、次第に現地のキリスト教徒とカトリック宣教師の間の衝突が激しくなっていった。だがインドの事例と大きく違うのは、エチオピアでは1632年にポルトガル人が強制的に国外退去させられたということである。これは、アフリカのこの王国が自らに課した（キリスト教ヨーロッパに対する）「輝かしい鎖国」の結果であり、その後数世紀にわたって続いた（Hastings 1994, 3-45, 130-72, Böll 1998）。これはまた、19世紀に大西洋の両岸で起こったエチオピアニズムという黒人キリスト教徒による解放運動が勃興する主要因となった。エチオピアはいくつもの点で突出していた。1896年、ヨーロッパの植民地主義全盛期にイタリアの征服軍を打ち負かした唯一のアフリカの国であったエチオピアは、それゆえ自由な、黒人の、キリスト教国となった。そして政治的な独立と教会的な独立の両方のシンボルとして、西アフリカ、南アフリカ、カリブ諸島、

4　Schurhammer 1963, Neill 1984, 140ff, Bayly 1981, Roche 1984, Vink 2000 を参照。16世紀のパラヴァスは、スリランカのキリスト教史の中でインド人が主導権を行使したほんの一例にすぎない。他の例として、17〜18世紀のゴア人のオラトリオ会修道士が挙げられる。彼らはジョゼフ・ワーズ（Joseph Vaz, 1651-1711）の時代から、オランダ統治下のスリランカで秘密裏にカトリシズムを復興させた。さらに19世紀には南インド出身の契約労働者（または「クーリー」）がスリランカ高地の紅茶農園で働き、まだ宣教師が到達していなかったその地で存在感を強めた（Koschorke 1998b）。

25

アメリカ合衆国のアフリカ人エリートの解放思想に影響を与えた。つまりエチオピアは近代まで続いた、非常に古代的なキリスト教の形態を代表するだけではなく、大西洋をまたぐ新しい教会と宗教運動をも生み出したのであり、この事例を抜きにして現在のグローバル・クリスチャニティを理解することはできない。

3.2. シエラレオネ

類似の現象は、シエラレオネ（西アフリカ）でも観察できる。この地域は西アフリカのプロテスタンティズムの歴史において中心的な役割を果たしている。伝統的にアフリカにおけるプロテスタントの出現は19世紀初頭の英国の宣教師（英国聖公会宣教協会、Church Missionary Society、略：CMSから派遣された）やシュヴァーベンの敬虔主義派（バーゼル宣教会から派遣された）の活動が最初とされてきた。しかし実際にはこれもアフリカ系アメリカ人による主導の結果だった。アンドリュー・F・ウォールズ（Andrew F. Walls、1928-）、エイドリアン・ヘイスティングス（Adrian Hastings、1929-2001）、ラミン・サネー（Lamin Sanneh、1942-）、そして最近ではジフー・J・ハンシルズ（Jehu J. Hanciles、1964-）が印象深く提示して見せたように、アフリカにおけるプロテスタントの出現は、大西洋の反対側のアフリカ人プロテスタント・ディアスポラの信徒が再移住のイニシアチブをとった結果であった。

「アフリカ人のプロテスタント・キリスト教は、その当時、つまり1780年までには、まさに現実のものとなっていた」——A・ヘイスティングスは著書『アフリカにおける教会1450-1950』（Hastings 1994）の「西アフリカプロテスタントの起こりとフリータウンの創設」と題する章をこのように書き出している。そしてこう続ける。「それまで、それ〔プロテスタンティズム〕が存在しなかった唯一の場所は、アフリカであった」——西アフリカ海岸沿いのオランダ、イギリス、デンマークの貿易拠点を除けば。しかし大西洋の反対側、特にノバスコシア（現在のカナダ）には、自由の憲章としての聖書を手にしてアフリカに帰りたがっている、自由になった黒人（その多くが英国軍にいた）が数多くいた。あらゆる挫折と失望にもかかわらず、この思いはシエラレオネでのキリスト教セツルメント（開拓都市）の設立（1792年）に繋がった

（Hastings 1994, 177）[5]。この新しく建てられた湾岸都市はその目的に沿って「フリータウン」と呼ばれた。この都市は創設当初からキリスト教の都市であった。そして多言語を話すシエラレオネの黒人エリートは、その後西アフリカのキリスト教化の架け橋となる。第2回ミュンヘン・フライジング国際会議で発表されたアンドリュー・F・ウォールズの論文から引用してみよう。「このようにして」——すなわち大西洋の反対側から来たアフリカ系アメリカ人たちによる主導の結果として——「1792年11月に熱帯アフリカ最初のプロテスタント教会が設立された〔…〕それは徹底したアフリカ人教会であり、独自の構造とリーダーシップを持っていた」（Walls 2002, 55）。

　こうした特徴は1808年にシエラレオネがイギリスの直轄植民地になり、ヨーロッパ人宣教師の活動拠点となった後でさえ、かなりの部分が保たれた。同時にシエラレオネの黒人人口の分布も変わった。アメリカ合衆国から「戻って来た」アフリカ系アメリカ人定住者に代わって、いわゆる西アフリカのさまざまな地域から来た「リキャプティブ」（recaptives）——解放された奴隷たち——がフリータウンに到着し始めた。これら「リキャプティブ」の中でもっとも有名なのは、現在のナイジェリア出身のサミュエル・アジャイ・クロウサー（Samuel Ajayi Crowther、1808頃-1891）だ。彼は1822年にイギリス艦隊によってポルトガルの奴隷船から解放され、フリータウンのイギリス人宣教師に世話をされることになった。彼はそこで洗礼を受け、のちに按手も受けて聖書のヨルバ語訳作成に重要な役割を果たした。1864年、彼は近代において初めてのアフリカ人聖公会主教——「英国女王の支配を超える西アフリカ諸国の主教」（"Bishop of the countries of Western Africa beyond the Queen's dominions"）——となった。「主教となった奴隷の男の子」として、彼は生前からすでに伝説となり、アフリカ人キリスト教徒の発展と社会的地位向上の希望の象徴となった。

5　「つまり1792年に、その50年ほど前からディアスポラの間で形成されてきた英語を話すアフリカ人プロテスタントの共同体が、ついにアフリカの地に自分たちの足場をつくり上げたということだ」（Hastings 1994, 181）。また Walls 2002, Sanneh 1999, Hanciles 2008, Hanciles 2014 を参照。

3.3.　韓国

　次に韓国の例を見てみよう。今日、世界のいたるところ ── モスクワの赤の広場、ブダペストの地下鉄、ペルーアンデス山脈に点在する村々など ── に韓国人宣教師がいる。いまや彼らは、かつてヨーロッパ人宣教師がアジア諸国で占めていた立場についている。近年発表された調査によれば、現在およそ1万4000人の韓国人宣教師が世界約180カ国で活動しているという[6]。

　韓国本国の教会は、自己キリスト教化の結果生まれたものであり、それはアジアにおいてもかなり珍しい。このことは特に、1784年のカトリシズムの始まりについて言える。18世紀末、外部から影響を受けない鎖国状態にあった韓国で儒学者たちが中国語のイエズス会トラクトを通して初めてキリスト教の教え、あるいは「西洋の知識」に接した。彼らはこれについてもっと学びたいと考え、1783年に自分たちのグループのひとり ── 李承薫（リ・スンフン、1756-1801）という人物 ── を、毎年北京へ貢物を持っていく派遣団のメンバーに加えた。そこで李は現地で活動していたカトリックの神父たちからさらに多くのテキストと情報を入手し、やがて「北教会」（North Church）で洗礼を受けた。1784年に韓国に戻ると、彼自身が仲間を改宗に導き洗礼を授け、新しい教えをその地で広めた。彼らは最初は中国語で、のちに韓国語で神学的な文学を生み出すようになった。たちまち始まった凄惨な迫害にもかかわらず、カトリック教徒の数は1794年までにすでに4000人にも達していた。この出来事は、ヨーロッパ人（フランス人）宣教師ピエール・モーバン（Pierre Maubant、1803-1839）が1836年に初めて韓国の地を踏む50年以上も前に起こったのである。韓国人カトリック教徒は、殉教者の一団として、1880年代にキリスト教禁教令が廃止されるまで身を潜めて生き残った。

　それから100年後の韓国のプロテスタンティズムの始まりもまた自己キリスト教化（self-evangelization）の結果とされている[7]。1884年にアメリカから宣教師が到着する以前から、韓国にはすでにプロテスタントのコミュニティが存

6　韓国について、Koschorke and Hermann 2014, 73-130 に含まれている Sebastian Kim、Kyo S. Ahn と Kirsteen Kim の論文および Choi 2012 を参照。

7　「韓国のキリスト教が自己キリスト教化による教会として始まったことは、特筆すべきことである」（Park 2012, 59）。

第1章　キリスト教のグローバル・ヒストリー

在していた。これらのコミュニティは特に新約聖書の頒布を通して形成されていった。満州や日本など各地に点在していた韓国人キリスト教徒がこの発展に非常に重要な役割を果たした。さらに教会の自主自立や、現地人がリーダーシップを取るといった原則が初めから適用されていた。新しく設立された教会は有名な「三自」定式に則った「自伝、自養、自治」（self-extension, self-support, self-government）の共同体であった。

　韓国でキリスト教が急速に広まったもうひとつの重要な要因として、反日国家運動に韓国人キリスト教徒が主導的に関わったことが挙げられる。他のアジア諸国とは対照的に、韓国は西洋による植民地支配に対応する必要はなく、むしろ次第に自国を支配し始めた日本に対応しなければならなかった。当時韓国のキリスト教人口は1パーセントに満たなかったにもかかわらず、1919年に独立宣言 ── それは失敗に終わったが ── を出した33人のうち16人が韓国教会のリーダーであった。

　韓国人キリスト教徒は早い時期から、自分たちには海外同胞にキリスト教信仰を広める使命があると考えていた。1901年（韓国にプロテスタント教会ができたわずか15年後）にはすでに、朝鮮半島北部の長老派教会が満州にいる韓国人移民のところに韓国人の伝道者を送りはじめた。ハワイでは1903年の段階で韓国移民グループの大多数がすでにキリスト教徒であり、彼らはその地に到着するとすぐにメソジスト教会を設立した。1906年の段階でハワイには36もの韓国人教会があった。1910年の文書にはシベリア、中国、満州、ハワイ、カリフォルニア、メキシコに韓国人キリスト教徒のコミュニティを作ることが韓国人伝道者の海外宣教の目標だと記されている。さらに彼らは韓国人コミュニティ以外でもごく早くから活発な動きを見せていた。たとえば1913年には韓国の長老派教会が中国北部の山東地域で現地の中国人教会を設立することを目標に山東に宣教師を送り始めた。これは、韓国が日本に併合されるという悲惨な出来事があった1910年からほんの数年後のことだが、それは決して偶然ではない。多くの韓国人キリスト教徒は、もし韓国がすでに国としての主権を失ったのならば、世界中のキリスト教徒のコミュニティの一員として、そして派遣拠点のひとつとして自国を世界に知らせるべきだという信念を持っていたのである。

29

3.4.　19世紀末の「三自」定式と諸地域におけるキリスト教拠点の出現

よく知られているように、「三自」定式はもともと宣教師のコンセプトであり、CMSのヘンリー・ヴェン（Henry Venn、1796-1873）やアメリカン・ボードのルフス・アンダーソン（Rufus Anderson、1796-1880）などの先駆者たちによってさまざまな文脈で用いられた概念である。それは自伝、自養、自治の現地教会の設立を目指すもので、それが達成されれば欧米の宣教師は福音がまだ伝えられていない地域に移っていくもの（「宣教の安楽死」）と考えられていた（Williams 1990, Hanciles 2002）。しかし19世紀の終わり頃になると、この「三自」定式は次第にアジアやアフリカの現地キリスト教徒エリートの間で解放運動の合言葉となっていった。

南インドのプロテスタント知識層の機関紙『キリスト教愛国者』（*The Christian Patriot*、略：CP、発行場所：マドラス）の1901年の号には次のような記述がある —— 過ぎ去った19世紀は「（西洋）宣教師の世紀」だったが、対照的に20世紀は「現地教会」（native churches）および「現地キリスト教徒」（native Christians）の世紀になるだろう、そしてそれはインドや他の地域における「現地教会の自養、自治、自伝」によって特徴づけられるだろう、と（*CP*, September 28, 1901）。そして宗教的な解放の証しであり、新しい時代の表徴と考えられるようになったものこそ、自伝（self-propagation）の要求であった。1900年代にアジア各地でヨーロッパ人の介入を受けない現地の宣教協会が設立されたことはまさにこうした例のひとつである。中でも有名なのは1905年に設立されたインド国民宣教協会（National Missionary Society of India、略：NMS）である。この協会の原則は「インド人の信徒、インド人のお金、インド人のリーダーシップ」で、彼らはインド国内の「まだ伝道されていない地」のみならずセイロンやビルマ、マラッカなど近隣諸国でも活動した —— 「我が民の中に国民意識を目覚めさせ、真の愛国主義の感覚を誕生させ、あらゆる教派とあらゆる州のインド人キリスト教徒が我が国の教化に向けて団結するために、多くの同胞がインド国民宣教協会の設立を願うようになった」[8]。NMSの主導者のひとりベーダナヤガム・サミュエル・アザリア（Vedanayagam Samuel

---

8　Thomas 1979, Ebright 1944, Harper 2000, 83ffを参照。

Azariah、1874-1945）は、のちに初めてのインド人主教となった。NMSに影響を与えたものは多くあるが、そのひとつは1900年に創設された「ジャフナ青年海外宣教協会」（Jaffna Student Foreign Missionary Society）である。ジャフナ青年海外宣教協会は伝道師を「南インドや海峡〔シンガポール、マラッカ周辺〕セツルメント、南アフリカなどで捨て置かれているタミル語を話す人々」のもとに送っていた（*CP*, July 28, 1900）。そして熱心な伝道活動の結果なのか単に英国統治下におけるインド人契約労働者の移住の副産物なのかはともかく、セイロン、ビルマ、マラヤ、アンダマン・ニコバル諸島、モーリシャス、南アフリカ、ウガンダ、英国領ガイアナ、トリニダード、フィジーにタミル人キリスト教徒のコミュニティが生まれた（Sargant 1962）。すでに1880年にはインド人キリスト教徒はこう宣言していた。「いつかインド人教会がアジアの他の国々に福音を届ける日がくる」と（*Indian Christian Herald*, November 5, 1880）。

　20世紀初頭には似たような発展が他のアジア諸国でも観察できる。すでに韓国の事例、そして韓国人キリスト教徒が北東アジア、ハワイ、カリフォルニアで活動していたことは述べた。日本の教会からは特別な力学が生まれた。日本は数世紀にわたる鎖国ののちに急激な近代化に着手し、1904〜1905年にロシアに勝利した後、アジア諸国の反植民地主義者エリートの輝かしい模範となった。1906年、日本人キリスト教徒の派遣団が「インドYMCA〔キリスト教青年会〕の特別な要望に応じて」インドを訪問した。そこで彼らは「インドは日本から何を学べるか」というタイトルで演説を行い、大好評を得た。この問いに対して日本人キリスト教徒が出したひとつの答えは、アジアは自分自身の息子によってのみ教化されうる、というものだった──「日本は日本人によって、中国は中国人によって、そしてインドはインド人によって」教化されるのだ、と。加えて彼らは「東洋」教会が互いに責任を持っていることを強調した（*CP*, April 28, 1906, 6）。1907年には日本支部の主催で万国学生基督教青年会（World's Student Christian Federation、略：WSCF）の会議が東京で行われ、さまざまな出版物において、日本で開催された最初の国際会議と紹介された。しかしもっと大切なのは、この会議がアジアからの代表者が大多数を占めた（627人の参加者のうちおよそ500人がアジア人）初めてのエキュメニカルなキリスト教の集まりだったことである。日本の代表者たちは次のように述べてい

31

る。「日本のキリスト教徒には台湾・朝鮮・満州・中国北部に福音を説く責任があるという認識が〔…〕昨年の進展によって強められ、現在では教養あるすべてのキリスト教徒（特に日本人キリスト教徒）によって広く共有されるに至った」[9]。アジア諸国から東京に来た学生は、それぞれの祖国でキリスト教を広める人材として期待された。中国から来たおよそ1万5000人もの学生には特にこの期待がかけられた。そして1907年に東京で設立された中華留日基督教青年会（略：中国YMCA）は、のちの中華民国にキリスト教徒の人材を提供するうえで重要な役割を果たしたのである[10]。

　類似の展開がアフリカでも起こった。1900年代初頭にインドで起こった「現地の教会組織」についての議論において、繰り返しウガンダの教会が「インド人キリスト教徒にとっての教訓的実例」として提示された。なぜならウガンダでは「自養、自伝、自治への道が成功した」からである（*CP*, March 11, 1905）。『キリスト教愛国者』には「ウガンダ聖公会は自伝する教会」であり、宣教師を近隣地域に派遣したと記されている（*CP*, September 6, 1902, 6）。前述したようにエチオピアニズム運動では、福音の拡散におけるアフリカ人の主体性が何よりも重要なものと考えられていた。そしてこの原則を繰り返し確認するために、使徒言行録8章（特に39節）の物語が聖書の示す力強い一例として提示された。エチオピアニズム運動の指導者エドワード・ウィルモット・ブライデン（Edward Wilmot Blyden、1832-1912）が1882年に執筆した解釈では、この物語の中で西洋人宣教師のプロトタイプとされるフィリポは聖霊によって「連れ去られた」。対照的に〔物語に登場する〕エチオピアの宦官はひとりで自国に帰り、そこでエチオピア教会を建てたのだ（Blyden 1887, 160f）。

　最後に「ブラック・アトランティック」（Black Atlantic）周辺のさまざまなキリスト教徒ネットワークについて見ておこう。特に1912年にニューヨークで設立された「アフリカン・オーソドックス・チャーチ」のような運動に言及しておかなければならない。この教会は1921年にはすでに南アフリカで（そして

9　Report 1908, 224-25〔日本語で刊行された『万国青年大会講演集』には、この引用文の出典となる報告が含まれていない〕。

10　〔ここで取り上げられた日印交流の事例と東京で開催された万国学生基督教青年会については本書第5章も参照。また後者に対する日本国内からの批判に関しては本書第7章を参照。〕

第1章　キリスト教のグローバル・ヒストリー

少し後にウガンダやケニアでも）成立していた。そのメンバー自身が誇らしげに述べているように、これは「〔西洋の〕宣教師の関わりが一切なく」[11]達成されたものであった。

4.　グローバル・クリスチャニティの歴史 —— 大陸をまたぐ多方向の相互作用

　グローバル・クリスチャニティの多極構造を認識することは、キリスト教のグローバル・ヒストリーという概念を、大陸をまたぐ多方向の交流の歴史として理解することでもある。宣教をめぐるこれまでの歴史記述学とは異なり、このグローバル・ヒストリーという概念は伝統的な「北－南」の繋がり（欧米宣教師の海外での活動に焦点を当てる研究）あるいは「南－北」の関係（たとえばヨーロッパにおけるアフリカ人移民の「逆宣教」の努力に注目する近年の研究）ばかりを扱うのではない。この概念はむしろ、新しく考慮に入れなければならない、いわゆるグローバル・サウスにおける交差結合の多様性を指摘するものである。前述したシエラレオネの例のような「南－南」の繋がりのいくつかは近年かなり詳細に研究されており、非西洋世界におけるキリスト教の拡大の古典的なパラダイムとなった。残されている課題は、さらに他の例を見出して分析することであり、またそれらを繋ぎ合わせてより広い視座を得ることである。それによって私たちはキリスト教のグローバル・ヒストリーを地域かつ大陸をまたぐ多方向の相互作用の歴史として描き出すことができるようになるだろう。このようなアプローチに必要とされるのは、これまで個別対象とされてきたさまざまな地域的、大陸的、教派的な歴史をその相互関係において再配置し、分析することを可能にする「拡大地図」である。

4.1.　16世紀の大西洋周辺の交流と「南－南」の繋がり

　16世紀にはこういった多様な発展が絡み合う印象深い例がいくつも見られるが、これまでそれらはしばしば別々の、繋がりのない事柄として研究されて

11　詳細および引用文全体に関して、Burlacioiu 2015, 4を参照。

きた。この世紀は二つの重要な出来事によって特徴づけられる。ひとつは中央ヨーロッパにおける宗教改革である。これによって西洋のキリスト教には信仰による分派が起こるようになり、教派的な多様性がもたらされた。もうひとつはイベリア人の海外進出である。これによってローマ・カトリックは初めて四つの大陸とそれまで知られていなかったさまざまな文化の中に教会としての存在感を確立することができた。両者の展開はいずれも今日に至るまでグローバル・クリスチャニティに影響を及ぼしている。しかし歴史研究においては（少なくともドイツの学界においては）これらは別個の、繋がりのない運動として異なる専門分野で研究されてきた。特に後者の発展は、プロテスタント神学部のキリスト教史のカリキュラムにおいてはたいてい無視されてきた。しかし宗教改革と海外進出という両方の文脈において、しばしばまったく同じ人物が活動しているという事実がある。

- たとえば神聖ローマ皇帝カール5世（Karl V、1500-1558）は、ヴォルムス帝国会議（1521年）でルターが自らの主張を展開しなければならなかった相手であっただけではなく、おそらくルネサンス期のローマ皇帝の誰よりも強く宗教改革運動に反対した人物であった。彼はまたスペイン国王として、ヨーロッパ、北アフリカ、アメリカ、そしてのちにはアジアにまで広がった「太陽の沈まない」帝国を統治した。
- カエタヌス（Thomas de Vio Cajetanus、1468-1534）は枢機卿であり、1518年のアウクスブルク帝国会議でルターを尋問した教皇特使であった。同時に彼はドミニコ修道会の総会長、すなわちバルトロメ・デ・ラス・カサス（Bartolomé de las Casas、1884-1566）の上司でもあった。ラス・カサスはスペインによる占領（conquista）を強く批判し、先住民インディアンの権利を守ろうとして、のちに「ラテンアメリカの解放の神学の父」と呼ばれるようになった人物である。
- ローマ教皇レオ10世（Leo X、1475-1521）は、ルターが1520年に「キリスト者の自由」に関する論文を書いた相手であったが、ルターのこうした努力にもかかわらずこのヴィッテンベルクの修道士を破門した人物である。その一方で彼はサハラ以南のアフリカのキリスト教徒支配者 —— コンゴ

王アフォンソ1世（ンジンガ・ムベンバ、Nzinga Mvemba、1456-1543、在位1506-43年）——との文通を楽しんだ。アフォンソ1世は、ポルトガル人（彼らはキリスト教伝道よりも奴隷貿易の方に興味を持っていた）に抵抗しながらも自国のキリスト教化を進め、それゆえ「コンゴ独自のキリスト教」を作り出した人物である[12]。彼の息子は初めての（そしてその後何世紀もの間、唯一の）アフリカ人主教に任命された。アフォンソ1世は18世紀末まで存続したキリスト教王朝の創設者となり、ローマ教皇庁によって与えられた「信仰の擁護者」（Fidei defensor）の称号を誇りにしていた。

　しかし本章の文脈においてもっとも重要なのは、コンゴ地域における自己誘発的なキリスト教化のプロセスがアメリカ両大陸におけるアフリカ系アメリカ人へのキリスト教の導入にインパクトを与えた、という事実である。これは、アメリカへ連れ去られた時にはすでにキリスト教の洗礼を受けていた多くのコンゴ人奴隷の力によって起こった。彼らはキリスト教徒としての自分の新しいアイデンティティを守り抜いただけではなく、新世界アメリカの地で他のアフリカ人奴隷に伝道をしたのである。「コンゴからきた黒人キリスト教徒」は17〜18世紀のサウスカロライナ、ハイチ、キューバ、ブラジルなどで重要な役割を果たした。「アフリカ人たちの改宗は実際アフリカで始まったのだが、近年の研究者たちはたいていこの側面を見逃している」とジョン・ソーントンは述べている。彼は「アフリカ世界のキリスト教の多くは海を渡ってアメリカ大陸にもたらされた。キリスト教徒であったアフリカ人の存在に加えて、キリスト教徒ではなかった奴隷の間で、アフリカ的なキリスト教が生まれるのを助けたカテキスタ（伝教者）もいた」と指摘している（Thornton 1998, 254, 262）。ソーントンのこうした洞察に加えて、デイヴィッド・ダニエルズは次のように述べている。「コンゴ人によるコンゴ・キリスト教のアメリカ大陸への輸入は、彼らの振る舞い（behaving）、帰属（belonging）、そして信仰（believing）などさまざまな方法によってなされた」（Daniels 2014, 217）。中でも特に重要だったのは、コンゴ人がリーダーとなったさまざまな黒人団体である。それらは「ア

12　Jadin and Dicorato 1974, Hastings 1994, 79ff, 635ff, Thornton 1984 を参照。

メリカ大陸のアフリカ出身者の間でキリスト教信仰が生まれ発展するのに決定的な役割を果たした」(Daniels 2014, 217)。

16世紀にキリスト教の発展を推進した立役者は、当時まだ宗教舞台に登場したばかりのイエズス会であった。この時期のヨーロッパにおけるキリスト教の発展と海外におけるそれとの相互作用を検証するのに、イエズス会ほどわかりやすい例はない。イエズス会は1540年にヨーロッパの異端(プロテスタント)と闘うため、そして「異教徒」(infidels)の地にカトリックの信仰を広めるために設立された。イエズス会は、旧世界での対抗宗教改革の先頭に立ち、同時に特にアジアにおいて、異文化と対峙するという重要な実験に着手した先駆者でもあった。イエズス会の宣教活動を支えていた原動力は、ロベルト・ベラルミーノ(Roberto Bellarmino、1542-1621)らによって形成された「補償理論」(compensation theory)のうちに見出すことができる。それは、旧世界における喪失は、新世界での獲得によって補償されうるという理論だ。そこではまた、プロテスタントという異端が狭い「ヨーロッパのアングル」に限定されているのとは対照的に、「四大陸」すべてにおいて実現されたカトリック教会の「普遍性」こそ、カトリック教会の真実性を証明しているとされた。こうした議論は、かつて聖アウグスティヌスがドナトゥス派の地域的分派に対抗して行った議論に拠っている。このように「新」世界における宣教活動と、「旧」世界における信仰をめぐる議論は深く絡み合っていたのである[13]。

4.2. 16〜18世紀における信仰の明確化のプロセス

西洋キリスト教の教派間で起こった信仰をめぐる議論は、続く時代にも主要なテーマとなった。それらはヨーロッパに限らず、海外で生まれた多くの教会にも強いインパクトを与えた。そして反対にアジア、アフリカ、アメリカにおけるキリスト教の発展は旧世界のさまざまな出来事に影響を与えた。16世紀のカトリック史において決定的な重要性を持つトリエント公会議(1545-1563)は、ヨーロッパのカトリシズムの再編成と対抗宗教改革において重要な役割を果たしただけではない。トリエント公会議は、海外で生まれつつあった宣教教

13　Koschorke 2012a, 83-182におけるMarkus Friedrich、Claudia von Collani、Niccolo Steiner、そしてVerena Böll と Ronny Po-Chia Hsia(共著)の論文を参照。

会の形成に —— その組織やメンバー、課題について公会議ではまったく取り上げられなかったにもかかわらず —— 深く長く影響を与え続けたのである。

この影響は、16世紀後半のスペイン支配下にあったアメリカとポルトガル支配下にあったアジア内の諸管区議会がトリエント公会議をどのように受け取ったかという点に見出すことができる。トリエント公会議を受けて、それまで試みられてきた各地の伝統とキリスト教の形に対する相対的な寛容という段階は終焉を迎えた。たとえばインドのゴア教区会議において繰り返しトリエント公会議の結果が議論されたことと、由緒あるトマス派のラテン化が加速したことは深く関係している。それは前述した1599年のディアンパー教会会議において最初の頂点を迎えた。同時にポルトガルの支配地域においてもヒンドゥー教徒への態度が硬化していく。似たような展開がエチオピアでもあった。しかしインドとは違ってエチオピアでは、ポルトガルのカトリシズムとエチオピア正教の出会いは外国人嫌悪症的な反応を引き起こし、最終的には1632年にすべてのローマ・カトリック宣教師が国外追放された。メキシコ（とスペイン支配下のアメリカ大陸諸地域）ではトリエント公会議の影響が、1570年代までに現地のさまざまな言語で書かれた膨大な教会文書の禁止あるいは抑圧という形で現れた[14]。その理由のひとつは現地の言語に対する不信感が増していったことで、その不信感は「すべての異端の母」とされた宗教改革（とその聖書翻訳事業）に対する反感と重なってますます強まっていった。同時に「インディアン」の現地「教会」（*iglesia Indiana*）を発展させようとする試みも終わりを迎えた。ルターの支持者は16世紀から17世紀にかけて新世界のスペイン領に入ることを禁止されていたのだが、それにもかかわらず、このような形でプロテスタンティズムはラテンアメリカの宗教的発展に明らかな影響を与えたのである。

すでに述べたように、イエズス会はこれら大陸をまたぐ繋がりにおいて非常に重要な役割を果たした。ヨーロッパでプロテスタンティズムと戦おうとした

14　メキシコについてだけ考えてみても、1524年から1572年の間にさまざまな現地語で書かれた教会文書が100以上あったことがわかっている。しかしその後その数は急速に減っていった（Baumgartner 1992）。ヨーロッパ域外でのトリエント公会議の影響については、Koschorke 2012c, 163-203における Hans-Jürgen Prien および Teotonio de Souza の論文または Wicki 1976, 213-29 を参照。概要として Koschorke 1994 を参照。

彼らは、次第にインドやエチオピアのローカルな形のキリスト教に対しても不寛容になっていった。しかし同時に彼らは他の地域で宣教の先駆者として働き、東西の文化的、宗教的、科学的な交流の経路を作り上げた。彼らの明らかな成功はプロテスタント世界の宣教の牽引者たちをも刺激した。これはルター派のドイツ、聖公会の英国、そしてピューリタンのニューイングランドのいずれでも見られる。たとえばボストン出身のコットン・メイザー（Cotton Mather、1663-1728）は繰り返しイエズス会の活動に言及している。加えて、これらの議論は教会のエリートのみならずさまざまな地域の現地信徒にもインパクトを与えた。1598年の長崎における26人の殉教者（イエズス会とフランシスコ会に属し、1627年に列福された人々）の苦しみのような出来事は、中央ヨーロッパやスペイン支配下のアメリカの多くの都市にあるイエズス会の劇場のステージで感動的に演じられた。つまり彼らは広く民衆との繋がりを持ち、ヨーロッパ内の信仰的な目覚めを促したのである（Hsia 1993, Eikelmann 2009, 92-223）。ロニー・ポチャ・シャーが述べたとおり「海外宣教と旧世界におけるカトリック信仰の明確化は、同じ戦いの一部分であった」（Hsia 1993, 158）。

　しかし、宣教教会における「信仰の明確化」のプロセスは単にヨーロッパの信仰（教派）的アイデンティティを海外に輸出した出来事と捉えられるべきではない。ヨーロッパ域外では、それらのアイデンティティは多文化間交流プロセスの要素となり、現地の伝統と混ざり合った。たとえばクスコ（ペルー）では、先住民のキリスト教徒でアーティストのマルコス・ザパタ（Marcos Zapata、1710-1773）による3枚の絵画が大聖堂とイエズス会の教会に掲げられ、植民地時代のラテンアメリカのキリスト教史における三つの重要なモチーフを表すものとされた。1枚目の絵画はスペイン人カピターノ（艦長）とインカの姫の結婚式を描いたもので、古い現地人エリートと新しい植民者エリートとの社会的な融合を象徴している。2枚目の絵画は「異端者を打ち負かす聖イグナティウス」と題するもので、床に倒れて悶える幾人かの人々 —— それらはルター、カルヴァン、ツヴィングリ、その他ヨーロッパ・プロテスタント運動のリーダーである —— の勝利者としてイエズス会の創始者が描かれている。この絵は当時プロテスタント教徒が誰も到達していなかった地域においてさえ信仰的な衝突という課題が共有されていたことを示している。3枚目の

絵画「最後の晩餐」（*Cena ultima*）はヨーロッパ的な食卓にアンデスの果物やモルモットが食べ物として並べられている。ペルーの文化では今もモルモットはご馳走とされている。この絵画は前述の2枚が示す主題に、さらに「土着化」（enculturation）というテーマを付け足したものと言える[15]。

　繰り返しになるが、植民地にもたらされたこうした信仰的アイデンティティは、それ以降の歴史において、その起源からは独立した独自のダイナミクスを発展させた。たとえばセイロンでは、一見すると宣教の歴史が植民地化の過程と並行しているように見える。カトリシズムはポルトガルの支配時期（1505-1658）にもたらされ、カルヴァン派はオランダによる支配時期（1658-1796）に、そして英国のさまざまなプロテスタント宣教運動はイギリスの支配時期（1796-1948）にもたらされた。しかしオランダの支配時期をよく見てみると、事はそう単純でないことがよくわかる。その当時セイロンにあった教会の権力者と植民者は、ある種の宗教的、政治的な地下抵抗運動としてローマ・カトリシズムが再興していることに気づき、強い懸念を持っていた。このカトリシズムはポルトガル人によってもたらされ、ポルトガルによる支配の終了とともに消え去ったと信じられていたのだが、ゴアからきたオラトリオ会のインド人司祭に支えられて植民地支配下の公共圏においても強い存在感を維持していたのである。1750年にはカトリック信徒の数が、オランダ支配の終わりとともにはっきりとその地で終わりを迎えたオランダ改革教会の信徒数を大きく超えていた。今日に至るまでカトリシズムはスリランカのキリスト教の中でもっとも大きな教派となっている（Koschorke 1998b）。

4.3.　17〜18世紀の中国典礼論争とヨーロッパへの影響

　グローバル・クリスチャニティの多方向的な歴史を考える上で特筆すべきまた別の例は、いわゆる中国典礼論争（Chinese Rites Controversy）である。本章の目的に沿って言えば、この長く続いた論争がヨーロッパに影響を与えた点を指摘しておくべきだろう。この論争は、ヨーロッパが非西洋文化との交流にあたってどのようなことが課題となるのかをまだ十分に把握していなかった初期

15　この絵は以下のリンク先で保管されている（2018年10月31日）。
　　http://www.webcitation.org/6WmmGnvAO

の一例である。というのも、この論争においてヨーロッパの人々は海外でのキリスト教の発展とそれに関連する論争に、受動的に反応していたに過ぎなかったからだ。もともと「典礼論争」は中国で活動していたいくつかのカトリック修道会の間での、宣教戦略や中国の伝統（先祖崇拝や儒教的な儀式など）とキリスト教のメッセージがどこまで両立するかということをめぐる内部の意見の相違であった。しかしそれは次第に世界的な論争に発展していき、ヨーロッパでは教会内の人々のみならず、「啓蒙された」民衆の間でも広く注目されることとなった。ローマ教皇庁がこの問題について相反する見解を出したことや、ゴットフリート・ヴィルヘルム・ライプニッツ（Gottfried Wilhelm Leibniz、1646-1716）のような哲学者やフランス啓蒙主義の主導者による議論は、この問題がヨーロッパで発展していったことを示している。この論争はまたヨーロッパ域内での教会やキリスト教一般に対する批判を強めることとなった。中国からのニュース、中でも中国の年代記、哲学、社会秩序などの情報は、西洋の伝統的なキリスト教的世界観に疑問を投げかけた。遠く東の地でのキリスト教信仰と中国文化の出会いは、ヨーロッパ自体にまで影響を及ぼしたのである。

4.4. 16〜20世紀の交流プロセスと「ブラック・アトランティック」

「ブラック・アトランティック」という概念は広く議論されてきており、この概念とキリスト教の多極的な歴史との関係性はますます強く認識されつつある。16世紀コンゴのカトリシズムのパラダイムについては、それが新世界でアフリカ系アメリカ人のキリスト教の勃興に与えた影響とともにすでに論じた。同じことが前述したシエラレオネのケースにも当てはまり、さらに18世紀末から19世紀初頭に解放された奴隷が（最初はノバスコシアから、のちにさまざまな地域から）再移住した影響で起こったアフリカ系プロテスタンティズムの西洋における勃興についても言える。ジフー・J・ハンシルズが強調したように、これらの出来事はまた「アフリカやその他の地域におけるキリスト教の〔さらなる〕広がりに徹底的な影響を与えることになった」（Hanciles 2014, 29）。

18世紀中頃にはすでに、モラヴィア兄弟団の二人の黒人宣教師──カリビア諸島出身のレベッカ（Rebecca Protten、1718-1780）とゴールドコースト（今日のガーナ）出身のクリスチャン・ジェイコブス・プロッテン・アフリカヌ

ス（Christian Jacob Protten Africanus、1715-1769）——の間で大西洋をまたぐ結婚がなされており、これは「大西洋世界における黒人キリスト教の形成」において重要な要素となった（Sensbach 2005, iv, Sensbach 2012, 239-54）。カトリックにおいては黒人の諸団体が主要な役割を果たした。それらは16～17世紀に数多くのブラジルの街で「半自律的組織」（Daniels 2014, 219）として立ち上げられ、大西洋をまたぐ形で運営された。おそらくそのもっとも有名な例は、コンゴ王の子孫のアフリカ系ブラジル人で、マドラスの黒人コミュニティの検察官であったロレンソ・ダ・シルヴァ・メンドーサ（Lourenço da Silva de Mendouça、1620-1698）が1684年にローマまで足を運び、ブラジルにおける「永遠の奴隷」制について異議を唱え、成功を収めたことである。

　19世紀の事例としては、アフリカにおけるアフリカ系アメリカ人宣教師の活動が注目に値する。彼らは数は多くなかったが、さまざまな地域で重要な役割を果たし、精力的に活動した。そしてその数は19世紀末にかけて次第に増えていった。最初彼らは白人の宣教団体によって派遣され、南北戦争後、特に1890年代には黒人組織によって派遣された。前述したブライデンや他の主導者が示しているように、西アフリカではカリブ人と強い繋がりを持つキリスト教徒エリートがキリスト教の多種多様な発展を促した。それは黒人出版物の発行に始まり、国家主義的なルサンチマンの盛り上がり、そして最初の教会独立運動まで至った。シエラレオネやリベリア、ゴールドコースト、そして現在のナイジェリアでエチオピアニズムの考えが広がったのは、ある面ではこうした大陸をまたぐ経路のおかげであった。その後、大西洋の両岸で黒人教会が設立されていく。その顕著な例はアフリカン・メソジスト・エピスコパル・チャーチ（African Methodist Episcopal Church、略：AME）である。1816年にアメリカ合衆国で最初のアフリカ系アメリカ人の教派としてフィラデルフィアで設立されたAMEは、1900年頃には南アフリカや「黒人大陸」（Black Continent）の諸地域で見られるようになった。1898年、AME主教のヘンリー・マクニール・ターナー（Henry McNeal Turner、1834-1915）は南アフリカを訪問し、アフリカ人を興奮させ、ヨーロッパ人を激怒させた。アフリカ正教会（African Orthodox Church、略：AOC）も重要な一例である。1921年にニューヨークで設立されたAOCは早くも1924年には南アフリカに存在しており、その数年後

には東アフリカ（ウガンダ、ケニア）にまで達していた[16]。AOCはそれ以降、多くの大陸横断的で超教派の黒人教会の模範となった。

この「ブラック・アトランティック」のような大陸をまたぐ交流の場はグローバル・クリスチャニティの多極的な歴史と深い関係を持つが、こうした例は他にもある。同じことが太平洋（と植民地時代のメキシコとフィリピン間の交流）やインド洋についても言える。19〜20世紀にオセアニア地域出身の宣教師が伝道をした結果としてできあがった「クリスチャン・オセアニア」も、キリスト教史における多方向的多極性（multidirectional polycentricity）の一例と言える。ここでは「キリスト教を広めた主体はほとんどヨーロッパ人ではなかった。むしろ、この地域のキリスト教化のほとんどが、キリスト教化されたばかりの自国から旅立って他の太平洋諸島にキリスト教を広めた現地の人々によってなされた。つまりオセアニアのキリスト教化は世界の他の地域から来た宣教師というよりも、現地の宣教師による活動の結果なのである」[17]。

4.5. 19世紀の地域・大陸をまたぐネットワークとしてのキリスト教徒ディアスポラ

現在、宣教学者や社会歴史家の多くはグローバルなキリスト教徒の交わり（global Christian communion）の形成に移民が及ぼしうる影響について活発な議論をしている。また、過去にキリスト教が世界的に広まった際に、移住者が多大な役割を果たしたこともよく知られている。しかしこの点についてもさらなる研究が必要とされている。現在のところ、いくつかの地域と重要な事例の多くがまだ見逃されているか、あるいはそれぞれ別の出来事として扱われている[18]。

民族的、宗教的ディアスポラはその最初期から地域をまたぐ情報交流のネットワークを形成しており、それはキリスト教の拡散においても重要な要因となった。新約聖書時代、ローマ帝国のあらゆる場所に散らばったユダヤ人ディアスポラの存在なくしては福音の迅速な広がりはありえなかっただろう。使徒パウロはローマの信徒への手紙の中で、自身ではなく無名のキリスト者が創設

16　詳細に関してはBurlacioiu 2015およびCooke 2013を参照。

17　Hiery 2014, 213。Lange 2002 も参照。

18　〔人口移動とキリスト教史の関連については本書第2章において詳しく論じる。〕

第1章 キリスト教のグローバル・ヒストリー

したキリスト教共同体について書いている。アルメニア教会も初期の古典的な例として挙げられるだろう。アルメニアはキリスト教徒の支配者によって統治された最初の国のひとつであったが（4世紀）、のちに繰り返し分裂し、数世紀にわたって外国からの支配を受けた。そこでアルメニア外の地域への継続的移住が緊急課題となった。ヨーロッパ中世にはすでに、アルメニアの外、すなわち中東や中央アジア、シルクロード沿い、インド、東ヨーロッパ、南ヨーロッパなどに大きなアルメニア人コミュニティが存在していた。今日も世界各地にアルメニア人コミュニティがある。

19世紀には世界規模の移住運動が顕著になった。それらはキリスト教の世界的な外観を変え、多くの地域で宗教的、教派的な地形に変化をもたらした。伝統的にカトリックだったラテンアメリカへのプロテスタント・ヨーロッパ人移民や、アメリカ合衆国へのカトリック・アイルランド人移民などのように、これらの動きのいくつかはすでに詳細に研究されている。大陸をまたぐ人口移動や交流の他の例については、「ブラック・アトランティック」におけるアフリカ系アメリカ人のネットワークの例を通してすでに述べた。しかし、その他の自主的あるいは非自主的な移住運動についてはまだあまり注意が払われていない。これらの運動は宗教的な地形を変え、さまざまな地域で新しい形のキリスト教を生み出した。たとえばこの時期に大英帝国内で生まれた特徴的なもののひとつが「契約労働」（indentured labor）の体制であり、これは伝統的な奴隷制に取って代わるものであった。これによって英国植民地間での人口移動が増え、非常に遠い地域（カリブ諸島など）にもそれ以前には見られなかったインド人の存在が確認されるようになった。このことはヒンドゥー教徒のみならずインド人キリスト教徒にも影響を与えた。タミル人契約労働者は南アジアや南アフリカ、フィジー、その他の地域に移動し、各地でタミル人のための教会を作った。彼らは西欧人宣教師がその地に入るずっと前に、すでにいくつかの地域で──たとえばスリランカ高地紅茶農園などで──キリスト教徒として自分たちの存在を確立させていた。

類似のことが他のアジア諸国でも確認できる。韓国は1910年に日本に併合されたが、同時期に韓国人伝道者は満州、シベリア、日本、ハワイ、カリフォルニア、メキシコなどにいる韓国人同胞の間で活発に活動した。彼らは早くも

43

1913年には中国の山東でその働きを始め、現地の中国人の間で異文化間宣教を行った。東南アジアにおける中国人ディアスポラは、この文脈で言及する価値のある三つめの例であり、特に他の事例との比較を通してより詳細に研究する価値がある。中国におけるプロテスタント・キリスト教の起こりは非常に示唆的である。最初の中国語キリスト教系雑誌が出版され、また中国人伝道者が訓練されていったのは、1843年までプロテスタント宣教師を受け入れなかった中国の外側にあったマラッカ(そしてシャムからマレーシア、シンガポールからインドネシア群島といった弧を描く形の、中国人が多くいた他の地域)であった。似たような事例が20世紀初頭、1911年に満州国が崩壊する前の時期にも見られる。のちに中華民国の初代総統になる孫文(1866-1925)などのように、中国人キリスト教徒は国外に亡命しており、またのちに新しい中国政府の中で責任ある職につくこととなる中国人学生が日本でキリスト教に改宗していたのである[19]。

4.6. 1910年頃のキリスト教国際主義 (Christian internationalisms)

最後に、1910年頃の地域および大陸をまたぐキリスト教ネットワークの多様性に言及して本章を締めくくりたい。1910年はエディンバラで世界宣教会議が開かれた年であり、19世紀の宣教運動の到達点としても、20世紀のエキュメニカル運動が生まれた年としてもしばしば言及される。しかしアジアやアフリカの「若い」教会における議論や発展に対してエディンバラ会議がいかに応答したかという点はほとんど注目されてこなかった。本会議は、アジア(とアフリカ)における「大国の目覚め」(awakening of great nations)に、そしてこれらの地域での協働の強化と新しいキリスト教形態の必要性に反応したのであった。つまりエディンバラ会議は海外で生まれつつある諸教会から強い影響を受け、卓球の球を返すように、それらをより強調するような形で打ち返した出来事だったのである[20]。ちなみに、この点はエディンバラ世界宣教会議と

---

19 19世紀の中国人ディアスポラについてはLee 2001も参照。

20 「中継局」(relay station)としてのエディンバラ会議についてKoschorke 2012bおよびDaniels 2012を参照。1910年前後の「キリスト教国際主義」の多様性を認識することは、20世紀初頭にアジアやアフリカで出されていたキリスト教系新聞・雑誌の比較研究プロジェクト(ヘールマンズブル

第1章　キリスト教のグローバル・ヒストリー

その50年後にもたれた第二ヴァチカン公会議との違いを際立たせている。後者の会議は全世界的に受け止められたものの、その準備はほぼヨーロッパのみで（またヨーロッパ人によって）進められた。

　1910年頃には実にさまざまな地域かつ大陸をまたぐキリスト教ネットワークが存在していた。これらのいくつかは宣教師によってコントロールされていたが、いくつかは宣教師が関わらない、もしくは反宣教師的な特徴すら持ったネットワークであった。そしてまた、その中間に位置するような特徴を持つものもあった。宣教師が関わらない（あるいははっきりと反宣教師的な）ネットワークは、「ブラック・アトランティック」での汎アフリカ主義およびエチオピアニズムの運動に属していた。これらにはアメリカ合衆国や南アフリカで強い存在感を放ったAOCやAMEが含まれる。アジアでは、各地域のYMCAやWSCFが現地のリーダーシップを訓練する場となり、またさまざまな地域出身のキリスト教徒エリートの交流の場となった。1907年に東京で開催されたWSCFの会議は重要な出来事のひとつである。それはアジア人が参加者の大多数を占めるエキュメニカルな集まりとしては初めてのものであった。インド人キリスト教徒はこの会議を「キリスト教の歴史において初めてアジアのあらゆる地域からのキリスト教主導者が一堂に会する予定」の、「ユニーク」な出来事であると称えた（*CP*, March 9, 1907, 5）。彼らはこの会議がアジア諸教会の「共感」と「相互責任」を強めるのではないかと期待した。地域をまたぐネットワークのまた別の例としてはとりわけ、インドのさまざまな地域で平信徒や「教養のある」キリスト教徒エリートによって設立された「インド・キリスト教協会」（Indian Christian Associations）が挙げられる。それらは「インド全土にあまりにも広く拡散し、教派その他の相違にあまりにも悲しく引き裂かれたインド人キリスト教徒の共同体意識を高揚させ、さらに大きな結束と連帯をもたらす」ことを目指していた。同時にそれらは「インド、ビルマ、セイロン、海峡（シンガポール、マラッカ周辺）、南アフリカの隅々にあるさまざまなキリスト教組織を相互に接触させる」ことも目的としていた（*CP*, February 19, 1916, 4）。だからこそ、こうした組織はディアスポラのインド人キリスト教徒の世界

クとの協力のもとミュンヘンで取り組まれている）やその他ミュンヘンでのさまざまなプロジェクトにおいて重視されている。詳細についてはKoschorke 2015bを参照。

45

的なネットワークを作り上げたのである。

　宣教師たちが作り上げた情報伝達の経路は、西洋にあった宣教団体の本部によってのみならず、アフリカやアジアのキリスト教徒によっても用いられた。たとえばアジア諸国で開催された宣教協議会（National Missionary Councils、またはキリスト教協議会 National Christian Councils）はもともと 1912〜1913 年にもたれたエディンバラ継続委員会（Edinburgh Continuation Committee）から生まれたものである。1922 年以降、エディンバラ継続委員会は、かつて宣教師が建てた教会が今後自立していくための中心地や、当時生まれつつあったアジアのエキュメニカル運動の集結地点を作り上げていった。1938 年のタンバラム世界宣教会議はアジアで開催された初めての宣教会議で、同時に参加者の大多数がグローバル・サウス —— アジア、アフリカ、ラテンアメリカ —— 出身であった初めてのエキュメニカル会議となった（Ludwig 2000）。

　このような大陸をまたぐネットワークの存在は、キリスト教がその最初期から世界的なものであったものの、20 世紀に入った頃に改めてまた新たな視点からそのグローバル性（globality）が再発見されたことを示している。初期の「南 − 南」の繋がりはキリスト教のグローバルな次元が再発見されるにあたって決定的な役割を果たした。今後、グローバル・クリスチャニティの歴史研究はこれらさまざまな地域かつ大陸をまたぐ繋がり、特にグローバル・サウスの教会間の繋がりや当時発展していた多様なキリスト教の形態に細心の注意を払う必要がある。今日のグローバル・クリスチャニティを理解するために、その歴史を描く新しい地図が必要である。そしてこの新しい地図は、既存の学問分野の垣根を越えた学際的な多文化間の協力なしに描くことができないのである。

［工藤万里江訳］

第 2 章

宗教と人口移動

グローバル・クリスチャニティの
多極的歴史観 [1]

クラウス・コショルケ

1. グローバル化、人口移動、宗教をめぐる今日の議論

　人口移動という話題は、メディアにおいても、政治においても、社会科学的・歴史的論考においても、盛んに取り上げられる。筆者の出身地であるミュンヘンはバイエルンの州都にしてドイツの文化的中心のひとつで、毎日のように難民で溢れるボートの悲劇が起こっている地中海からは、アルプスによってあたかも遮蔽されているようである。だが、2015年の秋、超満員の列車で中東から数万の難民が突如としてミュンヘン中央駅に降り立った。そこでこの人々を待ち受けていたのは、多くの人にとって予期せぬドイツの歓迎文化（Willkommenskultur）であった。市民は駅で待ち構え、拍手で新参者たちを歓迎したのだ。やがてその雰囲気は変化し、他のヨーロッパ諸国と同様ドイツでも、右派ポピュリスト政党が勢力を伸ばした。イギリスではEU離脱運動が昂じ、外国人排斥の攻撃や襲撃が、特に東ヨーロッパからの移民に対してなされるに至った。また、アメリカ合衆国では大統領候補ドナルド・トランプがメキシコ国境での壁の建設、イスラム教徒の入国禁止などの方針を掲げ、支持を集めている。

1　本章は、2016年9月21日にサン・レオポルド（ブラジル）にあるサン・レオポルド歴史研究所（Instituto Histórico de São Leopoldo）が主催した国際シンポジウム「人口移動——宗教とスピリチュアリティ」（Migrações: religiões e espiritualidades）開会講演の記録である。ポルトガル語版（"Religião e migração: aspectos de uma História global e policêntrica do cristianismo"）は大会記録で発表されている。〔本章はKorschorke 2016bの翻訳である。〕

47

1.1. 人口移動と宗教

　ヨーロッパへの難民と移民のほとんどはイスラム教国からの人々だ。これは異文化の過度の影響や外国人過多という不安を煽る。極右はここで「キリスト教西洋」の擁護を持ち出し、そのため、東ドイツで繰り返し示威行動において、ろくに知りもしないで、クリスマスの歌をこれ見よがしにわめき歌っている。他の場所においては、グローバルな人口移動の結果、これまで非イスラム教徒にはほぼ完全に閉ざされてきた地域に、キリスト教の存在が認められるようになったことがある。ここでは湾岸地域におけるフィリピン人出稼ぎ労働者（ほとんどがカトリック教徒）の例を挙げるにとどめる。現在までのところドバイの人口の21.3％が、この東南アジアの島国[2]の出身者だ。キリスト教徒が多数を占める国においても移民教会の影響で現地人と移民の間に引かれていた境界線の位置が変わってきている。ロンドン最大の教会である「キングスウェイ国際クリスチャンセンター」（Kingsway International Christian Center）などは、日曜礼拝には（教会発表によると）1万2000人が訪れるというが、もともとはアフリカからの移民の教会であった。この教会は次第に「現地の」人々をも惹きつけるようになっている。アメリカの宗教社会学者ジフー・J・ハンシルズ（Jehu J. Hanciles、1964-）は「アメリカのキリスト教の脱ヨーロッパ化」の現象を指摘している。その際彼は主にここ30〜40年の変化を引き合いに出して「1980年代までにアフリカ、ラテンアメリカ、カリブ海、アジアは人々を西洋諸国へ送り出す究極の輸出元となっていた」（Hanciles 2008, 28）と述べる。このことは北米のプロテスタンティズムの「アフリカ化」を強化し、またアメリカ合衆国のカトリシズムのヒスパニア化を促進したが、これはアフリカ系およびラテンアメリカ系の人々による人口移動の結果である。

1.2. キリスト教史における人口移動

　筆者は社会学者ではなく教会史家（専門：キリスト教世界史）であるが、このような現下の展開は、どの程度過去の時代に対する捉え方を変え、グローバル・クリスチャニティ史の新たな歴史記述の糸口へといざなってくれるだろう

2　"Filipinos in the United Arab Emirates"（Wikipedia, the free encyclopedia、最終閲覧日：2016年4月15日）。

か。ミュンヘン大学で我々は「多極的キリスト教史」というコンセプトのもと研究しており、これは二つの基本的な考えにより規定されている。第一に、キリスト教は最初から（その既知の世界という枠内において）グローバルな運動であったが、グローバル化はヨーロッパ化と同一ではない。というのも、第二に、キリスト教には同様に最初から、かつ歴史を通じて、伝播において多数の地域的中心、地域によるキリスト教形態のバリエーション、また現地人イニシアチブが多数存在したからである[3]。そして、この多極的発展というコンセプトの展開において、人口移動という観点は特別な意味を持っている。

教会史は長年「定住〔者〕の宗教」(sesshafte Religion)[4]にあまりにも強く関心を持ち、多くの場合、まずは区切られた領土という範疇で思索してきた。プロテスタント系ドイツ語研究文献に見られる歴史記述は、往々にして無意識のうちに、かつての領土に基づくキリスト教組織構造の余波が、記述に影響を与えてしまっている。「領土が属する者に宗教も属する」(*Cujus regio, ejus religios*) とは、近世初期の中部ヨーロッパにおける、秩序維持のための宗派政策上の基本原則である。しかも、移住と流浪の体験はすでに聖書の伝承において中心的モチーフだ (Hanciles 2008, 139ff, Walls 2008)。「わたしの先祖は滅びゆく一アラム人でありました」と、イスラエルの原初の告白の中ですでに書かれている（申命記26：4-10）。そして、旧約聖書の出エジプトの範例並びにバビロン捕囚からの帰還という預言的約束は、何世紀も後に大西洋の両岸にいるアフリカ系アメリカ人奴隷の再移住と解放を目指す闘いに刺激を与えたのみならず、17～19世紀には非国教徒をヨーロッパの国教会主義から決別させ、海外へと駆り立てることにもなった。筆者はここで教会史家として特に同業諸氏に呼びかけるが、キリスト教のグローバル・ヒストリーの諸段階における空間移動性にもっと注意を払い、同時に、キリスト教が存在するさまざまな地域間での多方向的交流関係を新たな手法で注視することが必要不可欠である。

---

3 Koschorke 2010, Koschorke 2012a, Koschorke and Hermann 2014, Koschorke 2016a〔後者の邦訳は本書に第1章として含められている〕を参照。

4 ツィプリアン・ブルラチョユ（Ciprian Burlacioiu、1976-）による造語。同氏はミュンヘン大学で「キリスト教のグローバル・ヒストリーのテーマとしての人口移動とディアスポラ」と題した研究プロジェクトの準備を進めているが、同氏には事柄や文献に関する重要な指摘を多々頂戴したことを感謝する。

これについては以下でさまざまな時代からいくつか例を挙げる[5]。

2. 変化した歴史記述学的観点 —— 人口移動史としての教会史

2.1. 古代世界のキリスト教

新約聖書から始めよう。キリスト教は最初から自らを、国／民族・言語・文化の垣根を超越し、その信徒が「地の果てに至るまで」（使徒言行録1：8）遣わされる自覚を持った、グローバルな運動として理解していた。事実、この新しい信仰は驚くべき速さで地中海一帯に広がった。この急速な伝播に対する我々の理解は、今もなお新約聖書の使徒言行録が物語るパウロによる宣教の旅を基盤としている。ここで宣教の旅は、蘇ったイエスから使命を授かった使徒の、確固たる目標を持った計画的な試みとして描かれ、彼は小アジアとギリシアの諸都市へ赴き、そこでそれぞれに教会を作り、その後新たな目的地へ向かって立ち去ったというイメージである。

しかし、パウロはまったくの例外で、職業としての宣教師は古代の教会には存在しなかった。通常の場合、信仰はむしろ自然発生的に伝播し、たいていは誰が広めたかわからなかった。そのことを示す最も重要な初期の例を、またもや他でもないパウロその人が、自らの最も重要な文書であるローマの信徒への手紙をもって提供している。というのも、この手紙はすでに成立している教会に宛てられているのだ。これは彼が訪問を望んでいる教会だが、彼はまずは自己紹介せねばならず、そのために自らの福音を紹介し、ローマ訪問後、さらにイスパニア（スペイン）へ向けて計画している旅の支援を期待している。だが、このローマ人の教会はどのように生まれたのであろうか。それはわからない

---

5 「宗教と人口移動」に関する膨大な文献すべてを把握することはできない。ここではキリスト教史に（も）関わる重要ないくつかの表題のみを紹介することになる。—— 人口移動一般について：Cohen 1997（そこに提示された人口移動の類型は特に重要）、Cohen 1995, Oltmer 2016a, Fischer und Gossel 2009; Bade et al. 2013, Oltmer 2016b, Tsolidis 2014を参照。—— 人口移動と宗教一般について：Adogame and Shankar 2012, Adogame and Spickard 2010, Vilaça et al. 2014, Lehmann 2005, Lauser und Weißköppel 2008を参照。—— 移民教会について：Adogame, Gerloff, and Hock 2008, Ludwig and Asamoah-Gyadu 2011, Adogame 2013, Simon 2010, Kim and Cheah 2014, Jacobsen and Raj 2008, Yoo 1999, Yang 1999, Ruttmann 1996, Hämmerli and Mayer 2014を参照。—— 人口移動に関する神学的省察について：Gruber and Rettenbacher 2015, Evangelisches Missionswerk 2016, Asamoah-Gyadu, Fröchtling, and Kunz-Lübcke 2013を参照。

が[6]、古代のEUともいうべきローマ帝国内の高い移動性は考慮する必要がある。「わが同胞は世界中を旅するが、自国のことは知らないのだ」と紀元100年頃、たとえばローマの著述家プリニウスはこう断じた。2世紀、小アジア、フリギア国のヒエラポリス出身のある商人は、生涯で72回ローマを訪れたと誇らしげに自分の墓石に記した[7]。だが、キリスト教徒にとって特別な意味を持っていたのは、何より縦横に張り巡らされたユダヤ人ディアスポラのネットワークであった。そのネットワークにおいてキリスト教徒は長い年月ユダヤ教内のセクトと見なされ、当然のこととしてディアスポラのユダヤ人のところに立ち寄っていた。ユダヤ人はローマ帝国の地中海地方のいたるところにいた。エジプトでは人口の7分の1ほどを占めていた[8]。地中海地域外のキリスト教草創期においてもユダヤ人シナゴーグのネットワークは大きな意味を持っていた。メソポタミア、あるいは4世紀以降のインド、エチオピアおよびのちの中国のように早い時期からキリスト教が存在したヨーロッパ域外の多くの地域で、ユダヤ人の早期進出が立証されているのは偶然ではない[9]。

　ローマ自体ではキリスト教共同体は長い間、主として他国からの移住者によって形成されていた。帝国の公用語であるとともにローマ住民の言語でもあったラテン語が、現存するローマ由来のキリスト教関連文書に3世紀中頃になってから登場するようになった（ローマ教会長老ノヴァティアヌスの著述の中）。それ以前のキリスト教共同体では、当時の世界共通言語とでもいうべきギリシア語を使用していた。2世紀に関していえば、帝国各地から訪れ首都に短期間、あるいは長期間滞在した旅人の名を記した長いリストがある。また、早い時期にキリスト教会が多く設立されたのも、ローマ帝国における高い移動性の結果であった。たとえば、この時代の古代教会のもので最古の殉教報告のひとつは──178年ガリアにおけるキリスト教徒迫害についてのものだが──リヨンとヴィエンヌの当該教会から、それらの教会メンバーの出身地である小アジアの

6　「ローマの教会は名が知られていない宣教師に〔…〕創始された」（von Harnack 1924, 890）、その初期の歴史について特にLampe 1987, 124ff, 138ffを参照。

7　1〜2世紀における旅の方法と詳細についてHamman 1985, 35f, 31ffを参照。

8　Von Harnack 1924, 5ff, 11 およびRajak 2006を参照。

9　Weisz 2006 およびKatz 1995を参照。

同胞信徒に宛てられている[10]。この報告の執筆者——おそらくのちのリヨン司教でグノーシス派を論難したエイレナイオスであろう——は、本人が別の箇所で残念がっているように、現地ケルト人の言葉にはあまり通じていなかった。この他にも2世紀のキリスト教徒旅行者が帝国のさまざまな地域に出かけていたことがわかる。2世紀末の小アジアの司教アベルキウスの墓碑銘には「至るところで」——ローマからシリアまで、そしてユーフラテスの両岸で——キリスト教同胞信徒と出会ったと記されている[11]。

2.2.　中世 —— アジアにおける東シリアとアルメニアのネットワーク

西ローマ帝国の崩壊（486年頃）と、いわゆるゲルマン民族大移動の混乱を経て、中世キリスト教の中心が二つ生まれた。ギリシア語を話す東のビザンティン帝国（比較的無傷のまま1453年まで存続）と、西のラテン語系キリスト教であった。後者はヨーロッパの宗主権をかけて争う皇帝と教皇という二人の指導者を戴いていた。第三の中心、これは一般に見過ごされてきたのだが、東シリアのネストリウス派の「東方教会」で、メソポタミアに拠点を持ち、総主教（Katholikos）を戴く。「東方教会」は極めて早い時期にアジアに勢力を伸ばし、6世紀には南部インドのキリスト教トマス派を取り込み、遅くとも7世紀初頭には中国に到達した。13世紀の最盛期、「東方教会」はシリアから東部中国、シベリアから南部インド並びにスリランカまで、その勢力を拡大した。ほぼどの地域でも少数派であったものの、純粋に地理的な拡大という面では、「東方教会」は同時代の西のラテン語系キリスト教会をはるかに凌駕したことになる。最近さまざまな地域で多くの発見があり、「東方教会」についての知識が格段に増した[12]。

だが、この勢力拡大はどのようにしてもたらされたのだろうか。商人や修道士がアジアの遠隔地貿易ルートに沿って広めたのだ。近東と中国との間に網

10　Euseb von Caesarea, *Historia ecclesiae V*, 1f.

11　アベルキウスの墓碑銘および古代教会における「エキュメニカル旅」の実践についてKretschmar 1982を参照。

12　Koschorke 2009a〔邦訳は本書に第3章として含まれている〕。またMalek and Hofrichter 2006, Winkler and Tang 2009, Hage 2007, 269-314, Wilmshurst 2011を参照。

第2章　宗教と人口移動

の目のように張り巡らされ、19世紀からはシルクロードと呼ばれることになる通商路に沿って、キリスト教ネストリウス派の商人たちは最初は中央アジア（トランスオクシアナ）へ、それからタリム盆地へ、そして、7世紀初頭、ついには唐の首都西安（当時：長安）まで到達したのである。だが、陸と並んで、いわゆる海のシルクロードもあった。そのルートに乗って、比較的早い時期（6世紀）スリランカに、のちにミャンマーとタイの沿岸部およびマラッカにも東シリア人がやって来た。中国の港町泉州で両ルートは再び交わった。元の時代、東シリア人キリスト教徒らが逆方向から中国に至るこの二つのルートで到着し、教会を設立したことがわかっている。総主教ティモテウス1世（Timotheus I、780-823）の治世以来、次第に多くの修道士が宣教使節として狙い定めて送り出されていた。彼らは通常ペルシアあるいは東シリア商人のルートを辿り、商人たちの居留地で支援を受けた。有名な修道士、阿羅本（Alopen、Aluoben、Aleben、600頃-650以降）が635年西安の宮廷で受けた晴れがましい歓待も、この地のペルシア系キリスト教徒商人のセツルメントによる根回しなしにはあり得なかった。9世紀初頭、前述のティモテウス1世は、本人の意向を確かめもせず遠隔地バルチスタンの司教に任命されたため不機嫌な修道士に助言を与えたが、それは単に、無料で（「杖一本と小さな袋ひとつだけを携えて」）キリスト教徒商人の船に乗り込み、インドまでの遠い旅に赴いた他の修道士たちを見習えというものであった。

　この注目すべき移動性を示す例を二つ挙げるが、この移動性はしばしば、長期にわたる遠隔地通商関係の乱れやコミュニケーションの中断によって阻害されたことを指摘しておく。

　〈第一の例〉その法書の中でバグダッドの総主教ティモテウス1世は、女性に対し、夫が遠方の地で消息不明となっても性急に再婚しないよう警告している。というのも、夫がまだ生きているか、また「インド人の中に留まっているか、それとも中国人の中に」滞在しているかは —— なんとも楽観的な理由付けだが —— 現地教会の権威者を通じていつでも知ることができるから、という[13]。

　〈第二の例〉1270年頃〔元王朝〕、モンゴル人キリスト教徒が二人、今日の北

13　原文はSachau 1908, 79-83に参照できる。

53

京にあたるところからエルサレムに向けて巡礼の旅に出発した。彼らは戦いに巻き込まれ目的地にはたどり着けなかったのだが、代わりにアゼルバイジャン、ペルシア、グルジア、そして、ついには当時「東方教会」の中心であったバグダッドに行き着いた。そのうちの一人、ラッバーン・マルコス（Rabban Markos、1245-1317）はそこで祭司の按手を受け、ついにはモンゴル人であるという理由でカトリコス総主教の座に就いた。もう一人、ラッバーン・バール・サウマ（Rabban Bar Sauma、1220頃-1294）はコンスタンティノープルを経てローマ、ジェノヴァ、パリ、ボルドーへと旅し、ヨーロッパの政界や宗教界の高位高官たちと面会した。現存するシリア語で記された彼の報告書は、この時代にラテン系・ギリシア系・シリア系キリスト教徒が邂逅したことの、感動的な証左である[14]。

　ところで、この時代、東シリア人が中央および東アジア唯一の東洋系キリスト教徒であったわけでは決してない。12〜13世紀のヨーロッパ人旅行者はモンゴル帝国で、シリア系ヤコブ派教会（あるいはシリア正教会）の信徒など、他のキリスト教共同体のメンバーにも幾度となく出会っていた。ここで重要な意味を持つのがアルメニア人ディアスポラだ。すでに中世のヨーロッパにおいて、現在のアルメニアや近東（キリキア、メソポタミア）、地中海地域（キプロス、マケドニア）のみならず、ペルシア、インド、東南アジアにおいても、アルメニアの商人や難民に出会うことがあった[15]。

2.3.　近世初期 —— 新世界におけるコンゴ・カトリシズムとアフリカ人伝道師

　16世紀はキリスト教史の観点から言えば、特に二つの大きな展開によって特徴づけられる。それらは、（1）ヨーロッパにおける宗教改革と、その結果生じた信仰の分裂と教派の多極化であり、（2）イベリア人の海外への勢力拡大と、それに伴い推し進められた、アメリカ、アジア、アフリカのそれまで未知であった地域へのカトリック宣教であった。これらの展開はその後のキリスト教史に決定的な影響を与えることになる。同時にさまざまな形態の人口移動

14　シリア語の原文はBedjan 1895に参照できる。ドイツ語訳はToepel 2008にある。

15　Lang 1980, 155ff, 210f, Seth 1937, Cohen 1995, 42ff "The creation of an Armenian diaspora" およびHage 2007, 424-35を参照。

54

とも結びついた。旧世界の教派対立は信仰難民の国外流出を引き起こした。た
とえばユグノー派の人々はフランスからプロイセンやロシアへと逃避したが、
北アメリカや南アフリカにも新天地を見出した[16]。

　あまり知られていないものの極めて注目すべき事柄として、近年盛んに議
論されているのは、すでに16世紀に成立していた初期の「南－南」の繋がり
の例である。これは大西洋をまたぐ（強制人口移動の最も野蛮な形式としての）
奴隷貿易の制度と、その結果として生じた、大西洋両岸のアフリカ人キリスト
教徒のネットワークと密接な関係がある。出発点は16世紀のコンゴ・カトリ
シズムで、これはジョン・ソーントン（John Thornton、1954-）のような学界
の権威から「コンゴ独特のキリスト教の形式」と形容された。コンゴ・カトリ
シズムは、まだ植民地支配とは無関係であった時代背景の下で成立し、特にコ
ンゴ王ンジンガ・ムベンバ／アフォンソ1世（Nzinga Mvemba / Afonso I、1603-
1543）の名と結びついている。アフォンソ1世はポルトガル人と接触する中で、
王国の近代化とキリスト教化を推し進めようとした。

> コンゴでは、したがって、現地人が外からの圧力を受けることなくキリス
> ト教化を成し遂げたという稀有な事例が浮かび上がる。しかも、そのキリ
> スト教化はヨーロッパ人よりアフリカ人の方が積極的に、時にはヨーロッ
> パ人の抵抗さえ押し切って進められていた。[17]

　というのも、ポルトガル人はコンゴ王国のキリスト教化よりも奴隷貿易の方
に、はるかに強い関心を抱いていたのである。16～18世紀にポルトガル人に
よって奴隷にされたコンゴ人の多くは、海外に連れ出される以前に洗礼を受け
ていたキリスト教徒であった。彼らはブラジル、カリブ海諸国、あるいは現在
のアメリカ合衆国南部に行き着いた。そこで彼らは再び、同郷の人々や運命を
共にした人々の福音の宣伝者となった。「アフリカ人たちの改宗は実際アフリ
カで始まったのだが、近年の研究者たちはたいていこの側面を見逃している。

16　16～17世紀ヨーロッパの信仰難民についてはJürgens und Weller 2010収録の諸論文を参照。

17　Gründer 1992, 50-65、引用は58頁。

〔…〕アフリカ世界のキリスト教の多くは海を渡ってアメリカ大陸にもたらされた。キリスト教徒であったアフリカ人の存在に加えて、キリスト教徒ではなかった奴隷の間で、アフリカ的なキリスト教が生まれるのを助けたカテキスタ（伝教者）もいた」と、ジョン・ソーントンは述べている。だから、アフリカ人の回心は、ソーントンの言葉を借りるなら「アフリカで始まり、新世界へ持ち込むという持続的プロセス」（Thornton 1998, 254, 262）と形容される。新世界の激変した生活環境においても、各地でコンゴ・キリスト教の特殊なアイデンティティーが保たれた。「コンゴ出身の黒人キリスト教徒」は、1739年南カルフォルニアで起こったストーノ暴動や1793年のハイチ革命など、数々の重要な奴隷蜂起に際して大きな役割を果たした[18]。

　最近の研究はこのようなアプローチをさらに深め、多岐にわたる交流関係を第一次植民地時代の「ブラック・アトランティック」における強制移住の帰結として詳しく分析した。「17、18世紀、南北アメリカ大陸の至る所に存在するさまざまな共同体にいるアフリカ系住民の間にキリスト教を出現・発展させるにおいて、コンゴのキリスト教はその一翼を担った」[19]と、アフリカ系アメリカ人の歴史家デイヴィッド・ダニエルズは、2014年、自身の結論を述べている。その際彼は、「ポルトガルとスペインが支配する大西洋を横断し、中央アフリカの都市サンサルバドルとルアンダからイベリア半島の都市リスボンとセビリアへ、そして、南アメリカの都市リオデジャネイロとリマへ」と延びていった「黒人信徒会のネットワーク」に、特別な意味を認めている。大西洋をまたぐ多様な交流がその帰結であった。コンゴ人によって設立、あるいは指導されていた、このような——アフリカ人自由人あるいはアフリカ人奴隷からなる——黒人信徒会は、特に植民地支配下のブラジルに多く存在した。それらの中にはコンゴの信徒会と対をなすものもあった。自主運営あるいは半自主運営による平信徒組織として、それらは教会内で機能した。つまり、「あるものは設立趣意書を主教に提出し許可を求め、あるものは独自に活動した」という具合であった。「外交家として、文化の仲介者として、媒介者として、経済主体

18　Thornton 1991, Thornton 1993, Thornton 1988, 464-66.

19　Daniels 2014, 216, Heywood and Thornton 2007, Heywood 2002, Berlin 2010, Mulvey 1976 および Williams 2009 を参照。

として、通訳者として、社会の触発者として、キリスト教「福音伝道師」あるいは伝教者として」、それらのメンバーは場合によって相当に重要な役割を果たしていた。コンゴ人とアンゴラ人のキリスト教徒は、1740年代に北アメリカで起こったアフリカ人のプロテスタントへの集団改宗の第一波において、重要な役割を果たした（Daniels 2014, 215-21）。

2.4. 1800年頃 ── アフリカ系アメリカ人の西アフリカへの再移住、「ブラック・アトランティック」での交流関係

いわゆる「ブラック・アトランティック」（Gillroy 1995, Hanciles 2014）内での交流関係は、しかし、逆の方向にも成立した。したがって、西アフリカにプロテスタントが存在するようになったことは、大西洋の対岸から再移住したアフリカ系アメリカ人が果たした役割を考えることなしには理解できない。「アフリカ人のプロテスタント・キリスト教は、その当時、つまり1780年までには、まさに現実のものとなっていた」とエイドリアン・ヘイスティングスは、現在ではアフリカ教会史の古典となっている自著の中で、西アフリカにおけるプロテスタント共同体の成立に関する段落を、このように書き始めている。彼は続けて「それが存在していなかった唯一の場所は、アフリカであった」（Hastings 1994, 177）と述べる。ただし、いわゆる奴隷海岸に沿って点在するオランダ、イギリス、デンマークの通商基地を除いてではあるが。伝統的に、西アフリカにおけるプロテスタントの黎明は、何より19世紀初頭のイギリスの福音主義者ら（CMS）、あるいはシュヴァーベンの敬虔主義者ら（バーゼル宣教会）の宣教活動に端を発するとされている。しかしながら、それらは ── ヘイスティングス並びにアンドリュー・F・ウォールズやラミン・サネーも明確に指摘したように ── 基本的にはアフリカ系アメリカ人らによる運動に負うところがあった。すなわち、大西洋の対岸にあるアフリカ人プロテスタント教徒ディアスポラのメンバーによる帰還入植へ向けた努力があったのである。特筆すべきは（カナダの）ノバスコシア州にいた黒人で、その多くはイギリス人に仕えていたが、アメリカ独立戦争後解放された彼らは、手には自由の憲章たる聖書を携え、アフリカへの帰還を目指したのだ。幾多の後退や失望にもかかわらず、この運動の結果、1792年シエラレオネにキリスト教徒入植地が

作られた。「こうして1792年、過去半世紀にわたりディアスポラに存在していた、英語を話すアフリカ人による既存のプロテスタント社会は、アフリカに足がかりを築いたのだった」（Hastings 1994, 181）。港町フリータウンは初めからキリスト教徒の町であった。そして、多言語を操るシエラレオネの黒人エリートは、それ以降西アフリカで進展するキリスト教化のプロセスにおいて、重要な橋渡しの役を引き受けることになった。それはさておき、重要なのは「1792年11月に熱帯アフリカ最初のプロテスタント教会が設立された〔…〕それは徹底したアフリカ人教会であり、独自の構造とリーダーシップを持っていた」（Walls 2002, 55）[20] ということだ。

のちにシエラレオネがイギリスの植民地に格上げされ、次第に多くのヨーロッパ人宣教師が姿を現すようになっても、このような教会運営上の特徴は保たれた。とはいえ、時間と共に教会構成員の人口比率は変化していった。帰還入植を果たしたアフリカ系アメリカ人に代わり、いわゆる「リキャプティブ」（recaptives）の割合が次第に増えていった。リキャプティブとは奴隷船から助け出された西アフリカ各地の人々のことで、彼らはフリータウンに再上陸したのだ。にもかかわらず、北アメリカ大陸とカリブ海諸国の黒人共同体の繋がりは、植民地の歴史において重要な要素であり続けた。

19世紀アフリカにおけるキリスト教史のさらなる流れは、アフリカ系アメリカ人のイニシアチブと「ブラック・アトランティック」における集中的交流関係によって、おおいに特徴づけられる。「自由」の牙城にして、この時代（1822年以降）のもうひとつのアメリカ黒人帰還大プロジェクトの目的地であったリベリアのことも忘れてはなるまい。18世紀の終わり頃にはアフリカ系アメリカ人の宣教師が南アフリカ、リベリア、シエラレオネ、黄金海岸、ナイジェリア、アンゴラ、ベルギー領コンゴで活動していた[21]。彼らの一部は北米の白人支配による既成の宣教団体から派遣されてやって来ていたのだが、次第にアメリカ合衆国やカリブ諸国の黒人主体による教会や宣教組織の代表として訪れる者が増えていった。アメリカ合衆国で最も重要な黒人教会のひとつ

20　Sanneh 1999 も参照。

21　Martin 1989, Martin 2002, Russel 2000, Campbell 1995, Jacobs 1982, Williams 1982 および Engel 2015 を参照。

で、アフリカ各地でも急速にその勢力を伸ばしたのは、1815年設立のアフリカン・メソジスト・エピスコパル・チャーチだ。1896年、この教会は南アフリカで、現地で1892年に宣教活動とは無関係に設立が宣言されたエチオピア教会と一体となった。他の黒人教会——1921年にニューヨークで設立されたアフリカ正教会など——も短期間のうちに南および東アフリカに勢力を伸ばした（Burlacioiu 2015）。同様に、カリブ海諸国のアフリカ系アメリカ人キリスト教徒も、1890年代以降、西アフリカの独立黒人教会の設立に重要な役割を果たした。

2.5. 19世紀 I ── ドイツ人移民がもたらしたブラジル（とナミビア）の プロテスタンティズム

19世紀と20世紀初頭はプロテスタント宣教運動の「偉大な世紀」（ケネス・スコット・ラトゥーレット、Kenneth Scott Latourette、1884-1968）と見なされている。同時にこの時期はヨーロッパ人による海外移住のピークでもあった。ヨーロッパ人の5人に1人が1800年から1925年までの間に旧大陸を後にした。ドイツ人移民（Blaschke-Eick 2010）はアメリカ合衆国、ラテンアメリカ（特にブラジル、アルゼンチン、チリ）へ渡ったが、数の上では少数派だが南アフリカに渡った者、1880年代以降はドイツの新しい植民地へ渡った者もいた。彼らの多くはプロテスタント教徒であった。ブラジルのようにカトリックが植民地支配下の教会として独占を享受してきた国々では、（1824年以降の）彼らの到来は、それまで公には純粋にカトリックであった国にプロテスタントが合法的に出現し、教派の多極化へと進むうえでの、初めての重要なターニングポイントであった。19世紀半ば以降、特に北米の教会が推し進めた宣教活動や、20世紀のペンテコステ運動、ネオペンテコステ運動など、プロテスタンティズムのその他の教派がそれに続いてやって来るのはもっと後になってからのことだ。宗教改革を経て形成された諸教会がグローバルに拡大していくプロセスにおいて、19世紀に起こった大陸をまたぐ人口移動の動きには大きな意味がある。

宣教によって伝わるプロテスタンティズムと移住によって伝わるプロテスタンティズムは、それぞれ非常に異なる土着化のパターンに対応しているため、ふつう予型論的に明らかに区別されている。とはいえ、ローラント・シュ

プリースガルトが2006年にミュンヘン大学教授資格取得論文において見事に浮き彫りにしたように、ブラジルのドイツ人移民はその第一世代においてすでに受け入れ側の多重文化的背景にかなり適応していた。すでに早い段階で、ドイツ人入植者が奴隷を所有したり、その地域の呪術的慣行、あるいは（牧師には目もくれず）平信徒一辺倒の民俗信仰の形態を受け入れたりした例が見られる。第二世代では、ドイツ人とブラジル人の異種族間（あるいは異教徒間）結婚、または（プロテスタントの洗礼における）カトリック教徒の代父が増えたが、それと同時にドイツ語喪失の影が忍び寄っていた。他文化との接触による多様な文化的変容プロセスの帰結として、ドイツ人移住者の間では「独特なブラジル型プロテスタンティズム」（Spliesgart 2006, 545）が形成された、とシュプリースガルトは指摘している。

　1890年代以降には、こうした動きに対して明らかな反対運動が起こったことが記録されている。入植者新聞、たとえばドイツ帝国からの新入植者のルポルタージュなどで、ドイツ人入植者の「ブラジル化」に対する嘆きの声が次第に大きくなっていった。ドイツ人入植者はドイツ語とドイツ文化とますます疎遠になって堕落していると評価された。ブラジル・カトリックという「暗闇」の中で「光」として輝くどころか、多くのプロテスタント移住者が新天地のだらしないモラルと信仰無差別論に染まってしまった、という。それに対して求められたのは、ドイツ語とドイツ文化の保護であり、ルターの遺した教えへの徹底した回帰であった。時期を同じくして他の地域でも同様のことが起こったことからも、ここで取り上げたドイツらしさとプロテスタント・アイデンティティーに関する論考は、非常に注目に値する。たとえば、ドイツ領南西アフリカ（現在のナミビア）では、ドイツ民族主義者である牧師らがドイツ人入植者の「カフィア人化」を懸念し、警鐘を鳴らしている。ここではまた、ドイツ文化とドイツ語の一層の保護が求められると同時に、現地での異種族間結婚を規制する法の厳格化に対応し、ウィントフック〔ナミビアの首都〕などではドイツ人とアフリカ人の間に生まれた子どもの教会付属幼稚園への入園を禁じた。

　同時に、この「ブラジル人化」と「カフィア人化」をめぐる議論は、ヨーロッパ植民地主義と帝国主義の最盛期にあって、先住民の文化に劣等の烙印を押し、ヨーロッパの優越性を社会進化論的にも新たに根拠づけようというグ

ローバルな論考の流れに乗っていた。ブラジルの例では、この劣等文化とはブラジル・カトリシズムの文化であり、それが、ドイツ人牧師やアメリカ合衆国出のプロテスタント主義者（またはヨーロッパの教皇権至上主義者）から、錆びついていて「半異教的」（semipagan）であると非難された[22]。

　ブラジルでもナミビアでも、このようなドイツ人気質の論考は、現実社会に影を落とした。ドイツ本国の教会が入植者の教会を一層束縛しようとするようになったのである。ナミビアの場合、特にベルリン在住の高等教会評議員が次第に指導・監督機能を肩代わりするようになった。ブラジルではこの展開は、プロテスタント移住者教会が総会制以前の段階から総会制へと徐々に移行していくのと相関関係にあった。1900年以降、新たに設立されたプロテスタント教会総会は、最初は独立した教会による自発的な結合と定義されていたのだが、次第にその多くがプロイセン領邦教会と結びつくようになった。このプロセス自体はすでにもっと早い時期に始まっていた[23]。

2.6.　19世紀II── アジア（朝鮮、中国、インド）におけるキリスト教徒ディアスポラ

　全く異なる形態のディアスポラがこの時代アジアで形成された。それらが、現在までのところ、孤立した地域の点在というコンテクストでしか研究されてこなかったとしても、これらのディアスポラには現地人によるキリスト教伝播のネットワークとして大いなる意義がある。

　朝鮮は一般に特異なキリスト教史を持つ国だ。そのことは、現地におけるキリスト教共同体の急速な拡大を見ても、他者の力に頼らず自ら進展したキリスト教化のプロセスに対しても、当てはまる。この自ら進展するキリスト教化と

22　このような評価の帰結のひとつが、1910年頃のグローバルなプロテスタント・エキュメニカル運動におけるカトリック・ラテンアメリカへの相反する評価であった。すなわち、1910年（ヨーロッパの教会と宣教団に牛耳られた）エディンバラ世界宣教会議は南米大陸を「キリスト教の地」と格付けし（それゆえ、この大陸を会議の協議対象とはしなかったが）、それに対し、1916年パナマで開催されたアメリカ合衆国主導の「ラテンアメリカにおけるキリスト教活動に関する会議」は南米大陸を宣教地に指定した。

23　すでに1886年にリオグランデ教会会議が設立されていた。── ナミビアについて：Lessing 2011（その中で特にLothar Engelの論文）を参照。── ブラジルについて：Dreher 1978, 18, Wellnitz 2003およびSpliesgart 2006, 423ff, 543ffを参照。

いうのは、1784年に —— つまり最初のヨーロッパ人宣教師が訪れるずっと前
に、地下で —— カトリック信仰が始まった際の特徴だが、その100年後にプロ
テスタントが現れた際にも同様の経過が見られた。そこで重要な役割を果た
したのは、国外（日本と満州）でキリスト教に改宗した朝鮮人だった。朝鮮が
日本に併合された悲劇の1910年、朝鮮人プロテスタント信者たちはシベリア、
日本、ハワイ、カリフォルニアの同郷人の間ですでに布教活動を行っていた。
同時に政治的独立の喪失に対し、多くの朝鮮人キリスト教徒の間で、キリスト
教の世界宣教活動の中心たろうという自覚が大きくなっていった[24]。日本の占
領統治下（1910-45年）、朝鮮人ディアスポラの意味はさらに大きくなった。そ
こではプロテスタントのキリスト教徒が他を圧倒していた。その際 —— 最近
キルスティーン・キムとセバスティアン・キムが浮き彫りにしたように ——
「朝鮮内外の教会間で相補的関係」が生まれた（Kim and Kim 2015, 5）。

　この関連において中国はもうひとつの特徴的な例だ。1842年まで、この国
は西洋の宣教師に対しほとんど門戸を閉ざしてきた。したがって、中国におけ
るプロテスタントの成立と発展は、ディアスポラという要因を抜きにはまった
く理解しえない。このことは19世紀初頭の黎明期において、まず当てはまる。
このとき中国を目指したプロテスタント宣教師の第一陣は、やむを得ず清朝
中国の外 —— シャムに始まり、今日のマレーシア、シンガポールを経てイン
ドネシア群島へと、長く弓なりに伸びる地域 —— に在留する中国人の間で活
動するようになった。ここでは宣教師らが皇帝の禁を犯すことなく、中国人共
同体の中で中国語を習得し、聖書を翻訳・印刷し、中国人プロテスタント信徒
を育成することができた。たとえば、マラッカは初期の宣教広報活動の中心地
であったし、影響力を誇った英華書院（Anglo-Chinese College）などの所在地
だった。ここで高名な梁発（Liang Fa、1789-1855）をはじめとする中国人伝道
者もキリスト教徒となっている。梁発は極めて閉鎖的な中国国内でキリスト教
についての小冊子を人々の間に広め、それらは革命運動、太平天国などにも大
きな影響を与えることになった[25]。

24　詳細について：Koschorke 2002, 87-116 および Koschorke and Hermann 2014, 73-130 を参照。

25　Daily 2013, 153ff, Moffett 2005, 289ff および以下を参照：Lee 2003, 21-42 ("The Return of Overseas
　　Chinese Christians"), Lee 2001, Aritonang and Steenbrink 2008, 903-24 ("Chinese Christian

第2章　宗教と人口移動

　20世紀初頭の状況も似たようなもので、愛国的気概に満ち、次第にキリスト教に傾倒するようになった中国人知識階級が国外で形成された。特に中華民国の草創期、彼らは国内の教会の発展のみならず政治的発展においても重要な役割を果たした。中華民国初代大総統、孫逸仙（孫文、1866-1925）は洗礼を受けたキリスト教徒であった。1879〜1883年、ハワイで聖公会の教育を受けた彼は、1884年、組合教会のメンバーとなった。多くの人にとってキリスト教の教義は未来へのうねりであり、満州国崩壊後、中国人プロテスタント教徒は単に国家の近代化ばかりではなく、その国家が次第にキリスト教国家となることも期待した。20世紀を迎えた頃から外国で学ぶ中国人が増えていった。特に東京では、驚くほどキリスト教の影響を受ける者が増えた。彼らの多くは改宗し、1907年東京で中国人留学生のためのYMCAが衆人参加のもと開会した。1910年のエディンバラ世界宣教会議において、宣教地の教会における将来の「国民」主導に関する議論で大きな役割を果たしたのは、まさにこれら、教養ある国外在住の中国人キリスト教徒だった[26]。

　インド人ディアスポラはキリスト教史を語る上で多くの観点から重要だ。インド人出稼ぎ労働者——いわゆるクーリー、あるいは契約移民労働者——は大英帝国の多くの植民地に送り込まれていた[27]。その結果、宗教がさまざまな形態で輸出されることになり、たとえばカリブ海では初めてヒンドゥー教徒の存在が注目されるようになった[28]。また、かつては西洋の宣教師が活動していなかった南アジアや東アフリカの各地で、タミル人共同体が作られるに至った[29]。インド本国では19世紀末から現地人キリスト教徒エリートの地域をまたぐ自主組織化が見られるようになった。これらエリート、特にプロテスタント教養層は「インド・キリスト教協会」のネットワークを築き、国内および国外——たとえばスリランカ、ミャンマー、シンガポール、フィジー、南アフリカ、

　　Communities in Indonesia"), Wong 1998, 18ff, Lutz and Lutz 1998 および Nagata 1995 を参照。

26　20世紀初頭の中国人キリスト教徒ディアスポラの繋がりとネットワークについて：Cook 2011（特に177頁以下、181頁以下）, Fairbank 1991, 151ff, Ng 2014 および Tseng 1999 を参照。

27　概要について：Cohen 1995, 45-76 および Clarke, Peach, and Vertovec 1990 は以下を参照。

28　たとえば Baumann 2003 および Vertovec 2000, 43ff を参照。

29　Sargant 1962, Jeyaraj 2012 および Jeyaraj 2014 を参照。

63

イギリス――のキリスト教徒同胞と交流を持った。彼らは『キリスト教愛国者』（*The Christian Patriot*）など自分たちの雑誌を発行した。この雑誌は1890年マドラスにおいて「純粋に土着のベンチャー事業」として創刊され、「インド、ビルマ、セイロン、海峡〔シンガポール、マラッカ周辺〕、および南アフリカのキリスト教コミュニティにおける主導的機関紙」と自負した[30]。この、地域をまたぐ自主組織化と並行して、独自の宣教運動も発達した。1905年、インド国民宣教協会（National Missionary Society of India）が設立され、「インド人、インドの資金、インドのリーダーシップ」のモットーに則り、インド本国はもとより、隣国および南アフリカのインド人同胞の間でも活発に活動するようになった。

いずれにせよ、20世紀初頭の現地人による宣教活動は、新時代を特徴づけるもののひとつだった。「アジアは自分自身の息子によってのみ教化されうる」と言ったのは、のちにインド人初の聖公会主教に任じられたベーダナヤガム・サミュエル・アザリア（Vedanayagam Samuel Azariah、1874-1945）だ。この強い信念を、彼は他国のアジア人キリスト教徒たちと共有した。1907年の万国学生基督教青年会東京大会で――これはアジアで初めて開催されたキリスト教大会で、アジアからの参加者が多数を占めた――日本の代表団などは「日本のキリスト教徒には台湾・朝鮮・満州・中国北部に福音を説く責任があるという認識が〔…〕昨年の進展によって強められ、現在では教養あるすべてのキリスト教徒（特に日本人キリスト教徒）によって広く共有されるに至っている」と述べた[31]。ここで初めて、ディアスポラ同胞のキリスト教化および、まだキリスト教が及んでいない大陸の民の教化の責任までも負うことを決意する、キリスト教汎アジア主義が動き始めたのだ。

3. グローバルな人口移動の動き、「（複数の）重心のシフト」、そして「グローバル・クリスチャニティの多極的歴史」という概念

ここで一連の歴史的範例を取り上げるのは終わりにしておく。本章は20世

30 　個々の論証についてはKoschorke et al. 2016, 23-138（特に27-29頁と43頁以下）を参照。

31 　個々の論証についてはKoschorke 2014bを参照〔日本語で刊行された『万国青年大会講演集』には、この引用文の出典となる報告が含まれていない〕。

紀における展開を分析する場ではない。ひとつの区切りとなったのは1980年代半ばの北から南への重心移動だ。1900年頃には、まだ世界のキリスト教徒の82パーセントは北半球（特にヨーロッパとアメリカ合衆国）に暮らしていたが、現在（2015年）キリスト教徒の62パーセントが南半球の国々におり、その割合は増える傾向にある。エキュメニズムの論考では、この人口統計学上の推移に鑑み「重心のシフト」と呼ばれている。

　このシフトにはさまざまな原因が決定的な働きをしている。根本的要因のひとつはサハラ以南のアフリカ（1960年代以降）と、その他の地域（第二次世界大戦後の韓国など）における教会のまさに爆発的な増加だ。また、伝統的にカトリックが主流のラテンアメリカにおいては、国民の教会離れと出生率低下が進むヨーロッパとは比較にならないほど宗教人口が増加しているが、これが第二の主要な要因だ。1960年代以降膨れ上がり、1990年頃に再度加速した国際移住の動きもまた、人口地理学が劇的に変化した第三の原因だ。この人口移動の流れは今、南から北に向かって勢いを増しつつあるが、いわゆる「グローバル・サウス（南の発展途上国）」諸国内においても人口移動が起こっている。これは第四の要因であるが、多くの場合、特に（ネオ）ペンテコステ派の勢力範囲からの、大陸をまたぐ新たな動きを伴っている。たとえば、（まったく議論の余地がないわけではない）ブラジルの「神の王国ユニバーサル教会」（Igreja Universal do Reino de Deus）は、ヨーロッパやアメリカ合衆国在住の同胞ばかりではなく、南アフリカやインド在住の同胞の中にも新たな信者を見出している。

　しかしすでに示したように、グローバルなキリスト教史の中心的観点としての人口移動は教会史における第二次世界大戦終了以降の「植民地支配後」段階、ないしは「宣教活動後」段階に限定されたものではない。人口移動は、程度の差や状況の変化こそあれ、どの時期にも起こったことだ。したがって人口移動という観点は、将来の――宗派の多様性ならびに地域的バリエーションと伝播における地域的中心の多さを正当に評価しようと試みる――「多極的」グローバル・クリスチャニティの歴史において、伝統的な歴史記述で構想されてきた以上に考慮されてしかるべきだ。

　特に意味があるのは、宣教活動とは無関係に幾度となく自然発生的に起こっ

クラウス・コショルケ

た伝播で、その経路として作用した、地域を超えたディアスポラネットワーク
だ。キリスト教内のグローバル化を歴史分析する際、ふつう、組織化された宣
教活動およびエキュメニカル運動の持つ、大陸をまたぐネットワークに焦点が
当てられる[32]。それを示す古典的な例は、16〜17世紀のイエズス会による世界
的活動、18世紀のモラヴィア兄弟団の活動、あるいは19世紀と20世紀初頭の
プロテスタント宣教活動ということになる。それと並び ―― 多くの場合、自
分の意に反した、あるいは強制された ―― 移住の結果生まれた、地域・大陸
をまたぐ幾多の繋がりをも考慮しなければならない。民族のディアスポラは、
しばしば宣教活動に依存しないキリスト教伝播の経路となり、まずキリスト
教の教義が伝えられ、後に教会組織がそれに続くが、教会組織がまったく伝え
られないこともある（Koschorke 2012c, 9-162）。民族のディアスポラは、古典的
宣教史ではほとんど無視されてきた地域（いわゆる「ブラック・アトランティッ
ク」における交流関係の事例、あるいは顕著な例として湾岸地域にフィリピン人カ
トリック教徒が存在する事例など）に目を向けさせる。そして、グローバルな伝
播史というコンテクストではとかく見落とされがちであった人々を表舞台に押
し上げる。それらの人々とは、前近代アジアのキリスト教徒ペルシア商人であ
り、近代初期大西洋両岸で兄弟の絆に結ばれたかつての黒人奴隷であり、南北
アメリカ大陸と南アフリカ大陸のヨーロッパ人宗教難民であり、19世紀アジ
ア南部とアフリカのインド人キリスト教徒ディアスポラだ。1910年頃の「多
岐にわたるキリスト教国際主義」の研究に、ミュンヘン大学での新プロジェク
トは捧げられている。このプロジェクトで筆者らは、宣教師のネットワーク、
宣教師に頼らないネットワーク、それに（いわゆるエチオピア運動などの）反宣
教師のネットワークも含めた幅広い情報伝達のネットワークを探っていく。こ
れらネットワークの研究はどれも、19世紀と20世紀のキリスト教のグローバ
ル化を理解する上で必要不可欠だ。

　ところで、西洋による排他的教会運営に対する抗議の声は、ヨーロッパ
中世においてすでに上がっていた。すでに述べた中国〔元王朝〕からの巡礼
者にして使節ラッバーン・マルコス（すなわちマール・ヤバラーハー3世、Mar

---

[32]　グローバル化の歴史研究においても宣教が注目されている。Habermas und Hölzl 2014を参照。

第2章　宗教と人口移動

Yahballaha III、1245-1317）が1287年ローマ・カトリック枢機卿と会った際、彼はアジアに根ざした自らの教会の自主性を力説したのだ。彼はまた、教皇の使節が自分たちを訪ねてモンゴル人の国まで来たことは未だかつて一度もないし、むしろ自分たちの教会は、西洋のローマ・カトリックと同じく長い歴史と使徒伝来の尊厳を享受していると語った（Toepel 2008, 76-83）。

［平田貴子訳］

第 3 章

東シリアのネストリウス派
「東方教会」

近代以前のアジアにおける
大陸ネットワーク[1]

クラウス・コショルケ

1. 先行研究の概要 —— 宗教的ネットワークとしての東シリアのネ
ストリウス派「東方教会」

『グローバル化の歴史』の中で、ユルゲン・オースターハメルとニールス・
P・ペーテルソンは、「世界的な連携の構築と強化」というプロセスにおける
連携の初期形態の重要なもののひとつとして「宗教的エキュメニズム」の初期
形態にも言及している[2]。ヨーロッパの近代以前に形成された広範な地域に及ぶ
宗教ネットワークとして、あまり知られていない事例を以下に簡潔に紹介した
い。東シリアのネストリウス派「東方教会」である。この教会は、紀元2、3
世紀のペルシア帝国におけるキリスト教に由来するもので、5世紀になって組
織として独立し、のちに信仰告白においても「西側の」ビザンティン帝国教会
から独立したものである。この教会は、特に商人と修道僧を担い手として広
範な宣教活動の起点となり、781年西安で建立された有名な大秦景教流行中国
碑に示されるように、遅くとも635年頃には中国に到達した。その勢力は波の
ように各地に達し、13、14世紀に迎えた絶頂期には「東方教会」の勢力はシ
リアから東シナ海沿岸まで、またシベリアから南インドまで及んだ。この教会
は、起源の地である今日のイラクとイランにおいて消滅の危機に瀕してはいる

---

1 〔本章はクラウス・コショルケ氏が立教大学に滞在中行った講演の内容を表すものであるが、翻
訳の際、Koschorke 2009a を基盤とした。〕

2 Osterhammel und Peterson 2003, 27ff および Ertl 2008, 122ff も参照。

が、現在もなお存続しており、1950年よりジュネーブに本部を持つ世界教会協議会のメンバーである。ヴォルフガング・ハーゲは、13、14世紀の状況を眺め、東方教会を「同時代のキリスト教全宗派の中で最も成功した宣教教会」と呼んだが、それは当時の西のローマ・カトリックより広い範囲に及んでいた（Hage 1978a, 373）。ネストリウス派もしくは東方シリアのキリスト教徒は、発祥地の外では特殊な例外を除いて少数派に過ぎなかったということを考慮に入れても、この主張は極めて注目に値するものに思われる。すなわち、世界キリスト教の多極的構造は、キリスト教史上ポストコロニアルあるいはポストミッショナリーの時代とされる第二次世界大戦以降に初めて出現した現象ではなかった。その構造はすでに中世ヨーロッパに見られ、つまるところキリスト教をその始まりから特徴づけるものであった。

　先に引用したヴォルフガング・ハーゲの主張は1978年のもので、以下の考察の出発点となる。これ以降、中近東および中央・東・南アジアにおけるネストリウス派キリスト教の普及に関して、私たちの知見が大いに拡大される数多くの新発見があった。それらは、（1）新たな発見・発掘品があったこと、（2）古い文献および碑石の分析と考察がなされたこと、（3）（特にソヴィエト連邦時代になされた）さらに古い発見・発掘品の一部が1990年以降になって初めて国際学界で公開されて参照可能となったことによる。ハンス・ヨアヒム・クリムカイトは、かつてのソヴィエト連邦の構成共和国であった中央アジアから新たな資料が次々と出てきたために、アイアン・ギルマンとの共著ですでに完成していた古典的著書である『1500年以前のアジアにおけるキリスト教徒』（Gillman and Klimkeit 1998）の出版を幾度も延期することを余儀なくされた。

・たとえば、中国では1980年以降、モンゴル（元王朝）時代のキリスト教徒の墓石が多数発見されたり、それに関するデータ（銘文など）が初めて編集されたりしたのだが、墓石が発見された地域は極めて多岐にわたり、近世以前の中国におけるキリスト教の普及に関する社会史上の新たな洞察をもたらすことになった。
・中央アジアでは最近の発掘によって、従来文献によってのみ証言されてき

た場所に関する考古学的資料が初めて提示された。数多くの小発掘物（十字架、護符など）により、この地域におけるネストリウス派の存在の度合いと広がりについて、はるかに正確なイメージが描けるようになった。

・ペルシア湾岸での発掘もまた同様である。「ペルシア湾岸のネストリウス派——通過しただけか」という見出しで、レオ・J・エルダーズは、首長国アブ・ダビでの発掘で、7世紀後半のネストリウス派修道院の遺跡を発見した旨を報告している。それは近年ペルシア湾岸で発掘されたものや、以前からこの地で知られていた他の修道院と同じく、交通網の通過拠点および、当地の修行者の住居として利用されていたものであろう。

・近年の研究によって、タリム盆地のオアシスに住むチベット人のみならず、チベットという国自体が、9、10世紀にネストリウス派の人々と注目すべき接触を持っていたことが示された。

・朝鮮半島にもネストリウス派が存在していた可能性を示す文献および考古学的な証拠については評価が困難であったが、アレクサンダー・テープルとジョン・ジュミによって再考証され、同地においては組織化された宣教ではないものの、10世紀から13世紀の間に注目すべき「接触」があったことをうかがわせる結果が得られた[3]。

以上によって我々は多くの新たな資料を手にしたわけだが、その中には国際的な研究で非常に注目を浴びたものもある。新資料については、クリストフ・バウマー、ララ・コムネーノおよび、最近出版されたロマン・マレクとペーター・ホーフリヒター等の文献目録で詳しい情報が提示されている。しかも、最後に挙げた会議記録にニコリーニ・ザニ（Nicolini Zani）、マレク、ディルク・クールマン（Dirk Kuhlmann）が作成した文献目録だけでも、ほぼ200頁に及ぶ[4]。このように、確かに知識は膨大にはなったが、二重の問題を抱えていることを指摘しなければならない。（1）依然として乖離した研究状況。すなわち、ある地域における東シリア教会（あるいはネストリウス派）の存在につ

3　Toepel 2005, Toepel and Chung 2004 および Elders 2003 を参照。

4　Baumer 2005, 317-328, Comneno 1997 および Malek and Hofrichter 2006, 499-698 を参照。近年の概要書として：Baum und Winkler 2000 および Hage 2007, 269-314 を参照。

いては非常によく記録や研究がなされている反面、他の地域については、それが散発的にしかなされていない。（吐魯番〔トゥルファン〕のもののように）重要な原典は個別に立派な版で出版され、部分的にインターネットで閲覧することも可能である。他の地域については重要な発見が発表されず、偶然の機会に閲覧・入手されるのみで、文書がリストにまとめられていないこともよくある。（2）新たに発見された証拠の多くが危機に晒されている。これは（中央アジアのイスラム社会で繰り返し行われているような）故意による破壊や蛮行、あるいは（スリランカのように）官僚による妨害や文化政策による封鎖のためである。イラク人キリスト教徒のイランからの大量脱出という現状にも言及しておく。彼らは好むと好まざるにかかわらず、この地で自分たちが築き、守ってきた豊かな文化遺産の喪失を加速させているのだ。

2. 大陸および海洋による伝播のルート

大陸および海洋による伝播はどのようにして起こったのだろうか。何より修道僧と商人によって、つまり、大陸を通って起こったのだが、アジアの海洋交易路を通じての伝播も次第に顕著になっていた。さらに、メソポタミア中核地域外の地中海地域におけるネストリウス派の存在も注目される。彼らはダマスカスとエルサレムに主教座 —— 後者はティモテウス1世（Timotheus I、780-823）以降 —— を置いていた。驚くべきことにエジプトにも数多くの共同体が存在していた（ここでは紀元1000年頃まで存在していた証拠がある）。

東方へ向けた宣教活動は早い時期に始められ、特に中近東と中国との間に網の目のように張り巡らされた交易路を通っていった。19世紀以降シルクロードと呼ばれることになるその交易路は、単に商業交易のみならず文化交流にも利用された。仏教、ゾロアスター教、マニ教、イスラム教がこの経路を通って中国に入ったが、東シリアで成立したキリスト教も同様であった。早くも4世紀には（6世紀に首都となった）メルブに達し、5世紀にはブハラとサマルカンドにまで到達した。そこから、ネストリウス派の宣教活動は、タリム盆地の南北を走るシルクロードの両ルートを辿っていったのである。宣教を担ったのは多くの場合ペルシアとソグドの商人であったが、彼らは絹やその他の贅沢品を

扱う遠隔交易に従事しており、新たな信仰は彼らの間で足場を固めていった。

635年にネストリウス派の僧侶阿羅本（Alopen、Aluoben、Aleben、600頃-650以降）は、ついに中国唐王朝（7〜10世紀）の首都長安、今日の西安へ到達した。唐王朝は中国を統一し、当時知られていた世界との商取引に乗り出していた。それは東方では朝鮮と日本、南方ではインドシナ半島とインドネシア、南西ではチベット、ネパール、インド、そして西方ではソグドとイスラム帝国、遥かなビザンティン帝国との取引であった。さらに太宗（在位627-649年）は、隣接する東突厥と西突厥を撃破し、タリム盆地を通過するシルクロードを中国の統制下に治めた。遠く西方からやって来た阿羅本は、長安で晴れがましく歓迎された。到着から早くも3年後（638年）、太宗は「いとも徳高き阿羅本」に対し、中国において「景教」を説くことと、首都に21人の加入者を数える修道院の建設を許可する勅令を発布した。太宗の後継者である高宗（在位649-683年）もまた「景教」を支持し、国の「すべての州に」修道院を建設するよう命じた[5]。修道院はさらなる宣教の拠点となった。これらのことは西安の有名な大秦景教流行中国碑に記されている。この碑石は781年に製作され、1623年（あるいは1625年）に再発見されたもので、キリスト教信仰について簡潔な説明と共に、635年以降の150年間にわたる中国の教会史についての記述が、中国語（およびシリア語）で刻まれている。この碑石の真正性については、啓蒙主義を信奉するヨーロッパの議論の中で、ほんの短期間、問題とされたにすぎない。今日この碑は、中国におけるキリスト教の起源に関するあらゆる歴史研究の出発点と見なされている[6]。

阿羅本の到着によって、中国におけるネストリウス派の第1期が始まった。首都の内外で生まれた共同体は皇帝の庇護のもとで繁栄した。それらはまた、東方からタリム盆地を経て中央アジアへと進出していく宣教の出発拠点となっ

---

5 これは、建設工事が行われた事実があるというより、むしろ建設が許可されたことを指しているだろう。仮に、この話を額面通り受け取ることができないとしても、中国全土でそのようなネストリウス派修道院が、わかっているだけで11ある。そのうち7つは場所が特定されており、その中には、つい最近ネストリウス派修道院と同定され、唯一バラバラの状態で保存されている、陝西省周至県塔峪村の大秦寺塔（8世紀建立）もある。

6 膨大な文献の概観について：Tubach 1999（ここでは62頁）, Standaert 2001, 1f, Tang 2004およびGillman und Klimkeit 1998, 267ffを参照。新しい独語訳はXu 2004の中にある。近年に発表された638年の碑文の分析としてForte 1996を参照。

たのだが、これについては敦煌で発見された中国キリスト教文学の残影が物語っている（Tang 2000, Klein 2000）。敦煌と吐魯番（トゥルファン）のオアシスだけでも、合わせて最低9つの異なる言語で記されたキリスト教の原典が発見された。シリア語、ギリシア語、ソグド語、パラビ語、パルティア語、古トルコ・ウイグル語、ホータン語、中国語、チベット語で書かれたこれらのテキストは、ネストリウス派キリスト教の驚くべき言語・文化的適応力を示すものである。しかし、9世紀の半ば頃には中国では衰退が始まった。これは、西洋から侵入した異教全般に対抗する目的で発布された845年の勅令が契機となった。この勅令は第一には仏教徒に向けられたものであったが、ネストリウス派修道僧の教会もこれに直面した。10世紀後半にカトリコス総主教の公使は中国で（修道院の）遺跡だけは発見したものの、もはやそこに信者は存在しなかった。

　しかし、その間にネストリウス派キリスト教は中央アジアの（ケレイトなどの）トルコ系モンゴル住民の間に根を下ろした。このことは、ネストリウス派キリスト教が、のちに世界覇者となる成吉思汗（チンギス・ハーン、1167頃-1227）一族にも達していたことを意味し、それゆえに重要である。彼は長年、キリスト教徒の王侯の臣下であり、ネストリウス派の女性を妻としていた。その後もなお読み書きができるネストリウス派のキリスト教徒が、このモンゴルの支配者に仕えていた。1280年の忽必烈（クビライ・ハーン、1215-1294）による中国征服によって、ネストリウス派キリスト教は、中国へ二度目の進出を果たした。同時にネストリウス派キリスト教は、パクス・モンゴリカ（モンゴルの平和）の恩恵を受け、中央アジアの広範な地域で勢いを回復した。中近東と中国とを結んでいた交易路は、統一王国の保護のもとでようやく再び安全なものとなり、東シリアのネストリウス派の宣教にとって極めて重要なバグダッドのカトリコス総主教と遠く離れた府主教区との間の交通路が保証された。13、14世紀には東方のネストリウス派教会はその勢力を最大に伸ばした。7世紀末頃、東アジアには2人の府主教と20人余の司教がいただけであったが、1315年の勅令では、中国のモンゴル（元）王朝の72司教区について言及されている。

　この他の普及経路は海洋交易路に沿うものであった。アルブレヒト・ディーレ（Albrecht Dihle）が結論づけたように、海路を通じて（最初は特に紅海を、のちに主としてペルシア湾を通過して）、キリスト教は2世紀か3世紀には早くも南

インドに到達していた。このようにして生まれた南インドの教会は、のちに
東方教会のネットワークに繋がっていく。後者のことを我々が初めて見聞す
るのはコスマス・インディコプレウステース（Cosmas Indicopleustes）の記録
によってであるが、彼が525年頃、インド亜大陸南部——「胡椒が生息生育す
るマーレ（おそらくマラバール）」および「カリアナ」（おそらくケララのキロン、
あるいは特に今日のムンバイに近い西海岸）——の教会について記した記録には、
その地の主教は「ペルシアから任命される」[7]とある。彼は近接するスリランカ
（セイロン）についてもネストリウス派の存在を証言しており、「司祭、輔祭、
並びに教会での礼拝実施に必要な一切がペルシアから派遣される」という「ペ
ルシア人キリスト教徒の教会」[8]についても言及している。

　これに続く時代、我々は比較的豊かな共同体を営むインド人トマス派キリス
ト教徒に出会う。彼らは南インドのカースト制にしっかり組み込まれ、教会に
関することはメソポタミアに面倒をみてもらい、聖職者もメソポタミアから
派遣してもらっていた。メソポタミアのネストリウス派カトリコス総主教座
との繋がりは聖座の空位のため再三途切れることがあったとはいえ、16世紀
末まで継続していた。1507年頃、初めて近世初期のヨーロッパにインド洋の
交易路に関する、より正確な知識を伝えたイタリア人ルドヴィコ・ディ・ヴァ
ルテーマ（Ludovico di Vartema、1470-1517）が、今日ケララと呼ばれる地にお
けるトマス派キリスト教徒について次のように報告している。「当地に彼らは
商人として住んでおり、私たちのようにキリストを信じていて、3年ごとに彼
らに洗礼を授けるためにバビロニア（すなわちメソポタミア）から一人の司教
がやって来ると、彼らは言っている」。反対に、マラバール海岸でのポルトガ
ル人の出現についてインド人の視点から書かれた、おそらく最も初期の通知
が、1504年のトマス派キリスト教の聖職者の書簡という形で我々の手元にあ
る。彼らはメソポタミアで主教の叙階を受け、インドに帰還した後、カトリコ

7　Kosmas Indikopleustes Topogr. III, 65 (SC 141, 503/5) およびMoffet 1992, 268fを参照。

8　Kosmas Indikopleustes Topogr. XI, 13 (SC 197, 343/345). スリランカにおける後のネストリウス派
　に関する証言についてはSomaratna 1989、中世インドにおけるトマス派キリスト教徒に関しては
　Neill 1984, 50-86 およびMundadan 1984を参照。

第3章　東シリアのネストリウス派「東方教会」

ス総主教に宛てて、その間に起こった出来事を報告したのである[9]。

ポルトガル人にすれば、インドで現地人キリスト教徒と遭遇するということは驚くに値しなかった。なにしろ彼らは、ヴァスコ・ダ・ガマ（Vasco da Gama、1460頃-1524）の第1回航海の目撃証人が述べたところによれば、「キリスト教徒と香辛料」を探していたのだから（Koschorke 1998a）。むしろ驚くべきは、ヴァスコ・ダ・ガマがすでにアフリカ東海岸のモンバサで、インドから来たトマス派キリスト教徒の船乗りに遭遇していたことだ。これは両地域の間に密接な交易があった証拠だが、そのことを、スリランカの南海岸で最近発見されたエチオピアの硬貨が示唆している[10]。前述のルドヴィコ・ディ・ヴァルテーマは、1507年頃、南インドのケララだけでなく、インド洋沿岸の他地域——すなわちベンガル湾、今日のミャンマー（ビルマ）、タイ（アユティア）——における（アルメニアとネストリウス派の系譜の）キリスト教徒共同体について報告している。マラッカ（今日のマレーシア）にポルトガル人が到来する以前にキリスト教が存在していたことを示す、注目すべき間接証拠がある。当地で16世紀に発見された銅製の十字架は（インド亜大陸南東の）ミラボールから来たインド商人によってもたらされたものと分類できそうなのだ（Gillman and Klimkeit 1998, 311）。

マラッカから中国まではそう遠くない。「ネストリウス派のキリスト教は、最初シルクロードに沿って中国に到達した。ネストリウス派は海を介しても中国に入ったのだろうか」と、歴史家、謝必振は中国南部の港町泉州で新たに発見されたネストリウス派の碑石に関する記事の中で問うている（Xie 2006, 270）。そして、その問いに力強く「イエス」と答えている。マルコ・ポーロが刺桐（ザイトゥン＝オリーブ）と呼んだ泉州は、殊にペルシアとの遠隔交易が行われる有数の地であった[11]。そこはベネチア人のマルコ・ポーロがヨーロッパへ帰還する際、船に乗り込んだ場所であり、他の西洋の旅人が——たとえ

9　Schurhammer 1934, 1-10 および Koschorke, Ludwig und Delgado 2006, 1 (Text no. 1b. 2. 7) を参照。

10　概要として Rothermund und Weigelin-Schwiedrzik 2004 を参照。ここに収録されている論文中、特に（宗教系ネットワークの視点から）Freitag 2004 に注目。

11　Ptak 2007 を参照。ペルシア貿易とネストリウス派の宣教活動の関連性については Colless 1970 または同筆者によるその他の文献を参照。

75

ば、1294年のフランシスコ会修道僧、後の北京カトリック大司教ジョヴァンニ・ディ・モンテコルヴィーノ（Giovanni di Montecorvino、1247-1328）のように —— 中国で最初に足を踏み入れる場所でもあった。泉州には13世紀に一人のネストリウス派の主教が居住しており、奇妙なことに彼は、その地に定住するマニ教徒の頭首でもあった。また泉州は異なる言語が刻まれたキリスト教徒の墓石が多数発見された場所でもあり、シリア語とトルコ語のバイリンガルである人々の存在は、「中央アジアの東方教会（ネストリウス派）の共同体と陸路で繋がっていた」ことの証拠であるとしたサミュエル・N・C・リューの解釈は説得力がある（Lieu 2006, 285）。この港町で、海路と陸路の遠隔交易路、通称「シルクロード」が出会い、そのどちらもがアジアにおけるネストリウス派キリスト教の広がりに決定的役割を果たした。

　海路によるインドと中国のネストリウス派キリスト教徒の直接の繋がりは、13世紀についてはそれが証明されている。北京 —— 当時の大都、ポルトガルの文献ではカンバレ（Camballe）—— には、当時ネストリウス派の府主教が住んでおり、中国の年代記（元史）によれば、1282年、南インドから二つの使節団が海路でこの地を訪れた。ひとつはクイロン（コッラム）王の使節で、もうひとつは南インドのキリスト教徒の頭首の使節であった。後者は、クビライ・ハーンに故郷から贈り物を携えてきた（Tubach 1994, Moule 1930, 10ff）。この時代の他の資料も、中国とインドおよびセイロンの東海岸の間に活発な交易と、仏教徒による巡礼の旅があったことを証明している。ネストリウス派の場合、この繋がりは重要な意味を持っているのだが、それは、彼らがこれと同じ繋がりをかつての使徒時代に遡って投影していることからである。というのは、16世紀の南インドの資料 —— この資料も、より古い伝承に基づくのだが —— からわかるように、使徒トマスもまた中国で活動していたからである。それによれば、彼は最初にペルシアで宣教し、アラビアを経てソコトラ島へ到達、そこからさらに船で南インドのクランガノール（現在のコーダンゴールアー）へ赴いた。彼はマラバール海岸のさまざまな場所で説教をし、次いでインドのマイラプールへ向かった。「使徒トマスはそこから旅に出て、（当時中国人は海の支配者で、インド洋の至る所を航行していたため）中国船に乗って中国へ向かい、カンバレという町で〔…〕上陸した。その地で彼は多くの人々を改宗させ、教会

を創設した」（Tubach 1994, 303-6, Moule 1930, 15）。この伝承は歴史を無視して
はいるものの、それでも極めて大きな関心を寄せるに値する。なぜなら、この
伝承が、インドのトマス派キリスト教徒が中国の信仰上の兄弟について知って
おり、両者の間に交流があったことを証言するものであるからだ。インドと中
国の信徒の交流 —— それは、使徒トマスがかつてインドから海路で中国に到
達し、そこでも宣教活動が成功したからこそ説明がつく状況なのだ。

3. 言語、民族、文化、宗教の多様性を特徴とする伝播地域における情報伝達の構造と頻度

以上、アジアにおけるネストリウス派キリスト教の広がりを認識させる重要
なデータをいくつか挙げた。ネストリウス派は広大な距離をまたいで広がり、
しかも、言語、民族、文化、政治に関わる多くの障害を乗り越えていった。そ
の際、東シリアのキリスト教徒が接触した宗教の多さだけでも特筆に値する。
以下列記する。

- 特にイランにおけるゾロアスター教（あるいはマズダ教）
- のちに、中近東の新たな支配者（同時に、アジアの遠隔交易における度重な
  るライバル）の宗教としてのイスラム教
- 中央アジア広域におけるシャーマニズムとその他民俗信仰
- 仏教、道教、儒教（たとえば中国において）
- インドにおけるヒンドゥー教のさまざまな変種
- マニ教、特にペルシアにおいてだが、マニ教はシルクロード沿線における
  宗教上のライバルでもあった。

この結果、ここではとても言及しきれないほど多彩な相互作用が生まれた。
それは、最初は敵対的な態度での線引きや競合に終始していたものが、次第
に（大秦景教流行中国碑などに見られる十字架と蓮の一体化のように）意識的な統
合へと進み、最終的に教理混合状態でもはや識別が不能な状態（synkretistische
Ununterscheidbarkeit）へと至る。

77

この対決は――特にイスラム教の代表との対決――正式な宗教会談という枠組みの中でたびたび進められていた。最もよく知られた事例は、782年のバグダッドにおける総主教ティモテウス1世とカリフ・アルマフディ（Al Mahdi、744/5-785）の対話であろう（Heimgartner 2006）。だが、他の宗教集団との論争もあった。たとえば、1254年カラコルム、モンゴルの大ハーン蒙哥（モンケ、1209-1259）の宮廷で行われた宗教会談には、「サラセン人」（イスラム教徒）、「偶像崇拝者」（仏教徒）、ネストリウス派とカトリックのキリスト教徒が参加した。

　多様な文化的背景と広大な地理的距離を考えると、ネストリウス派の活動において、結束を維持するための制約とコミュニケーションの仕組みはどのようなものであったかという問いが、おのずと湧き上がってくる。むろんこの問いは新しいものではなく、特に14、15世紀に起こった東方教会「衰退」の理由に関する議論との関連で、繰り返し論じられてきた。その際何よりも、ネストリウス派の商人居住地が旧態依然とした「異国的」性質を持ち続けていたことと、商人居住地が遠隔交易路の安全と政治的大枠の安定に依存していたことが指摘された。だが、この問いは、（法的資料、旅行記、年代記、碑文、その他考古学的例証など）本質的に異なる例証群を相互関連するものとして有効に評価・活用するという、筋の通った取り扱いを受けるべきである。見通しとしてはやりがいのありそうな研究で、ここでは少なくとも、手付かずにつき解明が必要なテーマとして心に留めておかねばならない。東シリアの広範なネットワークは「オーバーストレッチ／伸び過ぎ」ではないかという疑問を抱かせずにはおかない新たな文献資料を目の当たりにすると、この問いへの取り組みは、まさに喫緊の課題となった。彼らが結束を維持できた要因を以下に記す。

・カトリコス総主教を頂点とする中央集権化された教会組織。総主教は5世紀以降クテシフォン・セレウキア（780年まで）に、その後バグダッド（1281年まで）に居住し、最後は北メソポタミア（と近隣地域）の各地を転々とした。カトリコス総主教は司教会議（シノド）を中心とする構成原則の枠組みにおいて、最高にして直接の司法権を保持していた。たとえば、あらゆる反対や一時的な宗派分離に対し、カトリコス総主教のみが遠く離

れた地の府主教をも自ら叙階する権利を有した。それはまた、地域を越えた教会の結束を象徴する権利でもあった[12]。

・地域によって異なる事情に対応した柔軟な教会組織構造。これを何より表しているのが、いわゆる「内側」教会管区と「外側」教会管区の差別化である。つまり、両者の間には義務と関与権の段階的差異があったのだ。原則として「内側管区（今日のイラクとイラン西部）」の府主教だけがカトリコス総主教の選出に参加する権利を持っていた。反対に9世紀以降（インドや中国のような）はるか東方の府主教は、メソポタミアの府主教が4年ごとにカトリコス総主教のもとで開く司教会議への出席義務からはっきりと解放された。彼らは、6年ごとに遠くメソポタミアに居住するカトリコス総主教に状況報告と結束確認の書簡を送れば事足りたのだ。府主教座を都市に置くとしていた伝統も、メソポタミアの中核地域から遠ざかるにつれ、その効力が薄れていった。たしかに、東方遠隔地でも、アルマリク、サマルカンド、カシュガル、ナヴカト、西安、大都（北京）などの都市には府主教がいたことがわかっているが、他の地域——特にネストリウス派キリスト教が遊牧民族の間で広まっていた土地——では、府主教座が特定の地方や民族に割り当てられることが一般的だった。これについては、府主教座が「トルキスタン」地方にあったり、「オングート族」に占有されたり、「タングート族」の土地に置かれていた例がわかっている[13]。

・共通語としてのシリア語。典礼、文献、官庁の言葉としてのシリア語と並び、各民族の言語も重視するという意図的な二言語併用政策により、シリア語は広範囲に分散する教会を結びつける蝶番として機能していた。中世カトリックにおけるラテン語のように、東シリアのキリスト教徒が存在したあらゆるところで、シリア語と出会うことができる。たとえば、彼らの

---

12 人事もこれに該当するものであった。高位の指導職（特に府主教）は通例メソポタミアの聖職者が選出されることになっており、地元の聖職者は大抵の場合、せいぜい副次的な職に就けるだけであった。インドでは第一助祭（Erzdiakon）はインドの教会を代表するものであった。東方教会のカトリコス総主教に関する最新のリストはまずは Baum und Winkler 2000, 151f にある。彼らの法的立場については Selb 1981, 119ff, 195ff を参照。

13 組織的な構造に関して Dauvillier 1948, Selb 1981, Wilmhurst 2000 および Mundadan 1984, 78-106 を参照。

礼拝や固有名の選択で、中国人と中央アジアの信者の墓石で —— そこに
は、有名な大秦景教流行中国碑に刻まれているのと同じように、シリア文
字が刻まれている ——、あるいは、メソポタミアの学者の書斎やインド
の修道院や教会図書館（インドではポルトガル人がやってくるまでシリア語
の教会文書だけが存在していた）で、シリア語に出会うことができる[14]。

・典礼の統一性 —— それは同時に地域的差異の自覚とも結びついていた。
たとえば、カトリコス総主教ティモテウス1世は792/793年の書簡の中で、
典礼の特定の部分における統一性を賞賛しつつ、その部分は「バビロニア、
パルス、アトゥールのあらゆる管区で、日の昇るあらゆる地域で、インド
人、中国人、チベット人、トルコ人の間で、そして、総主教の聖座の支配
を仰ぐあらゆる地方で」同一である、と強調した[15]。しかし、同時に彼は
(聖餐式に定着している「聖三祝文」のように）典礼の特定の部分がペルシア
人、インド人、中国人、チベット人、トルコ人の間では異なる言語で響き
わたっていることに、先ほどといささかも劣らぬほどはっきりと言及した
(Bidawid 1956, 117, Hage 1978b, 136)。

・巡礼の旅。巡礼の旅は遠方にまで及んだ。確かな記録の裏づけがあるもの
として、トルコ系タタール人（あるいはモンゴル人）僧侶、ラッバーン・
バール・サウマ（Rabban Bar Sauma、1220頃-1294）とラッバーン・マルコ
ス（Rabban Markos、1245-1317）の旅がある。彼らは1270年頃遠く離れた
大都（北京）を発ち、シルクロードを通りコラソン（ペルシア）とアゼル
バイジャンを経由し、メソポタミアのキリスト教徒殉教者の地を訪れよう
とした。巡礼の旅の目的地はエルサレムの聖墳墓であったと思われるが、
戦争による騒乱のため、グルジアへと迂回したにもかかわらず到達でき
なかった。そのため彼らはバグダッドに足止めされたが、そこで2人は当
時のカトリコス総主教マール・デンハ1世（Mar Denha I）から教会の指導
的役職に任命された。ラッバーン・マルコスはマール・デンハ1世の死後、
新しいカトリコス総主教ヤバラーハー3世（Yabhallaha III、在位1281-1317

14　Hage 1978b, Hage 2007, 294, Klein 2002, Baum und Winkler 2000, 144ff, Baumstark 1922, 194-241,
　　285-334 および Mundadan 1984, 193ff を参照。

15　Labourt 1903, 45（マロン派信徒への書簡）。

年）に選ばれたが、これは彼のモンゴル人という出自を考えれば、政治的な意図があったと思われる。ところで、彼と共に旅をしてきたラッバーン・バール・サウマは、アルグン・ハーンの命を受けイスラム教マルムーク朝に対抗するため西洋のキリスト教徒君主と同盟を結ぶべく、1287/88年ローマへ向けて旅立った。かくして彼はローマ、ジェノバ、パリ、ボルドーへと赴いた。この計画は失敗に終わりはしたが、当時の東シリア教会指導者が持っていた地理的視野の広さの一端を教えてくれるものだ[16]。

・十字架のような独特のシンボル。ひとつひとつの造形は非常に異なるが、これもまた、東シリアキリスト教徒がいた所ならどこででも目にすることができる。十字架は彼らの教会や修道院にあるが、遠隔交易路に沿ったインドのラダックとキルギスのサフヨンでは、何百もの十字架が災難除けのお守りとして岩肌に刻まれているのを目の当たりにする。十字架はまた、彼らの墓石やキリスト教神学生の筆記帳に見られるが、ネストリウス派の旅行者が十字架の入れ墨をしていたことも、ヨーロッパの資料からわかっている。高名な東シリアの神学者エベッド・イエズス（1327年没）の周辺では「命を与える十字架」がキリスト教会の秘跡のひとつに数えられている。これは、西洋の伝統からは逸脱するが、場所に縛られることなく存在する聖なるものの象徴という、この十字架の持つ意味には合致している。

東方教会内部の組織構造とコミュニケーション頻度に関する教会法上の規定が、どの程度、個々の実情に対応していたのかはほとんど知られていない。この点において、保存されている資料は —— たとえば、実際に開催された司教会議の頻度、カトリコス総主教のもとへの訪問、遠隔地宣教管区への視察官の派遣、書簡その他形式による通信の交換などを視野に入れると —— 定量分析（および、地域・時代区分による分析）を行うには、あまりにも不均一で不完全である[17]。しかし、あちこちに散在する文献資料が与えてくれるヒントを体系

16　テキストについてはBudge 1928, Hage 2004およびMoule 1930, 94ffを参照。またBrock 2006/07を参照。

17　中国元王朝におけるネストリウス派聖職者の給与などについてはよくわかっている一方（Moule 1930, 227ff）、中世インドについては歴代府主教のリストが再構築できない期間が長くある。

的に組み立て、評価し有効利用ができるなら、極めてやりがいがあるであろう。遠距離をまたぎ難なく交流できた時期があった傍ら、政治その他の大枠条件に左右され、関係が大幅に、あるいは完全に途絶えた時期もたびたびあった。特に遠く離れた地方においては、しばしば教会運営に必要な聖職者の供給がかろうじて維持されていたことが、ヴィルヘルム・フォン・ルブルック（Wilhelm von Rubruck、1220-1293）の記録などからわかる。この人物はフランス国王ルイ9世の命で、1253年から1255年にかけてコンスタンティノポリスからカラコルムの大ハーン蒙哥の宮廷まで旅をした。その際彼は多くの土地で東シリアのキリスト教徒と出会い、「カタイ〔中国〕の15都市で」ネストリウス派教会があったことに言及している。しかし、カラコルム周辺地域について「かの地を主教が訪れることはほとんどなく、50年に一度あるかないかだ」と記している。その結果、後継聖職者を確保するため、次のような注目すべきことが行われる事態になった。

> そこで、人々は男の子全員を、たとえまだおむつをしている子であっても（旅の途中で通りかかった司教に）聖職位の叙階をしてもらうのだ。そのため、その人々のところでは、ほとんどすべての男が聖職者でもある。けれども、彼らはいずれ結婚する。[18]

　他の地域でも恒常的な聖職者不足に直面し、独創的な解決策が講じられていたことがわかる。東方教会が大いに勢力を伸ばしながら、同時に限られた人材しかいなかったことに鑑みると、これは構造的な問題と言わざるを得ない。カスピ海沿岸地域では司教の叙階式に必要な3人目の司教がどこを探しても見つからないとき、非常手段として、その3人目をキリストの御絵で代替するということが暫定的に行われていたと、証言されている（Selb 1981, 202）。

18　Wilhelm von Rubruck, *Itinerarium XXXVI*, 13; Anastasius van den Wyngaert, *Itinera et Relationes Fratrum Minorum Saeculi XIII et XIV* (Quaracchi-Firenze 1929), 238: "Tarde venit episcopus in terris illis, forte vix semel in quinquaginta annis. Tunc faciunt omnes parvulos masculos etiam in canabulis ordinari in sacerdotes, unde fere omnes viri eorum sunt sacerdotes. Et post hoc nubunt ... et sunt bigami, quia mortua prima uxore ducunt aliam ipsi sacerdotes. Sunt etiam omnes symoniaci, nullum sacramentum exhibentes gratis."

第3章　東シリアのネストリウス派「東方教会」

　モンゴル人聖職者のシリア語の知識もまた不十分なところがあった。ウィルヘルム・フォン・ルブルックは前述の箇所でケチをつけ、だから彼らはシリア語で編纂された「聖なる書物」を何も理解せず、典礼の文言をただ機械的にペラペラと口にしており、「まるで、我々のところで（つまりヨーロッパで）無教養な修道僧が（ラテン語で）やっていることと同じだ」と記している。ともかくこれは、この学識豊かなフランシスコ会修道士がここで行った注目すべき比較である。ところで、シリア語の素養不足の最たる例は後のカトリコス総主教ヤバラーハー3世で、彼は1281年に選出された際、自身の述べたところによれば、その職務に「絶対に必要不可欠な言語」を自由に操ることができなかったという。当時の政治状況下では、彼のモンゴル人としての出自はこの欠点を補って余りあるものだった。

　しかし、少なくとも時期によっては、遠く離れた管区であろうとカトリコス総主教と定期的に連絡を取るよう定めた教会法の規定に即した現実があったことが、たとえばティモテウス1世の法律書に記された日常問題への対処法によって明確に示されている。そこで扱われている問題は現代でも無縁のものではなく、夫が遠くへ行ったまま失踪してしまったため、家族への扶養料の支払いが滞ってしまうというものだ。遠隔交易に従事することが多かった東シリアのキリスト教徒には、こういう問題がたびたび起きたのであろう。そのような事態になっても、妻は決して慌てて再婚してはならないと教会法には書かれており、その代わり、次のように対処するよう定められている（31条）。

　　妻は、夫の生死が判明するまでは再婚に踏み切ってはならない。なぜなら、夫が現在インド人の中にいるのか、あるいは中国人の中に留まっているのか気づかれずにいることはないからだ。なぜなら、そういうことは主教、大主教、カトリコス総主教によって報告および調査がなされるからである。

そして、33条には次のように定められている。

　　まず夫の居場所が調査されねばならない。妻の住む土地の主教は夫の住む教区の主教に書簡を送らねばならない。そして、その夫は（扶養料支払い

83

の）義務を再び果たすまで破門されねばならない。主教や大主教のいない
管区など存在しない。（Sachau 1908, 79-83, Selb 1981, 200ff）

インドや中国にまで及ぶ個人関連の調査は —— 少なくともこの文言を読む限
りでは —— 東方教会の通信システムにとって決して過剰な要求ではなかった。
　そのことがより理解できるのは、このティモテウス 1 世が（南部バルチスタ
ンの）サルバジヤ（Sarbaziyah）の府主教に昇格したばかりの同僚に与えた回
答であろう。この同僚は、できる限り急ぎ新任地へ赴くようにとの要請を受け、
躊躇しつつ旅に要する路銀について問い合わせていた。それに対し、ティモテ
ウス 1 世総主教は次のように回答した。君は「多くの修行僧」の例に倣えばよ
いだけのことだ。彼らは「一本の杖と小さな袋ひとつだけを携えてインドや中
国に赴いている。君も彼らと同様にわずかな金で、船に乗って旅する」[19]のだと
心得たまえ、と。
　宣教僧が船旅でメソポタミアからインドや中国へ向かうのは周知のことで、
そのための旅費がほとんど必要ないことも、同様に当然のこととされていた。
というより、彼らは遠方交易に従事するネストリウス派商人に同行する聖職
者として、無償で乗船する機会を得ていた。航海に伴う諸々の危険を考えると、
精神的な導師が傍にいてくれることは、船乗りにとって常に望ましかった。し
ばしば遠方交易商人が修道僧に（また、逆に修道僧が商人に）なったことは、繰
り返し他の箇所で記されている。同時に、その事実によって、ヨーロッパ中世
にあたる時代のアジアにおける、ネストリウス派キリスト教徒の商業活動と精
神活動の密接な絡み合いが、改めて裏づけられているのではないだろうか。

4.　東シリアのネストリウス派「東方教会」の遺産と現状

　1300 年頃、東方教会はまだその勢力の拡大を示す注目すべき光景を見せて
くれる。1281 年、バグダッド近郊のマール・コカ教会で行われた総主教ヤバ
ラーハー 3 世の叙階式に 22 人の司教が陪席したのだが、その大半がメソポタミ

19　Braun 1953, 70, Colless 1970, 31ff および Mundadan 1984, 101 を参照。

第3章　東シリアのネストリウス派「東方教会」

ア北部から来た一方、エルサレム、エラム（北ペルシア）、タングート（中国北東部）の府主教、およびスサ（現在のイラク）、ソコトラ島（イエメン南部のアーデン湾内）の司教も陪席していたのだ。ヤバラーハー3世の伝記作家は1320年頃、東方教会の成功を褒めたたえ、実際に威嚇行為を行ったという形跡もないのに中国人やインド人を改宗させることができた、と記している。ネストリウス派の歴史編纂官アムル（'Amr ibn Mattā）は1348年頃、エルサレムから中国にまで至る、27の東方教会府主教区を列記している。このリストは個々の点では年代の誤記があるかもしれないが、クルディスタンをはるかに越えて拡大していったひとつの教会の、その勢力拡張の模様を映し出している（Baum und Winkler 2000, 101, 119ff）。だが、間もなく東シリアのキリスト教は、各地で時を同じくして深刻な惨事に見舞われた。中でも、1368年、親キリスト教元王朝が崩壊した中国と、跛者のティムール（Timur Lenk、1336-1405）統治下で大規模迫害とイスラム教化への高まる圧力にさらされた中央アジアではペストその他の災禍に見舞われたことも重なり、東方教会はその痛手から立ち直ることはなかった。かつての世界教会は次第に単なる地域教会となり、メソポタミア北部とクルディスタンの山岳地帯へと隔絶されていく一方であった。中国では16世紀に東方教会は消滅し —— マテオ・リッチ（Matteo Ricci、1552-1610）は1605年頃、開封の町でバラバラになった遺構に遭遇した ——、かつて東方教会が存在したその他の地域、たとえばスリランカでは、ポルトガル人が目にしたのは、各地に残る石の十字架だけであった。他方、先述のルドヴィーコ・ディ・ヴァルテーマは1507年、タイ、ビルマ、その他インド洋沿岸地域に迫害を逃れてきた東方教会の分派がいることを報告している。

　極東の地で東方教会が生き延びた例はインドだけであった。だが16世紀、ここでも（メソポタミアのネストリウス派カトリコス総主教座との繋がりを維持し続けていた）トマス派キリスト教徒は、ポルトガルの植民地政策の一環としてカトリックへの順応を迫られることになった。1599年、さらには悪名高いディアンパー教会会議（Synod of Diamper）で大なり小なり強制的にカトリックと統合させられた。トマス派キリスト教徒の一部がようやくこの統合からの離脱を果たしたのは1653年のことであったが、これはポルトガル人新参者と古くからのアジア人キリスト教徒の併存の難しさを物語っており、同様のこと

85

は16世紀の他の地域でも観察されている[20]。東方教会の歴史をさらに辿っていくと、西洋の宣教師が東方教会を直接であれ間接であれそれぞれの宗派と関連づけようとしていたことがよくわかる。そのため17世紀から19世紀にかけてさまざまな統合運動が展開され、その結果、東方教会の勢力はさらに分散していった（Baum und Winkler 2000, 101ff, 119ff）。

だからこそ、この太古の教会が、新たな脅威にさらされているとはいえ今日までも存続していることは、一層の注目に値する[21]。同時にアジアの多くの教会でアジアのキリスト教初期史全般に対する関心が急速に高まっていることが認められる。個別的には、その分流たるネストリウス派の初期史が関心を集めているが、これは、その起源が植民地政策にも西洋にも依存しなかったことを記念しようとするものだ。いわゆるネストリウス十字は今日、マレーシアの英国国教会司教の執務室並びに、北部スリランカなどのキリスト教アシュラム（瞑想修行所）の門を飾っている。

東方教会は、その歴史の初めから、自らをより大きな全体の一部分として捉えると同時に、自らの独自性を、最初はビザンティン帝国教会との対比で、さらには（十字軍以降、西洋との接触が強まった結果として）西洋のローマ・カトリックとの対比で、そして最終的には西洋諸派の宣教運動との対比で、強調した。たとえば、すでに言及したラッバーン・マルコスは1287年にローマを訪れた際、カトリック枢機卿に東方教会の広大な勢力と使徒に由来する起源を思い起こさせるべく、次のように語った。

> 今日、モンゴル人の中にキリスト教徒は大勢いる。洗礼を受けキリスト教徒になった王侯貴族もいる。〔…〕我々東洋人のところへ教皇から派遣されて訪れた人は一人もいなかった。先に触れた聖なる使徒が我々に教えを授け、我々は伝承されたものを今日まで守ってきたのだ。（Moule 1930, 108）

---

20 たとえば、最初は歓迎された信仰上の同胞たるポルトガル人が、1632年に追放されたことによっていなくなったエチオピア。

21 現状について Baum und Winkler 2000, 135ff, Baumer 2005, 267-282 および Hage 2007, 30ff を参照。

第3章　東シリアのネストリウス派「東方教会」

　そして、南インドから、ポルトガル人司祭ペンテアド（Penteado）は1517/18
年頃、つまり、ポルトガル人新参者と現地のトマス派キリスト教徒が初めて出
会ってからわずか数年後、ポルトガル国王に宛てた書簡の中で次のように報告
している。

　　トマス派キリスト教徒は我々ポルトガル人との連帯にいささかの価値も置
　　かない。これは、彼らが我々と同様にキリスト教徒であるのを快く思わな
　　いからではない。むしろ、彼らにとって我々は、我々にとってのイギリス
　　人やドイツ人のような存在なので、連帯に価値を見出さないのである。彼
　　らの風俗習慣に関して述べるなら、彼らの意志は彼らの聖職者によって堕
　　落させられている。聖職者らは、使徒が12人いるのだから、〔異なる形の
　　信仰上の〕習慣が12あるのは当然で、そのひとつひとつが他とは異なって
　　いる、と主張する。(Mundadan 1967, 83)

　15〜16世紀のイベリア人の海外進出は、それまでヨーロッパでは知られて
いなかった数々のキリスト教以外の文化との出会いをもたらしたばかりではな
い。アジアとアフリカの一部では、ローマ・カトリックと東洋のキリスト教徒
のより古いネットワークの遭遇（と相互作用）へと繋がった。それは今日まで
広範囲に及ぶ影響をもたらしたのである。

　　　　　　　　　　　　　　　　　　　　　　　　　　　　［平田貴子訳］

第2部

近代アジアとアフリカのキリスト教系
新聞・雑誌の比較研究

「グローバル・クリスチャニティのミュンヘン学派」の
最新プロジェクト

第4章

新聞・雑誌に映し出される1900年頃の
アジア・アフリカ現地人キリスト教徒エリート

研究プロジェクトの狙いと
選定資料の紹介[1]

クラウス・コショルケ

「グローバル・クリスチャニティのミュンヘン学派」の最新出版物[2]は、1900
年頃にアジアとアフリカ各地で現地人キリスト教徒エリートによって出版さ
れた新聞・雑誌に関する研究プロジェクトの研究成果である[3]。このプロジェク
トは、20世紀初頭にさまざまな植民地や宣教の文脈下でアジアやアフリカの
キリスト教徒によってなされてきた議論に光を当てようとするものだ。この
研究では長い間その重要性を顧みられてこなかったメディア、すなわち両大
陸の現地人キリスト教徒によって出版された新聞・雑誌を資料として用いてい
る。近年、カルチュラル・スタディーズの分野やグローバリゼーションを研究
する歴史家がにわかに宣教師側の新聞・雑誌に強い関心を示すようになってき
たが、現地のキリスト教徒によって出版されたものはたいていの場合、各地域

1　〔本章は Koschorke et al. 2016, 11-20 の "General Introduction: Goals of the Entire Research Project
　　and the Present Text Selection" の翻訳である。〕

2　Koschorke et al. 2016〔以下は資料集と略す〕。この資料集に含まれている記事の比較分析の成果
　　は Koschorke et al. 2018 において公開された。

3　本研究プロジェクトの正式タイトルは「雑誌と定期刊行物に映し出される1900年頃のアジア・ア
　　フリカ現地人キリスト教徒エリート――認知的相互作用と地域横断的ネットワーク形成の初期形
　　態」("Indigen-christliche Eliten Asiens und Afrikas um 1900 im Spiegel ihrer Journale und Periodika.
　　Muster kognitiver Interaktion und Frühformen transregionaler Vernetzung")である。本プロジェク
　　トはミュンヘン大学（インド、南アフリカ、フィリピンにおけるプロジェクト部、責任者：クラ
　　ウス・コショルケ）、そしてヘルマンスブルク異文化間神学大学（西アフリカに関するプロジェ
　　クト部、責任者：フリーダー・ルートヴィヒ）の共同研究として行われた。ドイツ研究振興協会
　　（2012-2015、管理責任者：クラウス・コショルケ、フリーダー・ルドウィヒ）に助成されたが、
　　フィリピンの事例研究は、ドイツのフリッツ・ティッセン財団（2012-2013、PI：アドリアン・
　　ヘルマン）のポスドク助成金で実現された。

研究の枠組みの中でのみ扱われ、体系的にあるいは比較研究の視座からは研究されてこなかった。しかしこれらの資料は植民地時代に「教養ある現地人」（educated natives）あるいは「教養あるキリスト教徒」（educated Christians）と呼ばれた人々の声を聴くための非常に重要な手段である。これら現地のキリスト教徒エリートに関する知識なしに20世紀初頭のアジアやアフリカのキリスト教を適切に理解することは難しい。

　このプロジェクトでは四つの地域で出された新聞・雑誌を研究対象としている。すなわちインド、南アフリカ、西アフリカ、そしてフィリピンで1890年から1915年の間に出版されたものである。これらの地域はそれぞれ植民地支配や宗教、宣教の歴史などの面で異なる社会を代表している。特にカトリックが大多数を占め、何世紀にもわたってスペインの植民地であったフィリピンと、英国の支配を受けプロテスタントの宣教師が強い存在感を示していた他の三つの地域とを比べるとその違いがよくわかる。その他にも、たとえば1900年頃のインドと南アフリカにおける多宗教的な環境にはまた別の差異を見出すことができる。だからこそ、これらの新聞・雑誌の中で現地のキリスト教徒がそれぞれの植民地社会について展開した言説のテーマにかなりの一致が見出せることは注目に値する。1889年に南アフリカのナタールで創刊された黒人新聞『ナタールの啓蒙者』（*Inkanyiso yase Natal*）の中で述べられているように、彼らは「自分たちの考えを公表する」ために紙上でそれらのテーマについて語ったのである。

　これら共通するテーマには次のようなものがある。

・「現地人リーダーシップ」の要請
・ヨーロッパ出身の海外宣教師や宗教組織との関係における「現地人教職者」の地位
・教会の独立と国家教会運動（national church movements）の探求
・同時代の国民国家運動やその他さまざまな独立運動との関係
・「三自」定式に関する議論
・近代教育へのアクセスと宣教師が建てた学校の役割
・キリスト教以外の諸宗教や植民地時代以前の文化との関係

本研究プロジェクトでは特に「認知的相互作用」（cognitive interaction）の側面に注目している。各地の植民地社会と「宣教領域」に生きた現地人キリスト教徒はこれらの刊行物を通して、互いについて何を学んだのか。そこから得た知識は、相互の認識や初期の連帯のきっかけ、そして場合によっては直接的な接触のきっかけとなったのか。さらに、これらの接触がどこまで地域および大陸をまたぐキリスト教徒間のネットワーク形成や「地域をまたぐ現地人キリスト教徒の公共圏」（transregional indigenous Christian public sphere）の創生に結びついたのか。以上の問題を追究すれば、アジアとアフリカのキリスト教徒の多様な繋がりが見えてくる。多くの場合それらは既存宣教師のネットワークから独立したものであった。彼らの交流としては文通や、繰り返し互いを訪問すること、アフリカ人またはアジア人による他地域での宣教活動、汎アジア運動や汎アフリカ運動へのキリスト教徒の参与、ディアスポラによるネットワークの発展、そして地域や大陸をまたぐコミュニケーション構造の開発といったことが挙げられるだろう。このような交流を通して1910年頃には多様な「キリスト教国際主義」（Christian internationalisms）が形成されていたのである。

　この研究プロジェクトの成果は四つの地域に関する研究書、また総括的な結びの研究書をもって公開する。『1900年頃のアジアやアフリカの植民地社会における現地人キリスト教徒エリートたちの言説』（*Discourses of Indigenous-Christian Elites in Colonial Societies in Asia and Africa around 1900*）は、こうしたさまざまな文脈で発行された新聞・雑誌（その多くは入手が難しい）から選定した資料を提供し、初めて比較研究を可能にした資料集である。本資料集はキリスト教史や宗教学を専門とする研究者に向けてのみならず、近代メディアの歴史やグローバル・ヒストリーを学ぶ学生、そして前述した四つの地域の専門家のためにまとめた。この資料集が有益な学術的基盤を提供し、これらの領域におけるさらなる研究に刺激を与えることを願っている[4]。

4　本プロジェクトの初期の成果としては他にも以下のようなものが出版されている：Koschorke 2011, 2012d, 2014b, 2015a, 2015b, Ludwig 2014, 2015, 2016, Mogase and Ludwig 2013, Mogase 2014, Hermann 2013, 2014a, 2014b, 2016, Hermann und Burlacioiu 2012, Burlacioiu 2012, 2013a, 2013b, 2014.

第4章　新聞・雑誌に映し出される1900年頃のアジア・アフリカ現地人キリスト教徒エリート

1.　収録された新聞・雑誌とそれらの狙い

　本資料集で紹介されている新聞・雑誌は、実にさまざまな特徴を持っている。それらの発行者、部数、発行時期、言語はそれぞれ異なっている。長きにわたって出版されたものもあれば、数か月あるいは数年間だけ発行されていたものもある。発行当初から「純粋に現地人による挑戦〔…〕現地人キリスト教徒共同体のメンバーのみによって発行され、運営される」と位置づけられていたものもあれば（*The Christian Patriot*, January 2, 1896）、当初は宣教団体の傘下にあったが、やがて「現地人の手に渡される」こととなったものもある（*Inkanyiso yase Natal*, January 4, 1895）。また特定の地域でのみ配布されたものもあれば、全国的に、時には海外にまで配布されたものもある。この資料集においてはインドと南アフリカからひとつずつ、そして西アフリカやフィリピンからはいくつかの新聞・雑誌が検証されている。また教会関係のもの（フィリピンの例のような）に加え、より一般的な新聞・雑誌も含まれている。これらは一般に流通していたが、その著者や編集者はさまざまな宗教活動に取り組んでいた人もしくは黒人教職者である（西アフリカ）。こうしたさまざまな差異にもかかわらず、これらすべての新聞・雑誌は19世紀末から20世紀初頭の現地人キリスト教徒エリートの議論や考えに関して新しい洞察をもたらしてくれる。

　本プロジェクトのために選ばれた新聞・雑誌は以下のものである。

・インド：『キリスト教愛国者』（*The Christian Patriot*、略：*CP*）。1890年にマドラス・チェンナイで発刊された週刊の新聞で、1929年まで発行されていた。本紙は南インドのプロテスタント知識人たちの声を代弁し、インドの「道徳的、社会的、知的、霊的な成長」を目指すものであった。「キリスト教色を持ち、愛国的な目的を持った」刊行物として本紙は宣教師のパターナリズムとヒンドゥー教の排他主義の両方を批判し、インド人キリスト教徒の共同体「全体」を代表しようとしていた[5]。

5　〔本書第5章には*CP*を活用した研究論文としてクラウス・コショルケの「近代アジアにおける現地人キリスト教徒エリートのネットワーク──日印交流によって促進されたキリスト教国際主

- 南アフリカ:『インカニソ・ヤセ・ナタール』(*Inkanyiso yase Natal*、「ナタールの啓蒙者」という意味)。1889年にピーターマリッツバーグで創刊され、1896年まで出版された。本紙は「ナタールで最初の現地人刊行物であり、このような種類のものとしては南アフリカ全体で二番目のもの」であると宣言されていた(*Inkanyiso yase Natal*, March 12, 1891)。本紙は広いテーマを扱い、植民地における社会的、政治的、宗教的な発展について考察する「現地の考え」("Native Thoughts")という欄を定期的に設けていた。
- 西アフリカ:この地域からは四つの新聞・雑誌を検討する。すなわち『シエラレオネ・ウィークリー・ニュース』(*The Sierra Leone Weekly News*、1884年創刊)、『ゴールドコースト・リーダー』(*The Gold Coast Leader*、1902年創刊)、『ラゴス・ウィークリー・レコード』(*The Lagos Weekly Record*、1891年創刊)、『ラゴス・スタンダード』(*The Lagos Standard*、1895年創刊)の四つである。西アフリカには黒人メディアの長い歴史があり、その起こりにおいては西インド諸島との繋がりが重要な役割を果たした。これらの新聞・雑誌の創設者もまた、その多くがヨーロッパの支配からの解放を模索するアフリカ人キリスト教徒に共感を寄せていた。
- フィリピン:この地域からは二つの新聞を考察する。これらはいずれも1902年にフィリピン独立教会(Iglesia Filipina Independiente、略:IFI)が設立されたことと関係して創刊されたものである(IFIは一時はフィリピンの25パーセントもの人数が属していた教会で、現在も続いている)。いずれも短い期間の発行であったが、ひとつは『真理』(*La Verdad*、1903年1月21日〜8月5日)、もうひとつは『フィリピン独立教会カトリックレビュー』(*La Iglesia Filipina Independiente: Revista Católica*、略:IFIRC、1903年10月11日〜1904年12月15日)である。さらにいくつかのテキストを『労働者の救済』(*La Redencion del Obrero*、1903年10月8日〜1904年2月18日)から引用する。これは労働組合の機関紙で、*IFIRC*とともに「フィリピン全土で」(*en todo Filipinas*、この言葉は本紙のヘッダーに入っていた)配布された新聞である。このことは、当時フィリピンで宗教的解放運動と社会的解放運動とが

義」を含めた。〕

第 4 章　新聞・雑誌に映し出される 1900 年頃のアジア・アフリカ現地人キリスト教徒エリート

深い繋がりを持っていたことを示している[6]。

　さらに本資料集には「付録」としてアフリカ正教会（African Orthodox Church、略：AOC）発行のものから選んだ記事が紹介されている。1921 年にニューヨークで設立された AOC はその後急速に南アフリカ、東アフリカに広まった黒人教会である。その大陸をまたぐ広がりに一役買ったのも本研究プロジェクトで注目する現地の新聞・雑誌であった。

　これらの新聞・雑誌はそれぞれ細部に関しては異なっているが、各地域の現地エリートの間で強まりゆく自意識や公共圏における輝かしい存在感の表現として、すべて重要なものと言える。たとえば 1905 年 10 月 4 日付の『ラゴス・スタンダード』は、「現代は明らかにニグロ雑誌の時代である」と述べ、「これほど〔アフリカの〕人種によって多くの刊行物が発行された時代はかつてなかった」と論じている。1870 年代にはすでに『カフィア・エクスプレス』（*The Kaffir Express*）—— 南アフリカのラブデールで発行されていた黒人紙（本研究では扱っていない）—— がこの新しい時代の夜明けを称えて、「今」はまさに歴史上初めてアフリカ人が自らの新聞・雑誌を出版する時代だと述べている。「世界のどの民族の歴史においても、新聞が生まれた時代は非常に重要な時代である」（*The Kaffir Express*, October 1, 1870）。また 1889 年にナタールで創刊された『ナタールの啓蒙者』は繰り返し、自分たちは新聞として植民地に生きるアフリカ人の「代弁者」になるのだと述べている。彼らの声はそれまでまったく聞かれることがなかった、しかし「我々は自分の考えを表明したいと願っている」（*Inkanyiso yase Natal*, March 12, 1891）。同紙が強く求めていたのは「政治的にも産業的にも宗教的にも、その他さまざまな面でも我が同胞の立場が向上すること」であった（*Inkanyiso yase Natal*, January 13, 1893）。

　このような各新聞・雑誌の基本理念を表明した文書は、資料集のセクション A.1 に収載されている。フィリピンでは『真理』が宗教的独立の原則を守り、前植民地支配者であったカトリック教会の言い分に対抗してフィリピン人キリ

6　〔本書第 6 章には IFI の機関紙を活用した研究論文としてアドリアン・ヘルマンの「フィリピン教養人イサベロ・デ・ロス・レイエスと「フィリピン独立教会」—— 植民地支配下の公共圏における独立公表」を含めた。〕

95

スト教徒たちの権利を守ろうとしていた。『真理』は「人種的な特権を打ち倒せ！　これが私たちの原則だ」と訴えている（*La Verdad*, January 21, 1903）。同じようにインドでは『キリスト教愛国者』が自らをインド人キリスト教徒の代弁者であると位置づけ、インド人キリスト教徒の共同体を「進歩的共同体」と表現した。「我々は、インドの再建においてインド人キリスト教徒の共同体が重要な役割を担っていると固く信じる」（*CP*, January 7, 1905）。*CP*は「インド人キリスト教徒の共同体全体の考えを示し、その関心事を知らしめる」だけではなく、「インド全土にあまりにも広く拡散し、教派その他の相違にあまりにも悲しく引き裂かれたインド人キリスト教徒の共同体意識を高揚させ、さらに大きな結束と連帯をもたらす」ことも目指していた。同時に*CP*は「インド、ビルマ、セイロン、海峡〔シンガポール、マラッカ周辺〕、南アフリカの隅々にあるさまざまなキリスト教組織を相互に接触させ」ることも目的としていた。つまり*CP*はインド人キリスト教徒ディアスポラの間に「より強い結束と団結」をもたらそうとしていたのだ。ここには、ベネディクト・アンダーソンが分析したような「想像の共同体」を作り上げる上でこれらのメディアが果たした役割について、非常に示唆的なものがある。

　資料集に含まれている新聞・雑誌には、高潔な目標や包括的な展望が示されていただけではない。そこでは常に実際の出版業務において人々が遭遇していた課題も扱われていた。経済的な問題や技術的な問題（たとえば印刷紙の不足など）がその主要なものであり、購読者への不信感も繰り返し示されている。購読料の滞納者が名指しで挙げられた号もある。1912年7月6日号付の*CP*はその一例である。さらにまた違う種類の困難として、いくつかの植民地における出版の制限（たとえば西アフリカなど）や、インドにおけるヒンドゥー教メディアからの批判（「ヒンドゥー雑誌による攻撃や事実の歪曲」*CP*, September 24, 1896, 4）、そして南アフリカの白人入植者メディアからの攻撃などが挙げられる。これらに加え、さまざまな障害や妨害もあった。たとえば『ナタールの啓蒙者』は、郵送ルートのどこかでなぜか新聞が消えてしまうと訴えている。南アフリカのナタールでは、こうした問題すべてが重なって1896年の『ナタールの啓蒙者』廃刊を招いた。しかし特筆すべきは ── そして同時にこの資料集の重要性を示すのは ── このような困難にもかかわらず、現地人キリスト

第4章　新聞・雑誌に映し出される1900年頃のアジア・アフリカ現地人キリスト教徒エリート

教徒のメディアが比較的長い期間にわたって継続した例が数多くあるということだ。読者たちはそれらを大切な「国〔ナタールのこと〕の力」（*Inkanyiso yase Natal*, September 6, 1895）、あるいは「世界規模の新聞」（*CP*, August 21, 1909）とすら表現して、その存在に感謝していた。

2.　新聞・雑誌で扱われたテーマ

「一般的に現地人は自分たちの嘆きが聞かれることはほとんどないと感じている」と『ナタールの啓蒙者』は述べる。アフリカ人たちの懸念と不満は植民地の公的空間でも認識されるべきだという思いから、この新聞は「英国人の友人たちに『現地の意見』を知ってもらう」ために、ズールー語のみならず英語でも出版されるようになった（*Inkanyiso yase Natal*, March 12, 1891）。本資料集で提示される新聞・雑誌の中で徹底して議論されているまた別のテーマは、宗教的な課題と教会論をめぐる課題である。こういった議論はしばしば、他の新聞・雑誌——非キリスト教のメディア（インドなど）や、政治的な新聞・雑誌、宣教師の報告書、また「現地人キリスト教徒共同体」内でのさまざまな意見——との議論という形で起こっている。

　本資料集では、前述の新聞・雑誌の中で取り上げられているさまざまなテーマが比較研究の視点から紹介されている。こうしたテーマは地域ごとに本研究全体の分析的スキーム（資料集21頁）に沿ってアレンジされている。このスキームは、ミュンヘン大学のプロジェクトの出発点であった*CP*の分析において基盤とされたものである。その後このスキームは、さまざまな刊行物に代表される地域的な多様性に対応すべく改良されてきた。この包括的な構造をもって、さまざまな植民地社会と宣教地域における類似する、あるいは異なる（かつ非同時的な）発展が明らかになるだろう。

　ここで考察されている新聞・雑誌と地域すべてに共通するテーマは、ヨーロッパ人の間で強まる人種主義（またはパターナリズム）に対する不満であり、またいわゆる「人種間不平等」論に対する批判である（資料集セクションC.1とB.3）。さらにさまざまな地域的文脈において、他のテーマが異なった仕方で強調されている。たとえば「教会の独立性」（資料集セクションB.1）は西

97

アフリカとフィリピンのいずれにおいても中心的な課題であった。西アフリカにおいては黒人聖公会主教サミュエル・アジャイ・クロウサー（Samuel Ajayi Crowther、1808頃-1891）の無力化を契機に、1890年代に白人支配から自由な独立教会が次々と建てられた。フィリピンにおいては、新設されたフィリピン独立教会（IFI）の公式機関紙として*IFIRC*が刊行された。IFIは1898年のフィリピン独立革命に続いて1902年に、植民地主義的でなおスペイン人が支配的であったローマ・カトリック教会から独立した教会である。インドでも現地のキリスト教徒エリートの独立志向と西欧プロテスタント宣教師のパターナリズム（もしくは明らかな人種差別）との間に類似の衝突があった。しかしここではフィリピンとは異なり、インド国民教会（National Church of India）の設立案が持ち上がった。それは「教派的所属にかかわらず」すべてのインド人キリスト教徒に開かれたものとして立ち上げるべきとされたが、宣教師組織との繋がりを直ちに断ち切る要求はなかった。この点については*CP*の中で賛否両論が提示されて熱心に議論され、インド人キリスト教徒たちの間で「宗教的一致と社会的一致のどちらを優先すべきか」という問いを巻き起こした。

　資料集では、これら四つの地域すべてで熱心に議論されたテーマの三つめの例として「教育」を取り上げている。しかしそれぞれの文脈でその焦点は異なっていた（資料集セクションE）。たとえば南インドでは、プロテスタントのエリートたちが自分たちの識字率の高さと「現地人キリスト教徒の教育的進歩」という観点から自分たちを「進歩的共同体」と認識していた（*CP*, March 30, 1898）。ここでの課題はキリスト教共同体のメンバー間に存在する不均一性（低カーストに属する人が多かった）であった。ナタールでは教育をめぐる議論の多くが特定の形の教育、具体的には「産業教育」の必要性に焦点を当てていた。それは植民地社会においてアフリカ人に現代的な形の雇用機会を与えるためのひとつの方法として広められた。ジャマイカやアメリカ合衆国におけるさまざまな「産業教育」の試みは手本にすべき例として提示されている。西アフリカの新聞・雑誌は、その地域に創設された多くの現代的な教育機関について誇らしげに述べている。これらには宣教師や植民政府によって設立されたものだけではなく、現地人の主導によって建てられたものも含まれていた。たとえば「あらゆる装備を備えて始められたアフリカ最初の高等学校〔カレッジ〕」

第4章　新聞・雑誌に映し出される1900年頃のアジア・アフリカ現地人キリスト教徒エリート

であるリベリア・カレッジはその始まりから純粋にアフリカ人によるものだと表現されている。「教員も教授も講師もアフリカ人であり、生徒もアフリカ人である」（*The Lagos Standard*, February 27, 1895）。そして本資料集に含まれているフィリピンの新聞は「我が国を向上させる」ためのリベラルな教育の必要性を訴えている。このために新しい教会は国の「すべての州に」大学を建設することを目指した（IFIRC, October 26, 1903, 9f）。こうした努力は、「進歩と自由を毛嫌いしている」として非難されていたそれまでの「ローマ・カトリック」色を乗り越えるためのものだった（IFIRC, November 29, 1903, 32）。

　いずれの場合においても、これら新聞・雑誌の中で扱われているテーマのほとんどは公的な議論の対象でもあったし、メディアにおいて賛否両論があるテーマでもあった。たとえばインドのCPに掲載されたある論文は「〔インドの〕国民会議と現地のキリスト教徒共同体」の関係について論じている。このエッセイは新聞『ヒンドゥー教徒』（*The Hindu*）による「現地のキリスト教徒は共同体として、〔インド〕国民会議に対して具体的にどのような態度をとるのか」という問題提起に答えるものであった（*CP*, January 9, 1896）。南アフリカの『ナタールの啓蒙者』は、白人入植者のメディア、特に『タイムズ・オブ・ナタール』紙との間で継続的な議論を繰り広げた。それは『タイムズ・オブ・ナタール』が植民地における教育的進歩と「現地人の文明化」、そして政治に参加したいという現地の人々の思いに反対したからであった。『ナタールの啓蒙者』はこのような態度に公然と立ち向かった。「『タイムズ』がそれを代表する階級に影響を及ぼしていることを公に知らせる権利があるのと同様に、我々も一民族として自分たちに影響を及ぼす事柄を公にする権利がある」（*Inkanyiso yase Natal*, January 13, 1893）。西アフリカでは『ラゴス・ウィークリー・レコード』（現在のナイジェリア）や『ゴールドコースト・リーダー』（現在のガーナ）のような黒人紙が、ロンドンに拠点を置く『ウェスト・アフリカ』による攻撃——権利の制限に対するゴールドコースト居住者の抗議には正当性がないとする主張——に次々と反論していた（*The Lagos Weekly Record*, October 4, 1902）。フィリピンでは『真理』とIFIRCが宗教的独立の権利を主張し、ローマ・カトリックのメディアによって激しく攻撃されていた彼らの新しい教会が国際的に認知されることを求めていた。

99

3. 異なる輪郭と非同時的発展

　四つの地域における類似の発展と異なる発展の両方を把握することは、私たちの比較分析の重要な目的である。それゆえ、新聞・雑誌によってその発行期間が違うという点はもちろん考慮しなければならない。資料集で考察対象とした時期（すなわち1890-1915年の間）に、*CP*（1890年創刊）は四半世紀にわたって発行され、西アフリカの諸新聞（1884年から1902年の間に創刊）は20年間発行されていた。その一方で『ナタールの啓蒙者』は7年間しか発行されておらず、資料集で考察対象としたフィリピンの諸刊行物は2年しか続かなかった。このようにタイムラインや発展段階の違いは明らかである。しかし、このような非同時性にもかかわらず、資料集で紹介されている新聞・雑誌を通して私たちは多様な地域的発展をよりよく理解することができる。さらにこれら新聞・雑誌は、19世紀末から20世紀初頭のアジアやアフリカにおけるキリスト教の総合的な歴史構築に新しく重要な構成単位を提供してくれる。

　その重要な一例は「教会の独立」という課題である。前述したように西アフリカとフィリピンは植民地支配の主体も宣教の主体もまったく異なっていたにもかかわらず、「教会の独立」はそれらの新聞・雑誌の中心的なテーマであった。しかし特筆すべきは、南アフリカが宣教師の間でエチオピアニズム（すなわち西洋人宣教師に依存しないアフリカ教会）の発祥地として知られていたにもかかわらず、『ナタールの啓蒙者』では「教会の独立」というテーマが中心的なものではなかったということである。同紙でエチオピア運動について言及されているのはたった一段落だけである。それはズールー語で書かれた、編集者に向けた手紙においてである（*Inkanyiso yase Natal*, March 15, 1895、資料集に含まれるエチオピアニズムに関する補足記事は他の新聞・雑誌から引用されたものである）。その一方で、1892年に南アフリカで最初のエチオピア教会を創設したマンジーナ・マアカ・モコネ（Mangena Maaka Mokone、1851-1936）が、のちにアフリカ独立教会を起こした人々と同様に『ナタールの啓蒙者』の購読者であったことは注目に値する。ジョゼフ・カニヤネ・ナポ（Joseph Kanyane Napo、1860-1920頃）、ジェイコブ・ザバ（Jacob Xaba、生没年不明）、ガーディナー・B・ンブヤ

ナ（Gardiner B. Mvuyana、1866-1925）、スィムング・シャイブ（Simungu Shibe、生年不明-1924）なども言及されている。他にもアイゼック・カルザ（Isaac Caluza、生没年不明）、トーマス・スィビズィ（Thomas Sibizi、生没年不明）、ジョエル・ンジマング（Joel Msimang、1854-1929）などのちのリーダーも応答者として、あるいは──ソロモン・クマロ（Solomon Kumalo、生没年不明）の例のように──『ナタールの啓蒙者』の編集者として名前が挙げられている。つまり同紙は南アフリカのキリスト教における「前エチオピア運動期」を明らかにし、のちにアフリカ独立教会を創設していく人々の概念的な世界と言説の形成期を考察することを可能にするものなのである。

　類似のことが「現地人教職」や「現地人司教職」といったテーマにも見られる。後者のテーマは『ナタールの啓蒙者』には一切出てこず、本紙でアフリカ人教職が文明化的進歩のロールモデルあるいは導き手として描かれることはほとんどない。反対に資料集のセクションC.1で提示されている多くの引用が「現地人説教者たちのだらしなさ」に対して明らかに懐疑的な姿勢を示している。『ナタールの啓蒙者』はそれよりも「教育を受けた」（そして主にキリスト教徒の）アフリカ人全体の法的、社会的な地位に興味を示している。つまり彼らこそが「法適用外の現地人」（伝統的な法の支配下にある「未開の現地人」の対義語）として権利を求めて闘っている人々だと認識されていたのである。彼らは自分たちがどれほど教育を受けても、約束された植民地社会での参加権が認められないことに不満と失望を募らせていた。『ナタールの啓蒙者』には「私たちがよりレベル高い生活に到達するにつれて、私たちに対する偏見も高まっている」とある（*Inkanyiso yase Natal*, December 3, 1891）。

　新聞・雑誌の多様な輪郭は、「女性、家族、ジェンダー関係」と題する資料集のセクションFにおいても追究できる。この課題はほとんどの新聞・雑誌で重要な役割を果たしているが、扱われ方はさまざまである。インドでは女性の教育と識字率の問題が取り上げられている。それらはインド人キリスト教徒エリートが自分たちを「進歩的な共同体」と認識する上で非常に重要なものであった。『ラゴス・スタンダード』などの西アフリカの刊行物には「夫か妻か　どちらが世帯主になるべきか」といった記事が掲載されている（*The Lagos Standard*, July 3, 1907）。しかしナタールのキリスト教を代表する『ナタールの

啓蒙者』では、このテーマはそれほど重要なものとして扱われていない。ここで議論されているのはたいてい女性の使用人をいかに訓練するかということや「現地の少女を守るための家〔保護施設〕」の設立といったことに留まっていた（*Inkanyiso yase Natal*, October 19, 1894）。しかし *IFIRC* にはかなり異なる視座を見出すことができる。同紙に掲載された「フィリピン人女性助祭」（Filipina Deaconesses）に関する記事では、女性を「修道院の石壁の裏側に」隔離する伝統的なカトリック修道会の女性像とは対照的な、新しいキリスト教徒女性のモデルとしてフィリピン人女性助祭が提示されている。つまり *IFIRC* は「人々の間で生き、キリスト教徒としての業をなす」ような、社会で活躍する女性という理想を推進していたのである（*IFIRC*, October 17, 1904）。

4. 認知的相互作用、直接的な接触、地域をまたぐネットワーク作り

　では、地域も異なり、植民地支配者と宣教の主体も異なるキリスト教徒が相互を認識し、結びつきを作るにあたってこれらの新聞・雑誌はどれほどの役割を果たしたのだろうか。アジアやアフリカのキリスト教徒の共同体やアクティビストが互いのことを認識し、場合によって交流を始めるきっかけを作ったのは、こうしたメディア —— 最初は宣教師や世俗の新聞・雑誌、そしてのちに現地の新聞・雑誌 —— であった。西アフリカと南アフリカの読者たちはキリスト教国エチオピアを政治的かつ教会的独立のシンボルと見ていた（*The Lagos Standard*, June 17, 1896 など）。西アフリカの黒人主教についてのニュースは、インドでの現地人司教職に関する議論に刺激を与えた。*CP* には「いつになったらインドに現地出身の司教が出てくるのか」（*CP*, June 18, 1898）と題する記事も見られる。近代以降では初めてのアフリカ人司教 S・A・クロウサーは、1870 年代にはすでに世界的に知られており、インドやセイロン（現在のスリランカ）、南アフリカにおける「現地人の主体性」（native agency）や「現地人リーダーシップ」をめぐる議論に刺激を与えていた。セイロン独立カトリック教徒（Independent Catholics of Ceylon）が遠くフィリピンの地にフィリピン独立教会（IFI）が存在していることを知ったのも、メディアを通してであった。セイロン独立カトリック教徒は IFI にお祝いの手紙を送り、フィリピン人教職

第4章　新聞・雑誌に映し出される1900年頃のアジア・アフリカ現地人キリスト教徒エリート

者をスリランカに送ってもらいたいと頼んだ。これらの手紙はIFIRCに掲載されている。インドのCPでは、さまざまな地域における「三自」定式——自養、自伝、自治の教会という理想——の実践に見られる発展が重要なテーマであった。シエラレオネやウガンダ、日本に関するニュースは、それらの現地教会の様子を「インド人キリスト教徒共同体」の「モデル」あるいは「教訓」として伝えるものであった。つまり、ある時にはアジアにとってアフリカがモデルとなり、またある時にはアフリカにとってアジアがモデルとなったのである。

さらにCPの報道には、密接になりつつある日本とインドの交流を発展段階ごとに見ることができる。最初は遠い東の地でキリスト教が発展していることを知っただけであったのが、やがて直接的な接触を持つようになり（1906年に日本人キリスト教徒の派遣団がインドを訪問している）、ついには1907年に「アジア全土から」キリスト教徒が集まる会議が東京で開催された。この会議の参加者の大多数はアジアから来ており、インド人も多く参加していた。それは「世界史の中でもユニーク」な出来事と評されている[7]。西アフリカの新聞・雑誌もまた、「有色人種」である日本人が達成した「すばらしい結果」に注目している（*The Gold Coast Leader*, May 29, 1909, 2 など）。メディアを通しての大陸をまたぐネットワークの形成という面でもっとも特筆すべき例は、アフリカ正教会（AOC）の出版物に見られる。前述したようにこの黒人教会は1921年にニューヨークで設立され、1924年にはすでに南アフリカに、そしてその数年後には東アフリカ（ケニア、ウガンダ）にも広がった。これらの教会はニューヨークにあったAOC本部の宣教活動の結果として生まれたものではなく、黒人メディアを通して拡散されたAOCのニュースにアフリカ人キリスト教徒が反応した結果として生まれたものである。「3年のうちに西と東がアフリカ正教会で出会った〔…〕それはメディアを通してであった」（*The Negro Churchman*, December, 1924, 2）。

これら多様な事例は、地域をまたぐ「現地人キリスト教徒の公共圏」という概念をめぐる議論に新たな視座を提供し、20世紀の「キリスト教国際主義」の

---

7 〔詳細については本書第5章および第7章を参照。〕

幅広いスペクトラムに注意を払うことを可能にするだろう。

［工藤万里江訳］

第5章

近代アジアにおける現地人
キリスト教徒エリートのネットワーク

日印交流によって促進された
キリスト教国際主義

クラウス・コショルケ

1. アジアにおける情報伝達および認知的相互行為の手段としての *The Christian Patriot*

　私にとってラインハルト・ヴェント（Reinhard Wendt）氏の記念論文集に寄稿できることは特別な喜びだ[1]。我々は長年、友情で結ばれている。ラインハルト・ヴェントはミュンヘン大学「古代および世界教会史」講座が企画していた、ヨーロッパ域外並びにグローバルなキリスト教史という基本問題に関する会議に、その発足当初から参加してくれた。逆に私も彼から学ぶところが多かったが、植民地という文脈におけるキリスト教固有のダイナミクスについては、とりわけ多くを学んだ。それは、植民地時代、スペインからの輸出品のひとつとしてフィリピンに入って来た祝祭文化が反植民地抵抗運動の足がかりへとも発展したことを扱った、彼の教授資格取得論文（Habilitation）に始まり、ミュンヘン・フライジング国際会議への彼の度重なる意義深い貢献にまで至る。第5回ミュンヘン・フライジング国際会議で「キリスト教史的観点におけるグローバリゼーションの諸段階」というテーマで行われた討論を、コメンテーターであった彼は「本来ならヨーロッパ発の一方通行的変革運動となるはずのものが〔…〕このような多極的な活動となった」と述べて総括した（Wendt 2012, 374）。それは同時に、「キリスト教のグローバル・ヒストリー」の将来像について現

1　〔本章はクラウス・コショルケ氏が立教大学に滞在中行った講演の内容を表すものであるが、翻訳の際、Koschorke 2015aを基盤とした。〕

クラウス・コショルケ

在なされている数々の考察の特徴のひとつで、グローバリゼーション史を論ずるうえでも大きな重要性を持つ指摘でもある。

　この寄稿論文はラインハルト・ヴェントがすでに1993年に言及したテーマ「明治維新から第一次世界大戦までの期間に日本が（特にアジアの）独立運動に及ぼした影響」（Wendt und Baumann 1993）に着目する。このテーマはここではキリスト教史的文脈の中で扱われることになる。その際、1910年頃のアジアの現地人キリスト教徒エリートによる、独立を目指す真剣な努力に目を向ける。以下に述べることは19世紀末から20世紀初頭にかけての西アフリカ、南アフリカ、インド、フィリピンにおける現地人キリスト教徒らの新聞・雑誌を比較文学的観点で対象とするミュンヘン大学の研究プロジェクトと関連している[2]。ここで提起される主要問題は、一方では、これらの新聞・雑誌で扱われ、それぞれの植民地社会で討議に付されるテーマについて問うもので、他方では、認知的相互作用と、その結果生じるさまざまな地域・大陸の現地人キリスト教徒エリート間のネットワークについて問うものだ。具体的に挙げるなら、その問題とは次のようなことだ。現地人キリスト教徒らはこれらの雑誌を通じ、お互いについて何を読み知ったのか。それによって、どの程度相互認識が高まり、直接の接触が持たれるようになり、また地域を超えたネットワークが形成され始めたのか。そこではどの程度、共通のコミュニケーション空間、もしくは地域・大陸をまたぐ「現地人キリスト教徒の公共圏」が生まれたのだろうか。

　続いて、インドと『キリスト教愛国者』（*The Christian Patriot*、略：CP）という新聞の出版活動についてのサブプロジェクトを取り上げることになる。この週刊紙は1890年マドラス（現在のチェンナイ）で創刊された。これは瞬く間に、数こそ非常に少ないが影響力と自負心を持つ南インドのキリスト教徒知識階級の伝声管となった。彼らはさまざまな団体・組織を作り、インドの他地域に住むインド人キリスト教徒（および世界各地に散在するインド人ディアスポラ）との接触を試み、国の「社会的、道徳的、宗教的発達」を促そうとするCPのよ

2　"Indigen-christliche Eliten Asiens und Afrikas um 1900 im Spiegel ihrer Journale und Periodika. Muster kognitiver Interaktion und Frühformen transregionaler Vernetzung"（「雑誌と定期刊行物に映し出される1900年頃のアジア・アフリカ現地人キリスト教徒エリート ── 認知的相互作用と地域横断的ネットワーク形成の初期形態」（ゲッティンゲン大学／ヘルマンスブルク異文化間神学大学）との共同研究）と題したプロジェクト。

106

うな自分たち独自の新聞・雑誌を運営していた。CPの名は、その基本方針を表した。なぜなら、国民国家の覚醒期にあっては —— そして、インド人キリスト教徒が「脱国民国家主義者」と非難される時代にあっては ——「キリスト教徒」であると同時に「愛国者」であることが重要であったからだ。CPは宣教師たちのパターナリズムとも、また、ヒンズー教指導者たちの地域社会主義（communalism）とカースト思考とも微妙なところで距離を置いていた。この新聞は国内の数多くのテーマばかりでなく、国際的テーマに対しても詳しく意見を述べた。たとえば、アメリカの人種差別（「黒人問題」）、南アフリカに住むインド人同胞への虐待、西アフリカには現地人監督がいること（当時インドでは強い要望にもかかわらず現地人監督はまだいなかった）[3]、あるいはウガンダ聖公会の近年における発展についてなどだ。ウガンダ聖公会は、自己統治、自己布教活動、自己資金調達を行っていたため、模範にして「インド人キリスト教徒にとっての教訓的実例」（CP, February 9, 1902）として紹介されている。CPの掲げた、20世紀初頭アジアのリーダーとしての日本の驚くべき勃興に対する認識およびコメントは特に興味深い。

2. 日露戦争後にロールモデルとなる日本と汎アジア主義の流行

　起点となったのは1904〜1905年の日露戦争だ。これは議論の余地なくアジア全体にとっての重大事であったが、世界規模ではアジアかつ「黄色人種」の国家が偉大なる西洋かつ「白色人種」の大国に対して収めた最初の勝利と認識された。同時に、この勝利は、当時徐々に形成されつつあったアジアの世論の多くで、ツァーリの支配する「西洋」キリスト教帝国に対する「東洋」人種と文明の優越性の象徴とみなされた。それはともかく、西洋列強による植民地主義と帝国主義の絶頂期にヨーロッパ不敗の神話ははじめて、後々までひびくほどに大きな衝撃を受けた。この出来事はアジアのさまざまな地域（インド、セイロン（現在のスリランカ）、ビルマ（現在のミャンマー）、インドシナ（現在のベトナム、カンボジア）など）における国民運動に相当な活力を与えた。同時に汎

3　CP, June 18, 1898. Koschorke 2011 も参照。

アジアを目指す取り組みをも強く後押しした。「アジアはひとつ」―― これが今や大陸の幾多の地で聞かれるようになった叫びだ。アジアのさまざまな地域から学生たちが、もはやイギリス連合王国やアメリカ合衆国ではなく東京に流れ込み、その数はどんどん増えていった。そして、イスラム教世界（エジプト、トルコ、フランス領北アフリカ）でも極東からのニュースは大きな共感を呼び、反植民地運動と汎イスラム教を目指す取り組みを奮い立たせた。サハラ以南のアフリカにおいてさえ、遠いアジアでの出来事は西洋教育を受けたエリート層によってその成り行きが注視された。注目すべきことだが ―― そして、いかにも、かの地での議論の成り行きらしいのだが ―― 日本の勝利は非キリスト教国の勝利というより、「一夫一婦制をとる」ヨーロッパに対する一夫多妻の伝統を持つ国の勝利として好意的に受け止められた[4]。

　大きなうねりはインドにも押し寄せた。比較的小さな日本が5000万の人口で世界に冠たるロシア帝国に壊滅的な敗北を与えられたのなら、どうして3億2000万のインド人がわずか15万のイギリス人に抵抗できないということがあろうか、という意見は多方面から上がった。「教養あるインド人らの目は日本に注がれている」と、この状況を目撃して、ある者はそう描写した。「『日本のしたことは我々もできる』というのが現在のインドの口癖だ」（The Harvest Field 17, 1906, 107）。「東洋人は、結局のところ東洋は西洋に劣らないことを目の当たりにしている。誰もが日本の成功の秘密は何かと知りたがっている」（CP, May 14, 1904）と、同時代を生きた別の一人が述べた。

　のちにマハトマ・ガンディー（Mahatma Gandhi、1883-1944）の友となる宣教師チャールズ・フリーア・アンドリュース（Charles Freer Andrews、1871-1940）は、この高揚した雰囲気を次のように描写した。

　　あたりには興奮がみなぎっている。ロシアと日本の戦争は周囲の人々の期待をいやがうえにもかき立て続けた。突き上げる興奮がインド北部を通り

4　アジアおよびグローバルな視点から見た日露戦争についてはSteinberg 2005（その中で特にMarks 2005とRodell 2005の寄稿論文）、Wolff et al. 2007およびSprotte, Seifert und Löwe 2007を参照。イスラム教世界にとっての意味についてはAydin 2007（特に71-92頁）およびKreiser 1981を参照。インド人にとっての意味についてはDharampal-Frick 2007, Sareen 2007, Dua 1966, Datta 1969およびKoschorke 2000を参照。またRomein 1958, 46ff, 130ffは現在でも重要。

第5章　近代アジアにおける現地人キリスト教徒エリートのネットワーク

抜けていった。辺鄙な村の人々でさえ、夜車座になって座りフッカー〔＝水たばこ〕を回しながら日本の勝利について話すのだった。年配の男の一人が私にこう言った。「こんなことはあの反乱（1858年のインド大反乱）以来、絶えてなかったよ。」[5]

特に強く反応したのは西洋の教育を受けたインド人エリートたちだった。

日本の成功が北インドの教養ある人々に与えた影響は衝撃的でダイレクトだった。熱狂の波はこの国のすべての町々を通り抜け、新たな希望と新たな理想を生じさせた。〔…〕それは〔…〕新たな国民精神を目覚めさせ、全インドの注目を東洋における真のモデルとしての日本に向けさせた。西洋の進出を避けられぬ運命とし消極的に忍従した時代は終わり、今や積極的な希望が生まれた。東洋は独自の東洋的手段で救済を成し遂げるかもしれない。インドはいつの日か独立国家として日本と肩を並べるかもしれないという希望。〔…〕かつてはオックスフォードやケンブリッジに行こうと躍起になっていた学生たちは、今や東京に行くことを切望するようになった。そして、幾人かはすでに行ってしまった。（Andrews 1905, 362）

のちに独立インドの初代首相（1947-1964年）となるジャワハルラール・ネルー（Jawaharlal Nehru、1889-1964）が1904年を回想して述べたことも、当時の状況を理解する上で非常に役に立つ。彼の自伝には次のように書かれている。

私が心動かされたことを覚えている次なる重大事件は日露戦争だった。日本の勝利は私の情熱をかき立て、私は新たなニュースを求めて毎日、新聞を心待ちにした。〔…〕民族主義の思想が私の心を満たした。ヨーロッパのくびきから解き放たれたインドの自由、アジアの自由について思いをめぐらせた。私は勇気ある行いを心に描いた。それは、剣を手に、インドのために戦い、インド解放に力を尽くす我が姿だった。（Nehru 1960, 16）

5　Andrews 1912, 4（さらに詳しくはAndrews 1905）を参照。

109

3. *The Christian Patriot*が描く日本像

　極東での出来事はインド・キリスト教系新聞・雑誌においても特に集中的に議論された。これは宣教師が発行したものについても、また現地人キリスト教徒エリートの新聞・雑誌についても言える。何百年もの間、完全に外国に対し門戸を閉ざしていた日本がいかにしてきわめて短期間に近代化を成し遂げ、世界に「冠たる文明国」のひとつとしての地位を獲得できたのか、という疑問が繰り返し議論される点のひとつであった。そして、日本の勝利を西洋文明とキリスト教帝政ロシアに対する「東洋人種」の優越性の証明として歓声を上げたヒンズー教系新聞・雑誌などと異なり、インドのキリスト教徒は日本の成功を、近代化を推し進めるキリスト教の影響の帰結と見なした。

　「キリスト教信仰とキリスト教文明はこのダイナミックな変革を生み出すのに大いなる役割を果たしたと主張して差し支えなかろう」と1904年4月30日付の*CP*は伝えた。以下、*CP*の主張を記す。1854年の開国以来この日出ずる国に流れ込んできた西洋の教育は「これまで不活性であった日本の精神を動かすレバーであった」（*CP*, April 30, 1904）。この西洋文明は、しかし、キリスト教と不可分に結びついている。日本におけるキリスト教共同体は現在のところまだ少数派であるが、発揮する影響力たるや「数の少なさとは不釣り合いなほどだ。〔…〕キリスト教の影響は日本語で書かれた多くの文書や、インドとは異なりキリスト教徒の手にある慈善活動と社会改革運動、そして、多様な団体を通じて広められる」。日本の新聞・雑誌には「キリスト教徒によって所有、管理、編集されているものが複数ある。〔…〕さらには、経営者が正式に入信したキリスト教徒ではないものの、明らかにキリスト教に好意を持っているという雑誌がもっと多数ある」（*CP*, April 30, 1904）。日本には信仰の自由がある。教会は妨害されることなく建てることができ、聖書は自由に配布される。迫害の過去とはきわめて対照的なことに、今は政府高官らがキリスト教を高く評価する意見を述べている（*CP*, March 5, 1904）。日本の仏教でさえ「キリスト教の理念と理想によって徐々に発達させられた仏教だ」（*The Harvest Field* 16, 1905, 203-5）と。何より日本では大学その他の近代的教育機関が多くの場合キリス

第5章　近代アジアにおける現地人キリスト教徒エリートのネットワーク

ト教宣教師の手の内に収められている。まさしく、西洋の —— ということは、とりもなおさずキリスト教に則った —— 教育が、日本がヨーロッパやアメリカから同等と見なされる「文明国」列強へと駆け上がることを可能にした経路だとも述べている。

　ロシアについての評価は全く異なる。名こそキリスト教国家だが、この帝国は迷信、無知、腐敗に沈んでいるという。「日本はキリスト教精神をロシアより深く吸収した」（*CP*, May 14, 1904）。なぜなら、日本は近代的な —— つまり、プロテスタントの —— キリスト教の「文明化を促す」働きかけに対し、封建的で遅れたツァーリの帝国とは比較にならないほど徹底的に門戸を開いたのだから。

　「この戦争では（特にインドでの）プロテスタント教会の支持は全面的に日本の側にある」と1904年4月9日付の*CP*は伝えている。その後、*CP*では20世紀初頭のキリスト教国日本について多くの情報が集められる。そこで日本の教会が独立していることは何より重要視され、現地で活動する欧米人宣教師たちとの関係は確かに極めて良好だが、決定的なのは日本人キリスト教徒たちの自主性だとされる。「これらキリスト教徒の大目標は自養・自治・自伝である」（"A lecture on Japan," *CP*, May 5, 1906）。一時的と形容される、あらゆる妨害や時折起こる抵抗運動にもかかわらず、「日本においてキリスト教が今ほどよい状況に置かれたことはかつてなかった」（*CP*, November 18, 1905）と言って差し支えない。「将来、日本においてキリスト教の影響が驚くほどの広がりを見せる」（*CP*, April 30, 1904）ことが期待され、近いうちに日本はキリスト教徒が多数を占める国家となるであろうと。そして、そのことは他のアジア諸国に影響を及ぼさずにはおかないはずだ。「極東での日本人の増加がキリスト教の影響の拡大を意味するのは確かだ。〔…〕もし、中国が日本を手本と見なすなら、それは中国がキリスト教文明を自らの究極の目標と見なすということだ」（*CP*, April 30, 1904）と*CP*は述べる。

111

4. 日印キリスト教徒交流の発端——インドYMCA招待に応じる日本使節団（1906年）

　1906年春、小さな日本人キリスト教徒使節団がインドへ旅立った。彼らはインドYMCAからの「特別な要請と招待を受け」やって来た（CP, April 21, 1906）。YMCAはインド並びにアジアおいて、当初から「現地人リーダーシップ」という原則を広範囲に実施し、早々に世界主義指向で都会的なキリスト教徒エリートたちの協調基盤へと発展した組織のひとつである[6]。使節団は二人の傑出した日本人キリスト教徒からなっていた。一人は同志社大学卒業生で日本組合基督教会牧師にして神戸YMCA会長の原田助（1963-1940）、もう一人は長くアメリカに留学し、立教専修学校・立教中学・立教大学の学長をしていた哲学博士の元田作之進（1862-1928）であった。二人は1906年3月6日にインドに到着し、北はラホール、カルカッタから南はボンベイ、マドラスまで、インド主要都市の教会、大学、その他教育機関で数々の講演や催しを行った。

　7週間にわたるインド亜大陸の旅は結果的に一種の凱旋行進となった。会場はたいてい超満員だった。主催者から懇請されたテーマで聴衆から熱狂的に迎えられたのは、「インドは」、わけてもインドのキリスト教徒は、「日本から何を学べるか」というものだった。このテーマに対し、日本からの客人は何より次の三つの答えを挙げた。（a）日本の教会における自己責任、自主性、そして「現地人リーダーシップ」の実践、（b）欧米宣教師による教派の寸断と派閥化に対する拒絶姿勢、（c）社会改革、特に未成年女子と成人女性への教育の必要性。そしてこう訴えた。「我々は女性の地位向上に努めています。〔…〕日本が成し遂げたことはインドもできます。あなた方はそうする意思がありますか。日本は身分制度を廃止しました。あなた方は？　日本は女性に教育を与えました。あなた方は？」（*The Indian Witness*, March 15, 1906, 163）

6　1875年以来各地に前身となる組織が作られ、1890年に全インドYMCAが組織された。以下参照のこと：David 1992, 24-94, Weber 1966, 92ff, 98, Thomas 1979, 94ff, Harper 2000, 43ff, David 2012。「青年の身体的、精神的、教育的発達への貢献に加え、インド全土にまたがる広範なネットワークを持つYMCAはインド人キリスト教指導者たちのトレーニングセンターとなった」（Mallampali 2004, 100）。

第5章　近代アジアにおける現地人キリスト教徒エリートのネットワーク

　日本からの使節団の訪問はインドのキリスト教系新聞・雑誌で大きな紙面を割いて報じられた。訪れた先々での報道記事は詳細なインタビューと講演のダイジェストで補われた。それら極めつけの発言をいくつか1906年3月24日付のCPから抜き出してみよう。

　　日本では東洋と西洋両方の文明において最高のものを組み合わせようと努めています。私たちは迷信的で不要なあらゆるものを放棄する用意があるばかりでなく、むしろ放棄したくてたまらないのです。私たちは、どの方角から来るものであれ、真実を受け取るため心を完全に開き続けています。

　　私たちは、物質面においてのみならず道徳面および精神面においても、世界の最たる文明国と肩を並べたいと思っています。〔…〕私たちは軍事や教育制度を西洋に倣い、それらに助けられ西洋の一国を打ち負かしました。このように、私たちは西洋からキリスト教を取り入れ、それを介して西洋人に優るキリスト教徒になりたいと願うのであります。

　　私たちはすでに西洋から鉄道、電話、電信を手に入れました。そして、もし、キリスト教信仰が真実で有益であることを見出すなら、どうしてそれも受け入れないということがあるでしょうか。しかしながら、もし、西洋から、あるいはいかなる外国からいかなるものを得るとしても、私たちはただちにそれを私たち自身のもの、日本のものにするのです。

　　日本人は女性にあらゆる社会的、宗教的事柄に関わることを勧めます。特に教育の分野ではそうです。というのも、私たちは小さな子供を教えるには男性より女性のほうがずっと適していると考えるからです。女性はより思いやりに優れ、子供の愛情や感情により大きな影響を及ぼします。そして、我が同胞女性の実に多くが我が国で学校の教師となっております。

　　日本にいる外国人宣教師たちと私たちは最良の関係で共に暮らしています。私たちは非常に仲良くしております。〔…〕私たち日本人は彼らを愛

113

クラウス・コショルケ

しており、彼らもまた私たちを愛していると感じています[7]。それでも、私たちは、私たちの教会のすべてを独立・自立させたいと切望しているのです。〔…〕私たちの教会の多くはすでにこの段階に達しており、そうでない教会もできるだけ早くそのようにさせたいと切望しております。

　これらスピーチと、それによって呼び起こされた数々の議論の趣旨は、汎アジア的連帯とアジア大陸のキリスト教徒の国境を超えた団結を強調することにある。「日本の人々とインドの人々は主イエス・キリストにおいてひとつです」と、この日本からの訪問者たちが去ったのちラホールの信徒が彼らに宛てた書簡には書かれていた。この訪問者らが、東洋人でありながら、のちに「西洋人」によって独占されてしまったキリストを、再び「東洋人」の手に取り戻そうと試みたことに感謝する旨も記されていた（CP, April 28, 1906, 3）。他方、日本人は、単に東洋と西洋それぞれの最良の伝統を結びつけ、宣教師から授かったキリスト教を「日本のものにする」ことを試みただけではなく、西洋をも「凌ぐ」キリスト教のかたちに発展させようとした（CP, March 24, 1906）。アジア大陸の福音伝道は、「日本は日本人で、中国は中国人で、インドはインド人で」という具合に、アジア人自身の責任であることが、日本の客人によって強く主張されている[8]。そして、逆に、日本人にはインド人の側から祖国インドのキリスト教化の特別な責任までもが負わされる。つまり、「インドおよび東洋諸国に対する日本人キリスト教徒の責任は〔…〕インドYMCA同盟から受け取った一通の手紙によって著しく強調されていた」（CP, March 3, 1906, 7）とCPは報じる。また日本人はインドと日本の特別な関係を「アジアの」同胞国として次のように強調している。

　　私たちはインドに特別な敬意を抱いています。ひとつには、我が国において我々に先立つ文明のいくつかはインドに負うところがあるからです。さ

7　原田助は一部の宣教師たちの態度について、インタビューでいささか外交儀礼を逸脱した。「教会指導者の中には実地に活動する宣教師のやり方が気に入らない者もいた。まるで自分が主人で、日本人の活動家は自分が雇っているのだから召使だと言わんばかりだ」と述べた。

8　CP, April 28, 1906, 5（元田の講演など）。

らに、この国の人々と私たち自身はアジア人で、このことは両者の間に新たな強い紐帯を生み出します。そして、私たちはこの町で温かく迎えられたことを決して忘れることなく、インド人の我が同胞が私たちに礼節を尽くしてくれたという心温まる思い出を故国に持ち帰ります。（*CP*, March 24, 1906）

日本人の訪問は「計り知れぬほど価値のあるものだった」と、*CP* は1906年6月2日付で当時を振り返って報じている。この訪問は両国の個々の教会とキリスト教指導者の間にすでに存在していた繋がりを発展させ、また全く新しい繋がりを生み出すことになった。何通もの書簡が遣り取りされた。極東のキリスト教徒同胞のための献金が集められ[9]、祈禱会と相互の執り成しの祈りについて合意がなされ[10]、インド使節団による日本への答礼訪問が企画された（*CP*, April 21, 1906, 4）。交換留学生の増加ならびに日本のキリスト教系教育機関へのインド人講師の派遣に向けた具体的な計画が立てられた（*CP*, April 28, 1906）。

5. 日印交流の深化 ── アジアキリスト教徒の希望を表す万国学生基督教青年会の東京大会（1907年）

発展における次のステップは1907年の万国学生基督教青年会（World's Student Christian Federation、略：WSCF）の東京大会であった[11]。これは当時、キリスト教系新聞・雑誌で「いかなる種類においても日本で初めて開催された国際会議」と呼ばれた。それはともかく、アジア初にして、アジアからの代表が多数を占めた初のエキュメニカル会議であった。627人の参加者中ほぼ500人がアジアか

9　ラホールや北インドの諸都市で、飢饉に苦しむ地域の日本人を助けるため献金が集められた。「インドの多くの教会、特に北部インドで献金が集められ、それは飢饉救済のため〔…〕日本に送られていた。これは使節団から非常に感謝された」（*CP*, April 28, 1906）。

10　「あなた方インド人キリスト教徒と私たち日本人キリスト教徒は共感し互いに助け合い、互いのために祈りを捧げます」（*CP*, April 24, 1906, 6, 原田の講演）。

11　Report 1908およびFisher 1907を参照。膨大な資料集がイェール大学の神学部図書館記録群46（RG 46）にある。Weber, 69ff, Harper 2000, 42ff, Hopkins 1979, 313ff, Rouse, Neill and Fey 1993, I:341ff, II:68, Eddy 1907およびHowe 2001も参照。

らで、そのうちの400人以上が日本、74人が中国、15人がインドから参加した。それより少ない数ながら、朝鮮、ビルマ、セイロン、フィリピン、その他の国々からも代表が来ていた。ほかに、アメリカ、ヨーロッパ、ロシア、オーストラリアの代表が講演を行った。著名な人物としてアメリカのジョン・ローリー・モット（John Raleigh Mott、1865-1955）、ロシア正教会の日本大主教ニコライ（Paul Nicholas of Japan、1836-1912）が挙げられる。この会議を主として企画したWSCF日本支部は、アジア諸国のYMCA支部と同様に早い時期にアジア大陸の現地人キリスト教徒エリート間の交流の足がかりへと発展していた。世界は50年前より「ずっと狭くなった」と日本人の井深梶之助（1854-1940）は挨拶の中で述べた。その際、彼は旅行とコミュニケーションの手段が飛躍的に向上したことを挙げ、その結果「西洋人」に「東洋人」の関心事を知らせることができるようになったばかりか、当のアジア人同士の意見交換も容易になったと語った。

　国内外の注目も大きかった。アメリカ合衆国大統領セオドア・ルーズベルト（Theodore Roosevelt、1858-1919）やイギリス国王エドワード7世（King Edward VII、1841-1910）から電報が届いた。東京市長、尾崎行雄（1858-1954）や外務、文部両大臣が歓迎の辞を述べ、あるいはレセプションを催した。日本の政界、学界、そして、宗教界を代表する面々から祝辞が寄せられ、その中には神主の団体と仏教系の連盟も含まれていた。ただし、後者の方はこの機会を利用し、同様に対抗組織設立と仏教世界会議開催をもくろんだ（Report 1908, 195）。日本の新聞・雑誌で幅広い反響があったことも注目される。東洋と西洋がユニークな出会いをした、それが報道の趣旨だった[12]。その中で調和、そして、アジア、ヨーロッパ、アメリカの代表が互いに交流する土台となった「平等の条件」が特に強調された（Report 1908, 195）。

　インドの教養あるキリスト教徒の間でも、この会議には大きな期待が寄せられた。それはすでに前段階において歴史的出来事と評されていた。「キリスト教の歴史において初めてアジアのあらゆる地域からのキリスト教主導者が一堂に会する予定」（CP, March 9, 1907, 5）。「世界史上」他に類を見ないアジアの指

12　日本の新聞国際宣教新聞に掲載された反響について詳述した文書はイェール大学の神学部図書館記録群46ボックス225にある。

導者の集結とさえ報じた雑誌もいくつかあった。インドからの参加者には、のちのインド初のインド人主教となったベーダナヤガム・サミュエル・アザリア（Vedanayagam Samuel Azariah、1874-1945）並びに、著名な教育活動家で女子大学の女性学長リリヴァティ・シング（Lilivati Singh、1868-1909）もいた。アザリアは、後世さまざまなバリエーションをもって叫ばれることになる「どの国であろうと、その国自身の息子たちによらずして完全に教化されることはない」（Report 1908, 124）というスローガンを発した。彼はまた、将来東アジアにおけるプロテスタントの拡大が西洋人宣教師の手によることはますます少なくなり、日本人、中国人、インド人、フィリピン人、シャム（現在のタイ）人など、アジア人キリスト教徒の責任はますます強まっていくだろうとも述べた（*CP*, March 9, 1907, 5）。彼の伝記作家スーザン・B・ハーパーによれば、この日本訪問の経験がアザリアの「超国家的でヨーロッパの枠をも超えるキリスト教のアイデンティティーに対する評価」を決定的に強めた（Harper 2000, 44）。リリヴァティ・シングはWSCF大会初の女性代表として、故国に存在する数々の弊害の除去を目指し、次のような情熱的な呼びかけを行った。「インドにはカースト、児童婚、未亡人状態の強制、ゼナーナ（家の奥の婦人部屋）制度といった拘束があります。〔…〕4000万の女性がゼナーナに押し込められているのです。彼女たちを自由にするのは誰ですか」（Report 1908, 15）。彼女は日本を手本とした改革を求め、胸中を吐露した。

東京での議論では、慎重な言い方をするなら、植民地支配後の秩序のヴィジョンとアジア諸国の自立した教会の平等の上に築かれるパートナーシップの問題が浮かび上がった。ここで念頭に置かれているのは伝統的かつ教派に分断された宣教教会というより、むしろ「その国生え抜きの教会組織」で、つまり将来の教会のあるべき姿として、ひとつの国のキリスト教徒が手を結ぶことであった。日本人のことでインド人が感銘を受けたのは、日本人が宣教師の支配や監督から、まさに独立していることであった。「三自」（three selves）——つまり自治、自養、自伝していく教会——という定式が大会記録に繰り返し登場している。もともと宣教のための概念であったが、19世紀終わりごろからこのスローガンは次第に、アジア大陸の現地人キリスト教徒エリートらが解放を目指し奮闘する際のモットーへと発展していった。

それと相互責任という考えが結びついた。会議の席上、日本代表は「日本の
キリスト教徒には台湾・朝鮮・満州・中国北部に福音を説く責任があるという
認識は〔…〕昨年の進展によって強められ、現在では教養あるすべてのキリス
ト教徒（特に日本人キリスト教徒）によって広く共有されるに至った」と述べ
た。さらに続けて、1906年のインドへの使節団派遣が成功裡に終わったこと
は、「日本が東アジアすべての人々の伝道者となるのを見たいという日本人学
生の野望」をかき立てた[13]。この目標達成に役立ったのは先に述べた地域に日
本人伝道師を派遣することだけでない。同時に、特に東京に暮らす多くの、約
1万5000人の中国人留学生が注目され、彼らはここで、つまり日本で、キリス
ト教の影響を受け入れているのだ、とも述べた。

　従って、1907年東京に設立された中国からの学生のためのYMCAは日本側
からも精力的な支援を受けた[14]。中国の留学生は将来祖国でキリスト教を普及
させる役割を果たしてほしいと期待された。他のアジア諸国からの留学生や
訪問者に対しても類似の考えが生まれた。そうすれば、アジア諸国の知識人の
メッカである日本はキリスト教思想とキリスト教文学の普及の中心へと発展す
るかもしれない、と。事実、日本にいた中国人キリスト教徒らは1911年の清
王朝崩壊後の中華民国において重要な役割を果たした[15]。また、独立教会系の
フィリピン人のように、その他の国外ディアスポラの人々も日本を活動の起点
とした[16]。

　極東より戻ったリリヴァティ・シングは改めてインドの教育制度の現状を厳
しく調査した。日本での経験に照らし合わせてみると、彼女の分析結果は落

13　Report 1908, 224f.〔日本語で刊行された『万国青年大会講演集』には、この引用文の出典となる報
　　告書が含まれていない〕。

14　東京の中華留日基督教青年会についての文書はイェール大学の神学部図書館記録群46ボックス227
　　フォルダー1768-1769にある。

15　日本の中華留日基督教青年会で初代中国人総幹事を務めた王正廷（1882-1961）は孫文の下で外交
　　総長となり1919年のパリ講和会議に中国側代表団の一員として参加するも、条約への署名を拒否
　　した。詳しくはNg 2014を参照。

16　1904年、フィリピン独立教会（Iglesia Filipina Independiente、略：IFI）指導者の一人であるイ
　　サベロ・デ・ロス・レイエスによってイロカノ語に翻訳された聖書は日本で印刷され、そこから
　　フィリピンへ船で送られた。IFIの新聞には日本にいたフィリピン人ディアスポラの記事も多く見
　　受けられる（Hermann 2014a）。

胆すべきものに思えた。「日本滞在中〔…〕私はインドに失望を感じた。〔…〕児童婚やパルダ〔女性を外部社会から隔離する制度〕があり、女子には脳みそがないという意見が神聖視されているインドでは」日本では1872年以来慣例となっている「女子への義務教育は不可能だ」。それでも、ゆっくりではあっても進歩はある。そして、どんなに障害は大きくともインドには大きな未来がある、と彼女は述べた（CP, January 11, 1908）。だが、別の観点に立つとキリスト教インドはキリスト教日本の背後に隠れる必要はなかった。ベーダナヤガム・サミュエル・アザリアは1905年に設立されたインド国民宣教協会（National Missionary Society of India、略：NMS）を見てみよと繰り返し述べた。この宣教協会は現地人キリスト教徒による市民運動で、国内外で活動するようになっていた。これがヨーロッパ人宣教師ではなく現地人によって管理された宣教団体の唯一の例ではなかった。それどころか、1900年以来インドとその隣国セイロン（現在のスリランカ）ではこの種の運動が増えていた[17]。すでに1901年にはCPが、その名が示す基本方針に沿った記事の中で、過ぎ去りし19世紀は――まったく賞賛すべき――西洋による宣教の世紀であったが、それに対し、20世紀は「国民」教会の世紀で、「現地の教会の自養、自治、自伝」により特徴づけられるであろうと断言した（CP, September 28, 1901）。その最後の点、つまり「自伝」の達成に向けて、アジア各地での現地人キリスト教徒の解放運動は全力を傾けていた。

6. 東京大会がもたらしたもの――「グローバル・サウス」の要求に応答するエディンバラ会議（1910年）

東京大会の効果は何だったのか。「アジアは自らを発見し始めた」と、ハンス・リュディ・ヴェーバー（Hans-Ruedi Weber、1923-）はアジアにおける初期エキュメニカル運動の（今日でも重要な）描写の中で記している。この大会について記した他の人々と比べると、彼は西洋人宣教師の管理が及ばない領域における現地人立役者とその活動の重要性を強調している（Weber 1966, 73）。東

17　例を挙げれば、Indian Missionary Society of Tinnevelly (CP, October 27, 1906)、Indian Baptist Missionary Society (CP, April 2, 1904)、Jaffna Student Foreign Missionary Society (CP, October 27, 1906) などがある。

京大会は将来のアジア指導者たちの出会いの場として機能したばかりではない。この会議は、アジア内に存在した偏見を打ち破り、それによって、アジア諸国の教会およびグループ間の交流を深めるための前提条件を作り上げるのに貢献したことにも意義がある。アジア、ヨーロッパ、アメリカそれぞれの代表が、この会議に関する日本と宣教師側の報道で繰り返し強調されたように、平等であったことは、他のエキュメニカル集会の雰囲気にも影響を及ぼした。

　1910年エディンバラで第4回世界宣教会議（万国基督教宣教師大会）が開催された。これは19世紀の宣教活動におけるクライマックスとして、そして、20世紀の西洋エキュメニカル運動の出発点として幾度となく記述されている。しかし、エディンバラ会議が、今日グローバル・サウスと言われる地域の教会で交わされていた議論と、それら教会から発信されたインパルスに、どれだけ反応したかは、あまりにも注意を払われなかった。このことは、当時のいわゆる「ミッション・フィールド」にいた宣教師および現地のキリスト教代表者らと準備のため頻繁に交わされた書簡から読み取ることができる。この会議の準備に東京での経験も反映されていた。このとき両会議の精神的指導者であったジョン・ローリー・モットが宣教師側エスタブリッシュメントの反対を押し切り、アジア代表の役割を強めた。アジアからの代表は数の上では（17名と）少なかったが、会議自体では目立つよう配置された。さらに、彼らは——インドのアザリアやカーリー・チャラン・チャテジー（Kali Charan Chatterjee、1839-1916）、中国の誠静怡（Cheng Jingyi、1881-1939）、あるいは日本の井深梶之助や原田助のように——帰国後、それぞれ祖国の教会で重要な指導的役割を担った（Koschorke 2012b）。

　インドのキリスト教徒の間でもエディンバラ会議は多いに注目された。インドが参加した国際的に価値ある出来事として評価された。むろん、そこでは実に多彩な声が上がった。保守的な宣教師側新聞では、宣教師と現地キリスト教徒の間の「友好関係」と平等を要求するアザリアの有名なスピーチが、友好的でない行為であると糾弾された[18]一方、インドのキリスト教徒はこれをあまりにも「遠慮がち」でせっかくの好機を逃す愚行と呼んだ。アザリアはインドの

18　*The Harvest Field* 30には次のように記されている。「インドの聖職者が行った嘆かわしいスピーチがあった。それは、私が受けた印象としては、最もアンフェアだった。宣教師らがインド人キリス

キリスト教徒が自立していることと、そのキリスト教徒が「自主的に個々の取り組みを行い、それらが一致団結した全国的取り組みとなることを目指している」ことをもっと明確に示すべきだった、というのだ[19]。すでにエディンバラ会議の前段階で、インド教会に対し「早期の自主性」とできる限り広範囲の「独立性」を認めるよう会議に期待する声が高くなっていたが、それは、インドで繰り返し議論の対象となっていた日本とウガンダの成功例を持ち出してのことであった（*CP*, April 30, 1910, 4）。確かに、これらの期待は部分的に満たされたに過ぎなかったのだが、議論はさらに続いた。

7. アジアキリスト教徒のネットワークづくりから見た日印パラダイムの意義

ミュンヘン大学研究プロジェクトの枠組みにおいてここで扱った日印交流の範例の意義は、両者のコミュニケーションが次第に密になっていった点にある。つまり、1904/05年に集中的に行われた新聞報道に始まり、直接の接触（1906年の日本使節団のインド訪問）を経て、接触の恒常化とネットワークの形成に至っている。このプロセスにおいては1907年の東京大会に特に大きな意味があった。アジアのキリスト教徒による地域を越えたネットワークはさまざまなレベルで形成された。アジアとアフリカの現地人キリスト教徒エリートが自らの目的のために次第に利用するようになった、宣教師側および既成のエキュメニカル運動のコミュニケーション・ルートは、数あるルートのほんの一端に過ぎない。アジアのプロテスタント教徒にとって、1912年から1913年にかけて各地で地域および国家レベルで21回も開催されたエディンバラ継続会議が相当な意味を持っていた。教派的組織構造に代わる「国家的な」組織構造が —— はじめは宣教協議会の形で、1922/23年からはキリスト教協議会の形で —— 樹立されるに至った[20]。インドでは、協議会議席の50パーセントは現地

ト教徒を同胞として接していないと言うが、それを証明する事実は何も示されなかったのだ」（H. H. Newham, "The World Missionary Conference," *The Harvest Field* 30, 1910, 335-345）。

19 「アザリア牧師は絶好のチャンスを見逃した」（*CP*, July 23, 1910, 5）。

20 Continuation Committee 1913に収録。このような会議が21回、セイロン、インド、ビルマ、シ

人キリスト教徒に留保されるという決定がなされた。これによって、今日に至るまで—— さらに発展した形で—— その特徴であり続ける、アジア諸国の教会自治の礎が置かれた。同時に、今やアジアの「若き教会」と呼ばれるようになった現地教会間の交流の度合いも増していった。

それにつれ、大陸間のキリスト教指導者の直接交流も次第に頻繁になっていった。この進展は1938年インドのタンバラムで開かれた世界宣教会議でひとつのクライマックスを迎えた。この会議はアジア、アフリカ、ラテンアメリカからの代表が多数を占めた最初の世界エキュメニカル集会であり、いわば第二次世界大戦前夜のキリスト教ミニ国際連合の様相を呈していた。同時に、ここではじめてアフリカ代表はアフリカ特有の問題（一夫多妻制の伝統の聖書的正当性など）を世界エキュメニカル集会の議案に入れるよう、アジアの同胞の協力を期待して試みた。この試みは見事に失敗したが、彼らの果敢な攻勢は極めて特筆に値する[21]。同時に、アフリカ代表の視点はアジアの教会指導者や政治的指導者と接触することで変化した。たとえば、タンバラム世界宣教会議の南アフリカ代表ミナ・テンベカ・ソガ（Mina Tembeka Soga、1893-1989）はインドから帰国したのち「私は帰国したとき南アフリカのキリスト教の辛辣な批評家となっていた」（Ludwig 2000, 85）と書いた。

宣教教会のコミュニケーション・ルートと並んで、極めて早い時期にすでに別形態の地域や大陸を越えたネットワークが存在しており、その中に厳然たる反宣教師・反宣教教会的綱領を持つネットワークもあった。アメリカの黒人教会は早くからアフリカでも宣教活動を行っていた。このような大西洋をまたいだ活動は1870年代から明らかに活発になっていた。1815年に設立されたアフリカン・メソジスト・エピスコパル・チャーチ（African Methodist

---

ンガポール、中国、満州、朝鮮、日本で開かれた。インドのマドラスで開かれた地域会議などはインド人とヨーロッパ人の「完全な平等」、具体的には地位とそれに伴う責任における平等を要求したが（Continuation Committee 1913, 32）、その要求はインド国民会議によって引き継がれた（Continuation Committee 1913, 127）。日本では宣教師と現地人教会指導者が別々の会議を開くことになった。現地人教会指導者は、今後も海外の宣教師の協力が望ましいとしたが、とりあえず会議はここ2、3年の間、日本人牧師の主導によることになった（Continuation Committee 1913, 433）。

21 アフリカ人およびアジア人キリスト教徒指導者らのミーティングポイントとしての1938年タンバラム会議についてはLudwig 2000を参照。

Episcopal Church）などは1900年頃に南アフリカ、南ローデシア（現在のジンバブエ）、リベリア、シエラレオネに支部を置いていた。南アフリカの支部は、それよりさらに古い黒人教会が1892年プレトリアに設立されたエチオピア教会（Ethiopian Church）と融合して誕生した。1921年にはニューヨークでアフリカ正教会（African Orthodox Church）が設立され、早くも3年後には南アフリカに、その後ほどなくして東アフリカ（ウガンダ、ケニア）にも支部を置いた。このような大西洋をまたいだ布教は、ニューヨークのアフリカ系アメリカ人教会本部が狙い定めて宣教活動をした結果ではなく、新聞・雑誌でアメリカにできた新しい教会のことを知っていたアフリカのキリスト教徒が活動した結果だった。「3年のうちに東と西がアフリカ正教会で出会ったのだ」と彼らの新聞は1924年に誇らしく報じた。そして、この出会いは「宣教師によるいかなる仲介も受けていない」[22]、黒人のイニシアティブによって実現されたとも記されている。

　宣教教会から独立した教会はアジアでも19世紀から20世紀への変わり目に生まれた。たとえば、1886年マドラスでインド国民教会（National Church of India）が設立され、「帰属教派に関係なく」すべてのインド人キリスト教徒をひとつの国民教会に集めようとした。この教会は――1930年までと――永らえることはなかったが、他の地域においても同様の活動の手本となった。インド国民教会は日本の成功例にも刺激を受けていた[23]。この発展線上に、すでに言及したインド国民宣協会（NMS）があり、これは1905年に「インド人の男、インド人の資金、インド人のリーダーシップ」というモットーのもと組織された。この協会はインド国内、そして南アジアの近隣諸国や南アフリカでも活動した。「19世紀の国民教会運動は宣教師勢力から〔…〕冷たい歓迎を受けたが、NMSは宣教師が無視するには強力すぎた」（Thomas 1979, 151）。1880年代からインド諸都市で形成された種々の「インド・キリスト教協会」（Indian Christian Associations）はそれと優るとも劣らぬ意味を持っていた。これらの協会は相互に結びついたのみならず、海外のインド人ディアスポラ――中でも特にイギ

22　詳細についてはBurlacioiu 2015を参照。

23　インド国民教会についてはKoschorke, Ludwig und Delgado, 2006, 78ffを参照。

リス連合王国のインド人コミュニティー――とも結びついた。インドのキリスト教系新聞・雑誌も同じ目的に向かって活動した。CPは「インド全土にあまりにも広く拡散し、教派その他の相違にあまりにも悲しく引き裂かれたインド人キリスト教徒の共同体意識を高揚させ、さらに大きな結束と連帯をもたらすこと」を自らの使命と見なした。同時にCPは「インド、ビルマ、セイロン、海峡〔シンガポール、マラッカ周辺〕、南アフリカの隅々にあるさまざまなキリスト教組織を相互に接触させ、彼らの活動を記録することで彼らの取り組みを刺激し調整する」[24]ことに懸命であった。(多くの場合、通信員でもあった)読者はイギリス、アメリカ、シンガポール、中国、南アフリカなどにいた。

YMCAやWSCFのような組織はたしかに欧米にそのルーツを持つ。しかし、それらの地域支部はアジア各地で急速に独自のアジェンダを作り上げた。その際、お世辞にも同種とは言えない宣教運動諸派から半ば不審な目で注視され、半ば強力に支援された。モットのような主だった人物は幾多のアジア訪問で早くもインド国民会議とも接触していたが、これは保守的なイギリス人同僚の不興を大いに買った。キリスト教に基礎を置いてはいるが超教派的傾向があり、都会のエリートが自主的に管理する施設として、アジア諸国のYMCAがさまざまな宗教の間で魅力的な存在であった。このことは、19世紀から20世紀への変わり目に植民地セイロンで現れたような数々のイミテーションを見れば明白だ。そこでは仏教系（Young Men's Buddhist Association、略：YMBA）、ヒンズー系（Young Men's Hindu Association、略：YMHA）、イスラム系（Young Men's Muslim Association、略：YMMA）、果てはカトリック系（Young Men's Catholic Association、略：YMCathA）に至るまで、YMCAの類似組織と対抗組織が作られた。アジア諸国のYMCAから広範囲の国際化を進めようとするインパルスが発せられたことは、1919年に創設された国際連盟のアジア（およびアフリカ系アメリカ）人代表のかなりがYMCAグループ出身者であったことからも読み取れる[25]。

24　CP最初の20年をキリスト教愛国者という立場から振り返って述べられている（CP, February 19, 1916）。

25　国際組織としてのYMCAと国際連盟の構造的類似性についてはGollwitzer 1983（特に112ff）を参照。「日本人、インド人、中国人、アフリカ系アメリカ人、その他の非白人YMCA役員は、二つの

プロテスタントの世界に焦点を合わせると、1910年頃キリスト教内に進んだグローバリゼーションは、宣教師間や初期エキュメニカル運動などにおける大陸横断的なコミュニケーション構造だけに還元できない。この時代の多様な「キリスト教国際主義」（christliche Internationalismen）のバリエーションを認識し、それによって作られたネットワークを比較しつつ相互に関係づける必要がある。キリスト教国際主義の多様性を示すネットワークとして、西洋人宣教師のネットワークと並んで、汎アフリカ的な「エチオピアニズム運動」という大西洋をまたぐ繋がりも、また、アジアやアフリカにおける現地人キリスト教徒エリートによって繰り広げられた、地域を超えた繋がりも認めるべきである。この時代の大陸をまたぐ宗教ネットワークの多様性は、単にグローバリゼーションの歴史研究にとって非常に興味深いだけではあるまい。この多様性なしに、現在のグローバル・クリスチャニティにおける多様性もまた、理解することはできない。

［平田貴子訳］

　大戦の間に数の上で相当増えた」（Gollwitzer 1983, 113）。Shedd et al. 1955, 500ff も参照。

第 6 章

フィリピン教養人イサベロ・デ・ロス・レイエスと「フィリピン独立教会」

植民地支配下の公共圏
における独立公表[1]

アドリアン・ヘルマン

1. 序　論

　1902年8月3日、時事評論家にして民俗学者、歴史家であり政治活動家、かつ宗教的反逆者であったイサベロ・デ・ロス・レイエス・イ・フロレンティーノ（Isabelo de los Reyes y Florentino、1864-1938）はフィリピン独立教会（Iglesia Filipina Independiente、略：IFI）の設立を宣言し、フィリピン人司祭グレゴリオ・アグリパイ（Gregorio Aglipay、1860-1940）をその最高司教（obispo máximo）に指名した。1900頃に起こったこの「宗教革命」は、20世紀を通じてさまざまな研究の対象となり、フィリピンのカトリシズムで生じたこの教派分離の重要性や背景、歴史について、実に多彩な評価がなされている[2]。IFIの歴史における中心的局面のいくつかと、イサベロ・デ・ロス・レイエスの人物像が最近改めて関心を集めている[3]。特にIFI草創期の歴史に関するこの新たな研究は、1900年頃のフィリピンで起こった宗教的変革に対する理解を改める一因となり、この変革は、それ以前の

1　〔本章はHermann 2016の翻訳である。〕

2　Rodríguez 1960, de Achutegui and Bernad 1961-72, Whittemore 1961, Clifford 1969, Schumacher 1981, および Scott 1963, 1987を参照。現代フィリピンにおけるカトリシズムの多様性について以下の特集号を参照："Filipino Catholicism," *Philippine Studies: Historical and Ethnographic Viewpoints* 62 (3/4) (2014)。

3　Ranche 2000, Gealogo 2010, 2011, de Boer and Smit 2008, 2012, Revollido 2009, Smit 2011, 2013 イサベロ・デ・ロス・レイエス・イ・フロレンティーノ（1864-1938）については Bragado 2002, Anderson 2005, Thomas 2006, 2012, Demetrio 2012, Moyares 2006, 2013 および Cullinane 2003を参照。

126

歴史記述の多くで判断を歪める原因となっていた宗派対立の影響をさほど受けな
かったことを示している[4]。

　同時に最近の研究でも、IFI草創期の歴史の重要な諸相が、特にIFIが1903
年と1904年に発行した新聞・雑誌と、それらが教会の新しいアイデンティ
ティならびに公共圏で発言する手段を構築するのに果たした役割がまだ十分
に反映されていない。筆者が他誌ですでに発表した、この問題に関する近年の
研究成果[5]と並行する形で、この論文では次の3点について調べていく。すな
わち、（1）IFIが設立後間もない数年の間に公に対して行った自己主張、（2）
植民地支配下フィリピンの公共圏における議論を通してIFIが公共の声（public
voice）として成立する過程、そして、（3）IFIがもたらした教派分離に対する
国際報道の反応を追究する。アグリパイが1890年代の革命闘争に関与してい
たという事情もあり、いかにして政治・革命運動とは縁のない宗教運動という
イメージを打ち出すかは、草創期の新聞・雑誌にたびたび登場した中心的テー
マのひとつであり、また新教会にとって緊急の課題でもあった。

　筆者のIFIについての研究は、南アフリカ、西アフリカ、インド、フィリピ
ンそれぞれについての事例研究と共に、「雑誌と定期刊行物に映し出される
1900年頃のアジア・アフリカ現地人キリスト教徒エリート」と題したミュン
ヘン大学とヘルマンスブルク異文化間神学大学（University of Applied Sciences
for Intercultural Theology Hermannsburg）共同の比較研究プロジェクトの一部
をなしている[6]。このプロジェクトは、1900年頃の現地人キリスト教徒による新
聞・雑誌の出現が相互認識に繋がった可能性に着目する[7]。これら出版物はアジ

4　ロデルは「ほぼ90年間〔…〕この重要な出来事に関する歴史研究には宗教論争〔…〕の激しさが
　色濃く反映していた」と結論した（Rodell 1988, 234）。

5　Hermann 2013, 2014a, 2014b.

6　この研究プロジェクト（南アフリカ、西アフリカとインドに関する事例研究）はドイツ研究振興協
　会（2012-2015、管理責任者：クラウス・コショルケ、フリーダー・ルードウィッヒ）に助成された
　が、フィリピンの事例研究は、ドイツのフリッツ・ティッセン財団（2012-2013、PI：アドリアン・ヘ
　ルマン）のポスドク助成金で実現された。その他、ツィプリアン・ブルラチョユ、アンドレー・ゼ
　ンガーとE・プティ・モガセの貢献があった。詳細はリンク先で参照：http://www.kg1.evtheol.uni-
　muenchen.de/forschung/projekte/daten/eliten.html（ドイツ語版）、http://webcitation.org/6GOUe4phy
　に収録されている。英語での簡単な紹介は、Koschorke 2014bと同誌の185-90頁にある。

7　この比較プロジェクトはインドにおけるキリスト教史とキリスト教系新聞『キリスト教愛国者』
　（マドラス、1890-1915）を基にしており、「現地人キリスト教徒エリート」という概念はインドで

アとアフリカの現地人キリスト教徒エリート間の間接交流を、やがては直接交流を容易にしたと同時に、地域や大陸をまたぐネットワークの形成を促進した。現在に至るまで顧みられることのなかった情報源としての新聞・雑誌に焦点を当てることにより、このプロジェクトは、これらの出版物、交流、ネットワークにより構成される現地人キリスト教徒の公共圏という概念はこれからの研究を導く役割を果たしうる、という立場を維持する。このプロジェクトに重要な刺激を与えてくれたのは、クリストファー・A・ベイリー（Christopher A. Bayly）、マーク・R・フロスト（Mark R. Frost）、ニラドリ・バタチャリヤ（Neeladri Bhattacharya）、スミタ・ラヒリ（Smita Lahiri）、ジョン・D・ブランコ（John D. Blanco）、その他諸氏の業績であった[8]。最初の成果と比較調査については、すでにクラウス・コショルケ（Klaus Koschorke）、フリーダー・ルードウィッヒ（Frieder Ludwig）、E・プティ・モガセ（E. Phuti Mogase）、ツィプリアン・ブルラチョユ（Ciprian Burlacioiu）、そして筆者によって発表された[9]。

このプロジェクトは、アジアとアフリカの現地人キリスト教徒エリート間に生まれた相互認識に注目しているが、それはのちに地域や大陸をまたぐ交流の初期形態に発展した場合が多い。インドの現地人キリスト教徒の新聞『キリスト教愛国者』（*The Christian Patriot*、略：*CP*）が1898年6月18日付で報じたひとつの記事は、こういう視点を示す範例と言えるかもしれない。その記事は、1897年イギリスで開催された第4回ランベス会議に出席した3人のアフリカ人主教に関する報告を引用し、たったひとつ、「いつインドは自国人の監督を持つことになるのだろうか」（*CP*, June 18, 1898, 5）という短いコメントを付け加えている。同様に、筆者は自身の行っているIFI草創期の新聞・雑誌研究においても、他国のキリスト教徒の状況に対するIFIの認識と言及に関心を持って

の研究史に確立されているため、相対的概念としてこれを用いた。しかし、フィリピンに関しては、「教養あるエリート」（ilustrado elite）を「現地人／原住民」（indigenous）と表現することは誤解を招く恐れがある。なぜなら、今日フィリピンでは「現地人／原住民」は一般にイゴロット、ネグリト、ルマドなどの「先住民族」を意味すると理解されているからだ。インドの状況について Baagø 1969 を参照。

8 　Bayly 1996, Frost 2004, Bhattacharya 2005, Lahiri 2007, Blanco 2009.

9 　Koschorke 2011, 2015a, Mogase and Ludwig 2013, Burlacioiu 2012, 2014 および Hermann 2013, 2014a, 2014b を参照。

いる。IFIはフィリピンの現地人聖職者に権限を与え、ローマとの決別の正当性を支持する議論を展開させるためにそれらに触れた[10]。同時に、その出版物を研究することで、IFIがすでにその草創期において他国や他大陸の類似の独立カトリック運動から接触を受け、それらと書簡を交わしていたことを知ることができる。

　続いて、この論文では、植民地支配下の地域内および地域をまたぐ公共圏において、イサベロ・デ・ロス・レイエスとIFIが教会の新聞・雑誌を通じ、どのように自分たちを示し、重要な論点に注意を引き付けたのかを見ていこう。

2.　フィリピン独立教会草創期の新聞・雑誌とその綱領

　1902年8月のフィリピン独立教会設立宣言は、19世紀を通じて修道士による組織的差別と支配に異議を唱えたフィリピン人聖職者の長い闘いの結果であった。1903年と1904年にIFIと結びついた活動家らによって編集された初期の新聞・雑誌は、IFIの公式機関紙として教会憲法、組織構造のアウトラインや司教教書など重要文書を公表していた。加えて、これら出版物はIFIに公式発言の手段を与え、IFIは自らの懸案およびいろいろな出来事についての独自の解釈をフィリピン社会に伝えた。そうすることで執筆者たち、特にデ・ロス・レイエスは、この時代の他の新聞・雑誌、たとえば、ドミニコ修道会の『自由』（*Libertas*）や、ペドロ・A・パテルノ（Pedro A. Paterno、1857-1911）の『祖国』（*La patria*）などと議論を戦わせた。同時に、これら地域的な懸案事項に加えて、IFIの初期出版物は新しいフィリピン国民教会をグローバルなキリスト教コミュニティの一員として紹介する手段も提供した。

　IFIの最初の新聞は1903年1月21日から8月5日にかけて（29回）発行された。それは『真理』（*La Verdad*）という名で登場し、最初の12号はアメリカ人アーサー・W・プラウチ（Arthur W. Prautch、1866-没年不明）がマヌエル・セレス・ブルゴス（Manuel Xerez-Burgos、1853-1937）と共同で運営・編集していた。プラウチが編集者を辞した後の13号からはセレス・ブルゴスがラサロ・マカパガル

10　詳細についてHermann 2014a, 195-97を参照。

アドリアン・ヘルマン

（Lázaro Makapagal）の協力のもと主任編集を引き継いだ[11]。2番目の新聞『フィリピン独立教会カトリックレビュー』（*La Iglesia Filipina Independiente: Revista Católica*、略：*LIFIRC*）がデ・ロス・レイエスによって編集され、1903年10月11日から1904年12月15日まで、全部で55号発行された。40号から後はデ・ロス・レイエスの息子の一人が編集を引き継いだが、これは、デ・ロス・レイエスが国を発つ準備をしていたことによる。1903年10月8日から1904年2月18日にかけて20回発行された労働組合紙の『労働者の救済』（*La Redención del Obrero*）もデ・ロス・レイエスにより、教会紙と同じレイアウトとフォーマットで編集・発行され、*LIFIRC*と共に「フィリピン全土で」（en todo Filipinas）配布された（両紙のヘッダーにはそのように書かれている）。『労働者の救済』はまもなく廃刊となったが、その後は「労働者欄」として*LIFIRC*に不定期的に登場した。

　*LIFIRC*はその創刊号で綱領とも言える文章を発表し、そのおかげで、草創期IFIの新聞・雑誌と結びついた熱い想いを理解することができる。文章は、IFIが設立当初から独自の新聞を発行するに至った動機を説明している。「我々の熱望」と銘打ったこの文章は1903年10月14日発行の創刊号第1頁に掲載された。以下、引用する[12]。

　　　我々は、神への愛がゆえに、聖なるものへの深い尊敬がゆえに、〔そして〕その行間に脈打つ慈愛がゆえにキリスト教の名を受けるにふさわしい定期刊行物を作りたいと心から熱望する。〔…〕もし、我々がその成功をロマニストに対する組織的な闘いのうちに求め、我が同胞信徒の情熱を不当に利用し、他信仰を告白する我が同胞を次第に分断していくなら、それは卑劣な所業であろう。〔…〕反対に、我々は、教養ある人ならば誰であれ、異なる信仰に敬意を表するのは当然のことなのだと、我々に〔忠実な者〕に示そうと思う。〔…〕したがって我々は公式に約束する。他の信仰を持つ人々が最初に石を投げないなら、我々は彼らと聖なる平和のうちに暮らしていこうと。そして、たとえ彼らが我々と戦うとしても、我々は節

11　さらなる情報はHermann 2013, 140-41にある。

12　〔以下の引用文のスペイン語の原文はHermann 2016の脚注にて確認できるが、邦訳では割愛する。〕

度を保ち、かつ、我が神の教え給う慈悲の心を常に持ち、彼らに異を唱え
ようと。〔…〕我が聖なる教会の重鎮ならびにその他の兄弟姉妹、世俗の
権威者各位、報道各位、そして一般大衆に敬意をこめてご挨拶申し上げる。
("Nuestra Aspiración." *LIFIRC*, October 14, 1903, 1)

　この文の執筆者は、*LIFIRC*がキリスト教報道機関として、IFIの見解を公共
圏に持ち出す手段となり、他の宗教機関や一般社会との批判的対話に取り組ん
でいこうとしていること明らかにした。同時に*LIFIRC*はIFIが世の中の秩序を
乱すもの、あるいは、革命勢力とはみなされていないことを確保しようとする。
革命勢力どころか、上記の文も含めIFIが発行する機関誌すべてで執筆者らは、
教会の目的が純粋に宗教的なもので、教会が公に発した意見は権威者や他の宗
教との礼儀正しく友好的な対話に貢献しようとするものだ、と繰り返し強調す
る。それでもなおIFIは、長くスペインの支配下で虐げられてきたフィリピン
のカトリック信徒とフィリピン人聖職者のために声を上げる権利を行使してい
る、と考えている。
　綱領に関する2番目の記事は、創刊から1年余が経った1904年11月1日、
*LIFIRC*の25号で発表された。その中で最高司教アグリパイは創刊から1年を
振り返って次のように記している。

　　今日、我々の公式機関紙である『フィリピン独立教会カトリックレビュー』
　は創刊一周年を迎えた。〔…〕この間、紙面には公教要理およびその他教
　義、規則、歴史、あらゆる問題に対する我が教会のゆるぎない答弁が登場
　した。そして、この機関紙は最近では体制が整い、執拗な敵の仕掛けるい
　かなる陰謀からも直ちに身を護れるばかりでなく、我々が正しい教義や規
　則ではなく、ロマニズムかセクトのパロディしか持たないなどというよう
　な中傷を広める輩を、完膚なきまでに打ち負かすことができるようになっ
　た。〔…そして〕我が信徒同胞に、特に司教、主任司祭、紳士淑女の委員
　会に対し、私はこの機関紙を積極的に宣伝するよう要請する。そうしても
　らうことが必要なのだ。そして、私は司教、主任司祭の一人ひとりに、紳
　士淑女の委員会のひとつひとつに、宣伝活動紙を少なくとも10回は定期

アドリアン・ヘルマン

購読してもらうよう要請する。(*LIFIRC*, November 1, 1904, 205)

　*LIFIRC*の１年を振り返るこの記事では、公式の意見表明の場（公共の声）としてのIFI公式機関紙の重要性が再度強調されている。公式機関紙であるから、教会は独自の見解や評価をフィリピン大衆に示すこともできるし、それによって、教会が攻撃にさらされているとみなした場合、反論することもできる。

　同時にアグリパイは、共同体の目的を達成するために、IFI信徒、特にIFIの聖職者や職員に刊行物を定期購読することでサポートするよう注意を喚起している。このような財政的サポートの必要性だけでなく、IFIの初期の取り組みにおけるそれら新聞・雑誌の中心的役割に関する記述は、1906年初頭、*LIFIRC*が発行をやめた後に出回っていたらしい募金集めの短い手紙の中にも見受けられる。その中でアグリパイは次のように書いている。「フィリピン独立教会は当初から教会に影響を及ぼす懸案すべてを発表する機関紙を持つことの必要性を理解し、またそのように感じてきた。〔…〕そして、意見を発表する手段を持たない組織は自己を表現することができない、というのは真実だ」[13]。

　この手紙は、IFIが早期に出版事業への取り組みを刷新できるよう、募金を呼びかける一文で締めくくられている。繰り返すが、この手紙はIFIがその機関紙にいかに重要性を認めていたかを物語っている。IFIはその草創期にあって、近年確立したばかりのアメリカ統治下において声を上げ、その声をフィリピン社会に届けることの必要性を自覚していたと思われる。

　同時に、独立したばかりのこの教会は、地域の社会のみならず世界中からも注目されていることを自覚していた。フィリピンのカトリック教界におけるIFIの速やかな成功に好印象を抱く人々がいた一方、世界中の新聞・雑誌に載った教派分離への評価はかなり否定的なものであった。そういうことなら ―― と指導層は考えたようだ ―― IFIは自己バージョンの物語を語るために自分たちの新聞・雑誌を利用するまでだった。

13　Gregorio Aglipay（大量印刷された書簡）"Obispado Máximo de la Iglesia Filipina Independiente" (February 1, 1906), IFI Archive, OM 1.1, 1903-10, Box 1, Folder no. 3, Correspondence of Gregorio Aglipay, St. Andrew's Theological Seminary, Quezon City.

3. IFI設立に対する国際社会の反応

この時代のフィリピン国外の英語系新聞・雑誌がIFIの宣言をどのように報じたかに目を向けると、ひとつのパターンがはっきりと浮かび上がってくる。1902年10月28日の『ニューヨーク・タイムズ』は「マニラのある地区には、この新たな運動を深刻に受け止めている筋もある。これはいずれ政治情勢を乱し、通常のカトリック信徒とその反対者との間に衝突を生じさせるかもしれないと考えられている」（"Filipino Catholics Organize a Church." *The New York Times*, October 28, 1902, 1）と報じている。このかなり控えめな描写は『ニュージーランド・タブレット』に載った記事などによって補われた。同紙は1902年から03年にかけさまざまな記事を発表した。以下、ひとつを例にとる。

> 本紙は3月19日の紙面で彼〔アグリパイ〕の「運動」を、「手段においても目的においてもほぼ政治的なもの」と形容した。本紙の主張が正しいことは分速1マイルのスピードで証明されつつある。たとえば、最近ニューヨークの『サン』紙が特電で伝えたところによると、アグリパイについて次のように述べている。〔…〕「アグリパイ『司教』の教派分離運動は労働組合と国粋主義政党を巻き込む政治的三つ巴の状態にまでなり下がり、国粋主義政党の非妥協派の大部分を吸収しつつある、とする考えを事実上裏付ける証拠が増えている。〔…〕アグリパイは実際のところ教皇を承認するのを拒んだ以外、カトリックの教義を何ひとつ変えてはいない。おそらくこの運動は将来、相当に政治的なものになるだろう」。（"That 'Religious Revival.'" *The New Zealand Tablet*, April 9, 1903, 2）

さらに同紙はIFIを「乱暴で不穏な政治運動」と呼び、「哀れなアグリパイは、引きずられ自身の政治構想という汚れにまみれた裾に宗教を結びつけた」（"That 'Remarkable Religious Revival.'" *The New Zealand Tablet*, March 26, 1903, 17）と書いた。

これら、『ニューヨーク・タイムズ』と『ニュージーランド・タブレット』

からの短い引用は、当時の英語系新聞にあった、この新しい運動に対する大い
に懐疑的な論調を捉えている。これら否定的なコメントのほとんどが、IFI設
立に際して下された、宗教的誘因と政治的誘因の関連性に対する批判的な評価
に基づいていた。この教会を宗教の仮面をかぶった政治運動と見なす者が多
かった。そのようなイメージが障害となったIFIは、自身の新聞・雑誌にさま
ざまな記事を載せ悪印象の払拭を試みるとともに、政治および政治的貢献をめ
ぐるIFIの姿勢を説明しようとした。

4. IFIの初期新聞・雑誌における「宗教」と「政治」についての論調

　IFIの初期の新聞・雑誌を見ると、「宗教」と「政治」の関係という問題が草
創期のIFIにとって最大の懸案事項であったと言えよう。しかし、前述した外
部評価とはうらはらに、*LIFIRC*は創刊号でこの問題に対するIFIの見解を次の
ように示した。

> 　我が聖なる教会が戴く「独立」という名称には政治的な意味合いはまっ
> たくない。〔…〕そして〔…〕我が聖なる教会は、ローマからの独立とい
> う意味で、「独立」という名称を採用するようになったが、これは我々が
> 人々を欺いていると言われないためだ。宣伝活動の期間が終われば、この
> 名称を削除することも可能だ。だが、この名称はいかなる政治的な意味を
> も持ったことはなかったし、これからも決して持つことはない。我が高邁
> なる最高司教は常に平和を説き、主イエス・キリストが、皇帝のものは皇
> 帝に返し、純粋に神に属するものに政治を混入させてはならないと諭した
> 教訓を思い出させてくれる。我々は尊敬する高位聖職者の説くこの健全な
> 教義に従う。そして、我が国の進歩に尽くすアメリカ人の賞賛すべき働き
> を邪魔するのは、決して我々ではないであろう。(*LIFIRC*, October 14, 1903, 3)

　この文章からふたつの重要なポイントが見て取れる。ひとつは、IFIがあら
ゆる事で教皇から完全に独立しているという主張であり、もうひとつは、IFI
の掲げる「独立」がフィリピンにおけるアメリカ合衆国の覇権に反対する政治

第6章　フィリピン教養人イサベロ・デ・ロス・レイエスと「フィリピン独立教会」

的独立運動を意味すると解されるべきではないという主張だ。

　IFIの最初の機関紙『真理』では、この意味の相違は一連の記事の中で一層明確にされた。1903年3月11日の「社説」には次のような一節が含まれている。

　　この島国の人々は考えよと言われ、考えるのをやめた。彼らは今や信仰と宗教と政治と進歩の礎を精査することに頭を使っている。〔…〕人々は自分に内在するもの〔＝能力〕を明らかにしようと、この機会を待ち続けてきた。しかも、この機会はアメリカ政府から与えられた。("Publisher's Notice." *La Verdad*, March 11, 1903, 1)

　しかしながら、この運動の本質が体制転覆を目指すものではない（したがって、当然なことに「非政治的」である）という最も強い主張は、1903年1月21日の、この機関紙創刊号で次のように表現されていた。

　　この島国における合衆国の覇権に疑問を投げかける記事は、一行たりとも『真理』に現れることは決してない。その点がはっきりしている以上、それを基盤に政治的な未来はうまく築き上げられるにちがいない。("Salutatory." *La Verdad*, January 21, 1903, 1)

　記事は続けてこう記す。

　　フィリピン国民カトリック教会の存在は厳然たる事実だ。合衆国憲法の下、万民には良心の自由と宗教の平等がある。本紙はそれを超える意志はないし、それ以下に甘んじるつもりもない。我々は、信仰に関わりなく法を遵守する市民が享受すべき権利を主張している。（同所）

　この、宗教的独立は政治的独立とは異なるという理解は同紙の他の記事においても強調された。

　すべてのフィリピン人が宗教に関わる事柄において独立しており、世界中

135

アドリアン・ヘルマン

の国民の金を自分たちの領分に集めるために神の名を利用しているに過ぎない権力の奴隷でも属民でもないことを納得することが肝要だ。("A los suscriptores *La Verdad.*" *La Verdad*, January 21, 1903, 16)

また、IFIの活動が政治的なものなのか、あるいは宗教的なものなのかという問題は、IFI自身の機関紙で議論され、あるいは海外の英語系新聞で報道されただけではない。これはあまり知られていないことで、本章第6項で触れることになるが、IFIとアジアの他の独立カトリック教会との間で若干の直接接触もあった。後者はIFIの成長を、あらゆる新聞・雑誌に掲載される関連記事を読むことによって、注意深く追っていた。そのような動きの歴史の細部に踏み込むのは避けるが、IFIが草創期の「ゴア独立カトリック教会」(Independent Catholics of Goa) から受け取った書簡に注目したい。1905年、アグリパイに「ゴア独立教会の人々 ── インドとその崇拝者たち」(Los de la Iglesia Independiente de Goa.-India y Sus Admiradores) と署名された1月20日付の書簡が送られてきた。それは、アグリパイに党派政治に関わるのではなく、目の前にある宗教上の職務に邁進するよう勧める内容だった。書簡の執筆者たちは「フィリピンからの定期刊行物、ならびにシンガポール、上海、香港で出版された他の定期刊行物」で、アグリパイが政治に関与し政党のひとつと提携した旨を知ったと主張した[14]。さらに彼らは、そのようなことはアグリパイがIFIと共に今まで成してきた偉業を貶め、政治活動を続けるなら結局はローマ・カトリック教会が勝利することになろう、とも主張した。それゆえ、彼らはアグリパイに政治に時間を浪費するべきではないとして、次のように書いた。

フィリピンにおける合衆国政府は必ずやあなた方の教会を『反アメリカ破壊分子の拠点』と見なします〔…〕そして、モンシニョール〔＝アグリパイ〕が偉大なる独立教会設立のために払った犠牲のすべてが無に帰することになり、そして、間もなく消滅してしまうでしょう。モンシニョールも

---

14 Los de la Iglesia Independiente de Goa. - India y Sus Admiradores to Gregorio Aglipay (January 20, 1905), IFI Archive, OL 1491, OM 1.1, 1903-5, Box 1, Aglipay-Herzog, St. Andrew's Theological Seminary, Quezon City.

第6章　フィリピン教養人イサベロ・デ・ロス・レイエスと「フィリピン独立教会」

　　おわかりになるでしょうが、独立教会が消滅すれば、ローマ教会が再び勝
　　利を握るのです。(同所)

　つまり、この書簡は、これらの問題が西洋側から注意深く監視されていたば
かりでなく、アジアの他の独立カトリック教会もアグリパイをこのテーマに引
き込もうとしていた事実を裏づけている。
　アメリカ合衆国統治下初期フィリピンの公共圏内外で起こった、このような
「宗教」と「政治」に関する摩擦を分析するにあたり、ティモシー・フィッツ
ジェラルドが行った、これらのカテゴリーの関係についての言説分析研究を適
用することができる。彼は、その著書 *Discourse on Civility and Barbarity* におい
て次のように言う。

　　本書は相互に関連づけられている英語表記による諸カテゴリーの意味の
　　変化に取り組み、〔…〕それらカテゴリーの意味は物事の本質に内在する
　　と思われるようになり、そのため、宗教、政治、世俗、経済などの、極
　　めて異論の多い概念が回避できないものであるかのような外観を帯びて
　　しまった。つまり、これらの概念が我々の集団現実〔我々が共有する現実
　　collective realities〕を記述し分析する必然的な手段であるかのように考え
　　られてしまったのだ。(Fitzgerald 2007, 16)

　IFI設立とフィリピンでの教派分離に対する外部からの言及の多くは否定的
であったが、それらの言及がこの運動の信頼性を傷つけるために「政治」や
「宗教」というカテゴリーを利用したことは明らかである。それら観察者に
とっては、この運動に政治のレッテルを貼ることは、ひとつには、運動をカト
リック教会内部の軋轢の反動としてではなく、19世紀末フィリピンの革命精
神の延長として描くのに役立った。さらに、このように政治と結びつけて描く
ことによって、彼らはIFIを、近年確立したばかりのアメリカ合衆国植民地の
社会秩序を脅かしかねない危険な運動として示すことができた。
　これを別の側面から見ると、IFIが機関紙で描く自らの姿は新たな進展が見
込まれる植民地支配下の状況を反映していると言える。だが、同時に、それら

137

進展の可能性は、その可能性が属するカテゴリーの枠組みに合致して初めて活かすことができる。この状況下で生きのびるにはIFIはすべての活動を「政治的」としてではなく、極めて「宗教的」として提示することに細心の注意を払う必要がある。アメリカ合衆国憲法によって保障され、IFI活動家が自らの活動を正当化する拠り所となっていた「宗教の自由」は、彼らの行動がいかなる形の政治活動とも一線を画することを要求した。

　このことを考えるのに、タラル・アサドの叙述を参照するといいかもしれない。アサドは植民地支配下の状況を、当事者すべてが近代的なものの「徴集兵」、つまり、「西洋文明の徴集兵」（conscript of Western civilization）となった状況になぞらえて、次のように記した。

　　『志願兵』の対義語としての『徴集兵』のイメージは、単に新兵の最初の
　　身構えのみならず、軍隊とその軍隊が遂行する戦争の性質をも示唆する。
　　非ヨーロッパ世界に発展願望を植えつけるには、近代西洋のカテゴリーを、
　　その世界の行政・司法の言説に刻みつける必要があった。「近代化」を体
　　験する人々が古い慣行を捨て、新しい慣行に頼らざるを得なくなったのは、
　　そのような言説の力によってなのだった。（Asad 1992, 340）

　これらの大きな変化を理解するには、現地人キリスト教徒エリートと彼らの教会が19世紀末から20世紀初頭にかけて出版した定期刊行物、新聞、雑誌を、もっと広く検討する必要がある。この論文で筆者はそのような刊行物のいくつかについて論じているが、それに対する学術的関心は今のところ極めて低い。だが、新聞・雑誌によって非西洋系キリスト教徒の声をすくい上げることができる一方、ほとんどの場合、それらの声はキリスト教徒エリートの声であり、社会や他のキリスト教徒に語りかけようとすると同時に植民地支配下の公共圏においてエリートとしての自分たちの地位を強化・確立しようとする声である。さらに、これらの刊行物は多種多様であるため、非西洋系キリスト教徒の声を再構築するための原資料として、その有用性に一般的評価を下すことはできず、次の点に留意して個々の新聞・雑誌を詳しく吟味していくほかはない。すなわち、非西洋系キリスト教徒はどの程度、（1）新聞・雑誌の内容に実際

第6章　フィリピン教養人イサベロ・デ・ロス・レイエスと「フィリピン独立教会」

に責任を持っていたのか、（2）弾圧的な植民地支配下にあって自己検閲する
必要があったのか、そして、（3）どの程度独自のビジョンを作り上げていた
のか、あるいは、単に宣教師の視点を受け売りしていたにすぎなかったのか、
の3点である。とは言え、IFIの新聞・雑誌に取り組むことにより、フィリピ
ンにおけるアメリカ合衆国統治の初期に起こった「宗教的」運動と「政治的」
運動を区別する上で決定的に重要とされたのは何かを、一層理解することがで
きるだろう。

5.　植民地支配下フィリピンの公共圏における*La patria*、*LIFIRC*、*Libertas*間の議論

IFIはその草創期に自分たち自身の新聞・雑誌を作り上げたが、それは教会
の指導層がフィリピンの公共圏において独自の意見発信装置を持つことは、信
徒とコミュニケーションを取り、一般社会を議論に引き込むために極めて重要
であると確信していたからだ。こうした議論の成り行きは、IFIの機関紙であ
る*LIFIRC*が他の新聞・雑誌の記事とどのように関わったかを追っていけば探
り出すことができる。こうした公共圏での議論の分析から、IFIの指導層が他
の新聞・雑誌を読み、それと関わっていたことと同時に、IFIの機関紙がドミ
ニコ会機関紙『自由』などの新聞・雑誌の執筆者らにも読まれ、批評されてい
たことがわかる。

1903年10月23日、『祖国』がフィリピンの「宗教対立」の現状に関する短
い記事を発表した。記事自体はフィリピンで編集された他紙（おそらく米紙）
の報道を受けてのもので、その報道とは「当地編集の定期刊行物数紙に発表
された、次期マニラ大司教モンシニョール・ハーティー〔Jeremiah James Harty、
1853-1927〕の意図に関する情報が正しいなら —— 我々は正しいと信ずるが
—— アグリパイによる教派分離は明らかにその支持基盤のすべてを失うだろ
う」("El conflicto religioso." *La patria*, October 28, 1903) というものであった。こ
の記事の執筆者はさらに以下のように主張する。これはハーティーの提案だと
思われるが、フィリピン人の聖職者が、最高職なども含め、教会組織のいかな
る地位にも任命されうるようになる時、IFIは宗教対立を解消する上で大きな

139

障害以外の何ものでもなくなるだろう。ひとつの国に二つの異なる「宗教」が存在することは、もし、その相違が、どちらか一方が教皇の権威を認めないというだけのことであるなら、正当化されることではないと。

　この声明はIFIの指導層、特にイサベロ・デ・ロス・レイエスを激怒させたようだ。というのも、1903年11月1日、*LIFIRC*はデ・ロス・レイエスがペドロ・A・パテルノに宛てた公開書簡を掲載したのだ。パテルノはフィリピンの知識人で詩人、独立革命後の1899年、第一次フィリピン共和国で首相を務めた政治家である。今、そのパテルノは『祖国』の編集者であり、フィリピンがアメリカ合衆国に組み込まれることを擁護していた。デ・ロス・レイエスは「情熱と理解の欠如」と銘打った公開書簡で、『祖国』の記事の執筆者に本名を明かすよう求めて次のように書いた。

> 尊敬するペドロ・A・パテルノ君。わが親愛なる友。フィリピン独立教会に対し、貴殿が貴紙『祖国』に書かれたような激しい苦情が寄せられた以上、匿名性の後ろで何のとがめもなく真実と正義が侵されることのないよう、フィリピンの人々はその執筆者の名を知って然るべきである。("Anemia de espíritu y de cabeza." *LIFIRC*, November 1, 1903, 13)

　デ・ロス・レイエスは『祖国』の記事からかなり長い文を引用し（筆者が先にすでに引用した部分）、議論を挑む。「我々は、本当に空しく馬鹿げているのは、我が尊敬すべき同胞司祭たちを愚弄するため、あのような残念な文章を書いた本人だ、とお答えする。その人物はおそらく、ただ修道士らにへつらうため、真偽のほども定かではない単なる伝聞をよりどころにした。『自由』はそれをもちろん否定している。そして、仮にモンシニョール・ハーティーがその種の発言をしていたとしても、パテルノ君、貴殿にはおわかりにならないのか、あのような約束が真に果たされることがいかに難しいかを？」（同所）。引きつづき、彼は、IFIは教皇の権威を承認しない点だけでローマ・カトリックと異なるのではなく、相違点はもっと広範囲に存在すると主張し、次のように記す。

> それゆえ、我々の教会について判断を下す前に、貴殿はまずすでに公表

第6章　フィリピン教養人イサベロ・デ・ロス・レイエスと「フィリピン独立教会」

されている我が教会の教義と憲法・規則を読まれるべきであった。実際、我々はローマ教会が唱える福音書の〔保証する〕教義のすべてに従っている。だが、ローマ教会が作り出した教義、特に、真摯ではあるが〔同時に〕汎神論、ダーウィン進化論、合理主義、プロテスタント、無神論などを信奉する者の執筆した理論を読まねばならないことを意味しても、それでもなお科学を修めようとする信者と対立する教義には従わない。また、我々は新約聖書の明確な言葉と矛盾する教義にも従わない。〔…〕私が言いたいのは、頑固で、反啓蒙主義者で、横暴で、辛辣で、気難しい司祭ではなく、近代科学の光をも恐れず、むしろ科学の発展に寄与し、自らの知恵、自らの神聖、利他の心、自由への敬意と愛、洗練された教育で、良心を教え導く、そんな司祭にいてもらいたいということだ。総括すれば、我々はローマ・カトリシズムについて、教義において真摯で、近代科学に適合する部分はすべて受け入れるが、科学の自由な発展を阻害する部分には従わない。すなわち、自由に論証するカトリシズムには従うということだ。(同所)

　IFIとローマ教会との相違に関するこれら主張に加え、デ・ロス・レイエスはIFIを国際的に承認された教会として次のように記している。

　　昨年、著名なアメリカ人弁士ペンテコスト博士 (Dr. Pentecost) を議長に、州知事臨席のもと何千ものアメリカ人、ヨーロッパ人、アジア人、フィリピン人キリスト教徒が参加して極めて大規模な会議が開催され、その場で、ローマ〔教会〕を除くすべての国外教会は、フィリピン独立教会とその権威ある最高司教を承認した。そして、外国の司祭らはその演説で、新しい教会はローマ〔教会〕より一層進歩的で神の真実を一層満たすものとして、フィリピン人に対しその設立を祝福した。("Anemia de espíritu y de cabeza." *LIFIRC*, November 1, 1903, 14)

　すなわち、デ・ロス・レイエスはこの公開書簡で、IFIはローマ教会の哀れな鏡像に過ぎないという非難に抗弁し、単に教皇の権威を認めないというだ

けではなく、もっと大きな教義上の相違があることを強調している。同時に、
(デ・ロス・レイエスが主張する) IFIに対する国際的な承認に言及し、この教
会がフィリピン宗教界において進歩の急先鋒に立っていると論じる。『祖国』
での記事の執筆者がペドロ・A・パテルノであるという確証がなかったため、
デ・ロス・レイエスは書簡に、「直前になって、記事の執筆者はミゲル・サラ
ゴーサ氏〔Miguel Zaragoza、1847-1923〕に違いないと告げられたが、もしそう
であるなら、サラゴーサ氏にこの抗弁を伝えていただければありがたい」(同
所) という短い追伸を加えた。

LIFIRCにおけるこの対立の描写は、他からの干渉も招くことになった。
1903年11月9日ドミニコ修道会の機関紙『自由』に「キコイ」(Quicoy) なる
人物によるコラムが掲載された。キコイは『自由』の常連コラムニストでドミ
ニコ会修道士フランシスコ・マリン＝ソラ (Francisco Marín-Sola、1873-1932)
のペンネームであった[15]。彼はこのコラムでLIFIRCと『祖国』の論争について
コメントしている。

　　読者諸君、ペドロ・パテルノ氏がアグリパイ一派の怒りを買ったことはお
　　聞きになったか。〔…〕12日ほど前、パテルノ氏の機関紙である『祖国』
　　が「宗教対立」に関する論説を発表した。マニラ大司教モンシニョール・
　　ハーティーがアメリカで行ったとされる発言に触れ、『祖国』は誠心誠意、
　　自身の原動力としてきた平和と宗教的調和への希望を託し、モンシニョー
　　ル・ハーティーの発言が事実で、「フィリピン人聖職者を最高職種も含
　　めあらゆる高位の職に就けるようにする」という提案が実行に移される
　　だろうと述べるに及んだ〔…〕これが『祖国』の述べたことだ。(Libertas,
　　November 9, 1903)

　さらにキコイはデ・ロス・レイエスが『祖国』の記事に激怒するあまり、
「ただちにペンを執り〔…〕神経質に、怒りもあらわに、ペドロ・パテルノ氏
への『手紙』をまくし立てた」(同所) と書いている。キコイは、IFIはロー

15　『自由』とマリン＝ソラの関係についてTorre 2013, xvを参照。

第6章　フィリピン教養人イサベロ・デ・ロス・レイエスと「フィリピン独立教会」

マ・カトリック教会以外のすべての教会から承認されたというデ・ロス・レイ
エスの主張を引用し、「教派分離にあまりにも興奮し、イサベロは全宇宙がこ
の新しい『独立教会』の前で感嘆のあまり呆然としてしまったと信じている。
そして、彼はペドロ氏がそれを『空しく馬鹿げたセクト』と呼んだことに激怒
した」（同所）と書く。その後、キコイは前出の「極めて大規模な会議」に対
し以下のように記す。

> しかし、なんとお目出度いことよ、イサベロ！　そして、プロテスタント
> の連中がものの見事に君をからかったこの懇親会を、君はかくも満足し
> て後にしたのだろう！　お目出度いことよ！　ペンテコスト博士がフィ
> リピン人をどう思っているか、君は知らないのか。プロテスタントの牧師
> スタールンツ氏〔おそらくホーマー・C・スタンツ（Homer C. Stuntz、1858-
> 1924）のこと〕が何と言ったか、君は知らないのか。君は別のプロテスタ
> ント牧師フロイング・スペンサー氏〔おそらくアーヴィング・スペンサー
> （Irving Spencer、1864-1944）のこと〕がアグリパイ一派について書いた手
> 紙の写しを私に作ってほしいのか。〔…〕ローマ教会を除くすべての教会
> がアグリパイの教会を承認し賞賛しただと！　いかに外国人が君をから
> かっていることか、哀れなイサベロ！　（同所）

『祖国』、LIFIRC、『自由』の間で起こったこの論争を見ると、「宗教対立」
がこの時代のフィリピンの公共圏における重大な話題であったことがわかる。
新聞・雑誌の発行を通じ、IFIはより多くの大衆に教派分離についての自身の
見解を示そうと試みた。このような介入が見逃されずにいることはなく、むし
ろ、『自由』など他の新聞・雑誌がIFIにより発表された記事に反応した。先に
詳述した議論のやり取りは単にLIFIRCと『自由』間の論争にとどまらなかった。
LIFIRCは第8号の「『自由』へ」という記事の中で、キコイ執筆による別のコ
ラムは、LIFIRC第5号でトマス・アレホラ（Tomás Aréjola、1865-1926）が執筆
した「日本在住の一著名フィリピン人の評価によるローマ・カトリック教」
（"El Romanismo juzgado por un ilustre Filipino en el Japón"）という先行記事に対
する返答として書かれたものだと主張した。IFIの機関紙と同時代の新聞・雑誌

143

アドリアン・ヘルマン

の間で交わされたこのようなやり取りについては、もっと調査する必要がある。

6. フィリピン独立教会の地域と大陸をまたぐ初期の接触

別の箇所でもう少し詳しく触れたように、IFIはその草創期においてすでに他のキリスト教徒グループと接触を試みており、自身もまたアジア、ヨーロッパ、アメリカ合衆国の他の独立教会からの接触を受けていた[16]。IFIの初期の新聞・雑誌はそのような接触のあることを支持者らに発表する役割を果たしていたと同時に、教会の宣伝資料として外国に送られてもいた。

非常によく知られているのは、1900年代のスイス復古カトリック教会との交流において重要な第一段階のことだが、結局は密接な協調関係には至らなかった[17]。最初の接触は当時スイス復古カトリック教会の司教であったエドゥアルト・ヘァツォーク（Eduard Herzog、1841-1924）がアグリパイに送った書簡であった。アグリパイが1903年10月29日付 *The Independent* 誌（ニューヨーク）で発表した記事に応じたもので、ヘァツォークは「スイス、ドイツ、オランダ、オーストリアには貴殿が祖国に実に幸運にも組織化したものと類似するカトリック国民教会がある」[18]と書いた。この背景にはヘァツォークの明確な目的があり、それは、「ローマに服従せずとも、いずれの地でもカトリックであることは可能だと世界に知らしめるため」（同書）アグリパイ並びに、スイス復古カトリック教会と類似の国民カトリック教会としてのIFIとの密接な連携を求めることであった。その後何年かにわたりIFIとヘァツォークの復古教会は何通かの書簡を交わし、スイスとフィリピンの間でそれぞれの教会の定期刊行物（『カトリック信徒』（*Der Katholik*）、『真理』および *LIFIRC*）を送りあった。だが、ヘァツォークがIFIにその正統性を証明するよう次第に厳しく迫るようになった一方で、IFI側が決定的な声明を出すことを渋ったため、両者は

16　Hermann 2013, 2014aを参照。聖公会主教チャールズ・ヘンリ・ブレント（Charles Henry Brent、1862-1929）との交渉について de Achutegui and Bernad 1960 を参照。

17　この相互作用の細心の再建について de Boer and Smit 2008, 2012 を参照。英語での概要は Smit 2011, 3-6, 255-57 を参照。

18　Eduard Herzog to Gregorio Aglipay (December 1, 1903), IFI Archive, OM 1.1, 1903-5, Box 1, Folder 1, St. Andrew's Theological Seminary, Quezon City.

第 6 章　フィリピン教養人イサベロ・デ・ロス・レイエスと「フィリピン独立教会」

教義上の立場で意見の一致を見ることができなかった。ヘァツォークからの最後の書簡は1912年9月16日に書かれたようで、IFIの新しい公教要理に関するものだが、その中身をヘァツォークは拒絶していた。アグリパイはヘァツォークに返書を送ったが、それに対する返事は一切なかった（de Boer and Smit 2008, 183-85）。しかし、ヨーロッパ復古カトリック教会とIFIとの接触再開後の1965年、この第二段階の交流の結果としてIFIとユトレヒト・ユニオン復古カトリック教会との間にフル・コミュニオンの同意がなされるに至った（Smit 2011, 4-5）。

　ところが、スイスからの最初の書簡がアグリパイに届く7か月以上も前、別の独立カトリック教徒らのグループがIFIと接触を持とうとしていた。それは「セイロン独立カトリック教徒」（Independent Catholics of Ceylon）あるいは「セイロン・ゴア・インド独立カトリック教会」（Independent Catholic Church of Ceylon, Goa, and India）で、その受託者スティーヴン・シルヴァ（Stephen Silva）が1903年4月23日に最初の書簡をしたためた。この書簡が示すように、IFIは1900年頃のアジアで、最大のものではあったにせよ、唯一の独立カトリック教会ではなかった。ゴアとセイロンでは長い闘争の結果、1880年代末に独立カトリック教会の設立が宣言された。19世紀後半にパトロネージュ（patronado）の原則が廃止された結果、多数のゴア人、セイロン人カトリック教徒の間に動揺が生まれ、彼らはゴア人司祭アントニオ・フランシスコ・サビエル・アルバレス（Antonio Francisco Xavier Alvares、1836-1923）と平信徒ペドロ・マヌエル・リスボア・ピント博士（Dr. Pedro Manuel Lisboa Pinto、1857-1898）の指導の下、ローマから決別しセイロン・ゴア・インド独立カトリック教会を作った[19]。その初年、この教会にはどうやら5000人のメンバーがいたらしいが、資格を有する司祭の不足が原因で1903年までに状況はかなり悪化していた。その数年後、この独立教会はローマ・カトリック組織に戻るよう強制されたようだ（Ervin 2010, 14）。

19　この出来事の記述は Anson 1964, 105 および Wright 1907, 276 に提示される情報またはフィリピンからセイロンに送られた書簡（Stephen Silva to Gregorio Aglipay (April 23, 1903), IFI Archive, OL 1462, St. Andrew's Theological Seminary, Quezon City および Stephen Silva to José Evangelista (July 11, 1903), IFI Archive, OL 1465, St. Andrew's Theological Seminary, Quezon City）を基盤としている。アルバレスについて Kamat 2012 を参照。

アドリアン・ヘルマン

しかし、このように衰退する前、セイロンの独立カトリック教徒らはアグリパイの教会を同志とみなし、その支援を求めていた。彼らの受託者スティーヴン・デ・シルヴァ（Stephen de Silva、1851-1916）はアメリカの雑誌でIFIについて読み、1903年4月23日アグリパイに書簡をしたためた。シルヴァは、彼らが活動を続けるにあたり直面している困難について説明したが、それは「ローマから独立して活動するに十分な数の司祭が得られない」ためだと述べた。シルヴァは、彼らの布教活動を助けるため、アグリパイが「教養があり品行に優れた司祭を二人派遣」できないか尋ねた（Silva to Aglipay, April 23, 1903）。その数か月後、2通目の書簡がセイロンからIFIのマニラ司教ホセ・エバンゲリスタ（Jóse Evangelista、生没年不明）のもとに届いた。この書簡では、シルヴァがIFI機関紙『真理』数冊と共にエバンゲリスタから受け取っていたらしい6月4日付の回答に言及しており、日付は1903年7月11日となっていた。再度シルヴァは、司祭の不足で布教活動に大きな支障をきたしていることを説明し、「司祭を一人か二人」派遣するよう依頼した。彼はまた、フィリピンにおけるIFIの地位について次のように尋ねた。「我々はフィリピン独立カトリック教会の勢力を知りたい。司教と司祭は何人いるのか。キリスト教徒の数は？　教会の数は？　この教会はいつ始まったのか。」（Silva to Evangelista, July 11, 1903）

この交流がたどった経過を明確に記すのは他の機会に譲るが、いくつか重要な点を指摘することはできる。エバンゲリスタ司教がセイロンに送った6月4日付の書簡の手掛かりはまだつかめていないものの、シルヴァの送った2通目の書簡から、IFIが返事を出したうえ『真理』を何号かセイロンに送ることまでしていたことがわかる。従ってこの交流は、一時的なものであったかもしれないが、20世紀初頭にグローバル・サウスに属する二つの独立カトリック教会の間で交わされたコミュニケーションの稀な例だと言える。

再度、この交流でIFIの定期刊行物が果たした役割を強調することになるが、IFIがシルヴァの最初の書簡を初回はスペイン語に、二度目はタガログ語に翻訳し『真理』に掲載したことは興味深い。さらに、彼の2通目の書簡は『真理』最終号にスペイン語翻訳とタガログ語翻訳と共に、英語原文でも登場した。これらの書簡が重複して掲載されたことは、IFI草創期の指導層が、他国のア

146

ジア人独立カトリック教徒がIFIに関心を持っていることを示すものとして書簡を重要視したことを物語っている。

同様の心理的力学（ダイナミクス）は次のような別の例でも見ることができる。IFIはシカゴからも1903年4月23日付で書簡を受け取った。これはアメリカ合衆国の独立カトリック教会である「アメリカ・カトリック教会」で当時大司教を務めていたジョセフ・ルネ・ヴィラット（Joseph René Vilatte、1854-1929）が送ったもので、ヴィラットは19世紀末から20世紀初めにかけて、国際的な独立カトリック運動の中心的人物の一人であった。ヴィラットは書簡に、アメリカの新聞・雑誌でIFIに関する記事を読み精神的支援を約束すると書いた。このときも『真理』はこの書簡を（スペイン語翻訳で）掲載し、これは、IFIがアメリカや世界各地で享受している「支持のもうひとつの明らかな証」（otra puebra evidente de las simpatías）を公に知らしめるものだ、とコメントした（"Los Católicos Americanos, no Romanistas." *La Verdad*, June 10, 1903, 5）。

7. 結論——1900年頃の植民地支配下の公共圏におけるフィリピン独立教会

本章で筆者はIFIの新聞・雑誌が草創期にある新教会にとって極めて重要であったことを論じようとした。この運動の歴史を書くための情報源のひとつとして、司教教書、教会憲法、公教要理などの資料は以前からよく知られており、IFIに関する歴史的情報源を掲載するさまざまなコレクションで発表されてきた。しかし、新聞・雑誌それ自体は精査されてこなかった。にもかかわらず、この論文で取り上げた出版物をじっくり検討すると、それらが宣伝活動の中心を担う機関紙として登場していることがわかる。教会はそれらを通じ、フィリピンの公共圏において声を発する手段を確立するとともに、支持者に向けて重要な話題や出来事に関する独自の見解を伝えた。さらに、指導層はこれらを利用し、ドミニコ修道会の『自由』やパテルノの『祖国』など、他の雑誌と議論を交わした。アジアその他の地域の独立カトリック運動と最初の接点を築くためIFIは彼らに自身の機関紙を送り、また、彼らからの書簡を紙面に公表することで、自分たちが国際的に広まる独立カトリック運動の一翼を担っているこ

147

とを示した。

　同時にIFIの初期新聞・雑誌は —— このフィリピンの事例研究も含めた比較プロジェクトで調査した、南アフリカ、西アフリカ、インドで出版されていた他の新聞・雑誌と同様に —— 1900年頃地域や大陸をまたいで存在した、現地人キリスト教徒らの公共圏とも呼べるものの誕生に寄与した。グローバル・クリスチャニティの歴史学者にとって、現地人キリスト教徒の定期刊行物、新聞、雑誌は19世紀末から20世紀初頭にかけてのアフリカ・アジアのキリスト教に関する重要な情報源だが、それらはまだほとんど調査されていないのが現状だ。これら出版物は教会、宗教、政治を解説するローカルなレベルでの媒体として役立ったばかりでなく、支持者らに世界の他の地域で起こっていること、特に他の宣教地域や植民地支配下の社会における暮らしや、現地人キリスト教徒の闘いについての情報を伝えた。それによって、世界の異なる地域に暮らす異なる現地人キリスト教徒エリート間の相互認識の初期形態が作り上げられ、異なる国や地域に暮らすキリスト教徒が、間接および直接に交流するための第一歩が踏み出された。

　総じて、現地人キリスト教徒の公共圏という観念は、「現地の／土着の」あるいは「ネイティブ」と見なされるものの本質を抜き出した解釈と理解されるべきではない。むしろ、西洋に牛耳られた宣教師間のコミュニケーション・ルートによって生み出された公共圏とは異なる —— そして、往々にしてそれとは対立する —— 「対抗的な公共圏」（counterpublic）の出現を表す相対的な用語を基盤としている[20]。近年、宣教師側の新聞・雑誌やネットワークが大いに注目されているが[21]、IFIの機関紙のような情報発信媒体に焦点を当てるなら、キリスト教のグローバル・ヒストリー、わけてもアジア・アフリカ諸国のキリスト教徒エリート間の初期交流に着目するキリスト教史に多様な視点をもたらすことができる。

［平田貴子訳］

20　「対抗的な公共圏」についてはWarner 2002を参照。

21　Habermas 2008, Habermas und Hölzl 2014 および Jensz and Acke 2013 を参照。

第3部

近代東アジアにおけるキリスト教系
新聞・雑誌の比較研究

第 7 章

キリスト教愛国主義と
大日本帝国の膨張主義

近代日本キリスト教徒
エリートの「神の国」論

ミラ・ゾンターク

　本章は、近代日本のプロテスタント系新聞・雑誌の研究を通して「グローバル・クリスチャニティのミュンヘン学派」の最新の比較研究プロジェクトに貢献しようとするものである。2014年より筆者は日本におけるキリスト教愛国主義（または国家主義）のルーツを初期プロテスタント教徒の世界観および心性、とりわけ「神の国」というキリスト教の中心的概念の解釈に見出そうと努め、『近代日本キリスト教新聞集成』[1]に収録されている新聞を検証しながら彼らの「神の国」解釈を分析してきた[2]。幾人かの重要な思想家または教会指導者の著作をこの観点から検討することも有意義なアプローチである。一方で、新聞・雑誌を研究対象とすることで、彼らが身を置き、読者に向けて思想を発していた「草の根」レベルでの言論・言説のフィールド（discoursive field）を直に検証することができるのではないかと考えた。

　日本におけるキリスト教ナショナリズムに関するこれまでの研究[3]は、主に

1　日本図書センター『近代日本キリスト教新聞集成』（第1〜3期）、1993-1996。本集成は、1875-1945年の超教派および各教派の機関紙を集めたもので、3期で合計およそ21万6000頁におよぶ新聞資料を360巻のマイクロフィルムに収録している。現段階の研究では、1920年以降の新聞、そしてロシア正教会、聖公会、カトリック教会、バプテスト教会のものは対象外としている。

2　本研究は立教 Special Fund for Research（立教SFR）の助成を受けている。本研究は筆者がミュンヘン大学（ドイツ）客員研究員（2014年8月1日〜2015年9月1日）として過ごした研究休暇中に開始され、現在も継続されている。筆者はそこで初めて「グローバル・クリスチャニティのミュンヘン学派」と接し、短い期間ではあったがいくつかの会議に参加し、「日本のキリスト教系新聞・雑誌」の視点を補うよう努力した。本章は諸会議での研究発表を基盤としてまとめられている。

3　ここでは特に土肥昭夫が座長をつとめた「天皇制とキリスト教研究会」（富坂キリスト教セン

第7章　キリスト教愛国主義と大日本帝国の膨張主義

以下の3点に焦点を当てている。すなわち（1）明確な愛国姿勢を持った元武士階級の役割、（2）安易な日本語翻訳の結果として生じた「神」概念の曖昧さ、そして（3）いわゆる天皇制とキリスト教の密接な関係（天皇を中心とする国家との協力と「国家儀礼」の容認）の三つである。

　長い間、日本のキリスト教は政治的影響力が限られた少数派として大日本帝国の政策に順応し、国家からの圧力に屈してそこに適応せざるを得なかったとされてきた。しかし近年の研究[4]では日本のキリスト教徒の議論が、日本という近代帝国をめぐる想像とビジョンの交渉、そしてその具体的な形成においてかなり強い影響を与えていたことが指摘されている。この中ではたとえば賀川豊彦（1888-1960）のレトリックが1930/40年代の「草の根ファシズム」[5]に与えた影響が注目されている。彼のセツルメント・ロマンである『乳と蜜の流るる郷』（1935年）やその他の移民小説は当時の政府の移民政策に「霊的な」根拠を提供したという。しかしこういった近年の研究もその多くが20世紀の出来事や議論に焦点を当てており、1890年代以前の時代を考察に入れていない。それゆえこれらの研究では、キリスト教側が示した代替的なビジョンの前提として、キリスト教と国家との対立および外部からの圧力があったと想定されている。このような研究とは対照的に、筆者は1890年代以前 —— 動機や選択肢がそれほど限定されていなかった、いわば「不可能はない」時代[6] —— の新聞・雑誌に示された「神の国」をめぐる日本人キリスト教徒の考え方とビジョンを解明しようとする。

　たしかに、日本古来の「神の国」はキリスト教的な「神の国」と重ねられた時に、「神」に祝福される国、世界に冠たる国、という概念が生じ、それが15年戦争期の日本において強調され、日本の悲劇に繋がったという主張は既に

　　　ター）の成果（富坂キリスト教センター 1988, 1996, 2001, 2007）を参照されたい。

4　Anderson 2014を参照。アンダーソンはキリスト教の一教派（日本組合基督教会）内部の、そして1889年以降の議論に限定して論じる。またNirei 2007, 2012は日清戦争前後の非キリスト教系新聞におけるキリスト教徒および元キリスト教徒のジャーナリストが展開した膨張論を比較している。

5　加藤・佐高 2011、特に第4章を参照。

6　1873年にキリスト教禁教令を告げる高札が撤去され、黙認後10年間キリスト教がますます盛んになった。その成長を見た宣教師と現地キリスト教徒が、あと10年で日本全体のキリスト教化を達成できると見込むほどであった。

151

存在する（山口1976）。しかし山口は再解釈の具体的な発展を検証していない。筆者は山口とアンダーソンの指摘を追求しながら、「一世代の間に達成される世界のキリスト教化」(evangelization of the world within one / this generation) で表される19世紀の宣教神学の基本概念としての「神の国」受容にも興味を持っている。

　これらの詳察に入る前に、「グローバル・クリスチャニティのミュンヘン学派」の最新プロジェクトと本研究プロジェクト（「神の国」論研究）との関連性を明らかにしたい。本論を最初に発表したミュンヘン大学とリバプール・ホープ大学の共同国際会議（2015年リバプールで開催）も、またミュンヘン大学とヘルマンスブルク異文化間神学大学の近年の共同研究プロジェクトも、キリスト教系新聞・雑誌が大陸をまたぐキリスト教ネットワークの構想および設立実践に与えた影響を追跡している。その研究成果を見る限り、これらの研究は現地人リーダーシップや植民地支配からの独立などに焦点を当てる「解放的な言説」を見出し、強調する傾向があるようだ。「大陸をまたぐキリスト教ネットワーク」(transcontinental Christian network) という概念自体が、その担い手である「想像の共同体」(imagined community) が自分たちを取り巻く植民地的なビジョンと言説を完全に拒否して、その文脈から脱皮すべく人種や国境を越えたまったく新しい人間関係のビジョンを提示していたかのような印象を与える。

　しかし、そのようなことは不可能ではないだろうか。それは、人が自分が置かれた「歴史的位置」(historical embeddedness) を超越することは非常に難しいからというだけではなく、これらのネットワークの担い手たちが、植民地支配を正当化するために各地で何世紀も使用されてきたキリスト教概念を使用しているため、そこから完全に自由になることはできないからだ。近代日本におけるプロテスタント教徒の言論に目を向けると、彼らが「選民」という「古い」ユダヤ・キリスト教概念を「神の国」と結びつけて、キリスト教外の社会にも影響を与えうる「新しい」ビジョンとして適用する過程を見ることができる。日本人プロテスタント教徒のビジョンは確かに「大陸をまたぐ」ものであり、「ネットワーク」の形成を重視するものであった。しかしその最終目的は、世界で膨張し続ける大日本帝国というもうひとつの帝国を正当化することにあった。そこでは、かつて世界各国でキリスト教の概念によって正当化された

第7章　キリスト教愛国主義と大日本帝国の膨張主義

他の帝国と同様に、大日本帝国も「神の国」という概念をもって肯定されたのである。この事実を考慮して、本章は「グローバル・クリスチャニティのミュンヘン学派」による解放の強調に欠けている視点を指摘し、研究のバランスをとることを意図している。しかし同時に、日本の状況がクラウス・コショルケらのグループによって研究されている諸地域とは徹底的に異なっていたことも認めなければならない。つまり日本は植民地支配の対象になった経験がなく、逆に近代において植民者になっていったため、キリスト教系新聞・雑誌の議論の出発点が他地域のそれらとは違ったのである。

1.　近代日本における初期プロテスタント新聞・雑誌

『近代日本キリスト教新聞集成』に含まれている新聞には英語やローマ字で書かれた短い文書も見られるものの、ほとんどの記事が日本語で書かれている。多くの場合、創刊時は全4〜8頁で次第に頁数を増やしている。日本語で書かれたものが中心だが日本人以外の著者もおり、西洋の宣教師や知識人が執筆した著作および講義録などの翻訳も連載されている。ドワイト・L・ムーディー（Dwight L. Moody、1837-1899）の説教、ウィリアム・アレクサンダー・パーソンズ・マーティン（William Alexander Parsons Martin、1827-1916）の『天道溯原』（*Evidences of Christianity*）や『喩道伝』（*Religious Allegories*）の抜粋、そしてジョン・バニヤン（John Bunyan、1628-1688）の『天路歴程』（*A Pilgrim's Progress*）はそういったものの一例で、特に『天路歴程』は初期プロテスタント新聞における西洋的「神の国」論の題材と言えよう。

1875年（中国で最初のキリスト新聞が創刊されたおよそ20年後）に創刊された日本初のキリスト教系新聞である『七一雑報』は、日本におけるキリスト教系新聞・雑誌草創期の発行者（オーナー）・編者・著者の関係やそれらの全体的なアプローチを代表するものである。本紙は超教派のもので、当初はキリスト教に言及する箇所も少なかった。そこには文明開化の手段として西洋の技術、衛生学の最新情報や、野菜の栽培法などが紹介され、さらに西洋料理におけるそれら野菜の取り入れ方などが説明されていた。キリスト教のメッセージは少ないが、一方で「スピリチュアル（法教）」を「進歩を進歩せしむるもの」

153

つまり「真の文明」の基盤として強調する箇所は多く見られる[7]。「真神」(かみ、またはまことのかみと読まれる)[8]の認知はそのスピリチュアリティの中核と、そして文明開化への参与は愛国心の徴とされる。『七一雑報』は初号から愛国心を定義しようと試み、またその妨げとなるものとしてカトリシズムを批判する(『七一雑報』1875年12月27日、2頁、および「愛国の略説」『七一雑報』1876年1月13日、2-3頁)。初期の記事ではウィリアム・ユワート・グラッドストン(William Ewart Gladstone、1809-1898)の見解として、ローマ教皇の権威を随信する者は「国体をまもる国民となりがたし」と紹介され、グラッドストン著作のフランスにおける販売禁止は、出版・新聞紙の自由を制限するカトリシズムに起因するとされる(「〔グラッドストン〕氏の説」『七一雑報』1876年2月4日、1-2頁)。その他、徳目の優れた子供(と女性)の物語と並んで、産業成長の統計や政治をめぐるニュース、特に国内外で続く戦争と皇室の動きに関する情報が掲載されている。

　一般に近代日本史に関する概説では、1868年の明治維新は天皇の権力の再確立によってすべての政治的対立が解消された出来事で、おおむね平和的に始まった社会全体の近代化の出発点とされている。しかし実は国内の権力争いが1868年後も続いており、当時の日本人にとってそれらの内戦は世界で起こっていた戦争(特にセルビアの独立をめぐる露土戦争、1877-1878)と同等の重要性を持っていた。『七一雑報』はこれらの戦争についてキリスト教的な視点を提

7　その一例としてアーマスト大学のジュリアス・ホーリー・シーリー(Julius Hawley Seelye、1824-1895)が世界遊歴中にインドのボンベイで行った演説の連載がある(「講義第一　世道上進の希望す可き極度」『七一雑報』1876年12月22日、4-6頁(連載は1877年1月8日まで続く))。シーリーは本講義において日本の明治維新を含めた世界各地での政治的変革に触れており、日本を中国と対比して西洋に開かれた国とする。シーリーは1877-1890年にアーマスト大学の総長を務め、当時アーマストに留学していた内村鑑三(1861-1930)に強い影響を及ぼすこととなった。

8　初期プロテスタント新聞・雑誌では「God」の訳語として様々な用語が使用される。「上帝」(じょうてい、またはかみさまと読まれる)と「真神」は圧倒的に多い。『七一雑報』における愛国への最初の言及となっているアメリカ人宣教師ダニエル・クロスビー・グリーン(Daniel Crosby Greene、1843-1923)による記事では「唯一至愛の上帝」と、キリスト教の訳語として「上帝道」が使用されている。また同じ愛国と国家の基盤となる信仰をめぐる別の記事においてグリーンは「上帝道」および「上帝真理の道」を訳語として使う。後者の読みは神道神話における天津神と重なっていることは特筆に値する(「文明は学問のみにあらざる論」『七一雑報』1976年2月18日、1頁)。グリーンの主張に対する日本人著者(深山馬之進や本間重慶など)の応答も『七一雑報』に載っている。

第7章　キリスト教愛国主義と大日本帝国の膨張主義

示している。

　『七一雑報』にはまた世界中の新聞・雑誌に載った記事や情報が転載され、第1面に国家機関から発表された法律などに関する布告が掲載されることもあった。それは本紙の編集者が、『七一雑報』は「広く諸人の求めに備えんことを冀う」（「口上」『七一雑報』1875年12月27日、4頁）と述べている通りである。

　『七一雑報』はアメリカン・ボード（American Board of Commissioners for Foreign Missions）が所有し運営する出版社から発行されていたが、その所長と編集長は西洋人宣教師オラメル・ヒンクリ・ギューリック（Orramel Hinckley Gulick、1830-1923）の影響を受けた元武士階級の日本人たちであった（勝尾 2012）。彼らの中には教員の免許（英語）を取得する者、西洋人宣教師の家庭教師となる者、そして神学校または留学の経験を経て牧師（教師）になる者もいた。『七一雑報』創刊当時に所長や編集長を務めていた人々は皆、神戸公会という超教派教会のメンバーであった。新聞の発行を提案したのもそれに必要な資金を出したのもギューリックで、読者には半年分の前払いが求められた。ギューリックが母国に帰国した半年後に『七一雑報』は経済的な理由で廃刊となった。

　『七一雑報』に続く『東京毎週新報』[9]は日本人の手による超教派の定期刊行物で、文明開化と自由民権の主張とを結びつけていた。本紙を発行するため1883年に諸教派の主導者が協力したが、その運営においては財政的な側面が彼らの力関係に影響を及ぼした。日本組合基督教会は1893年から本紙を財政的に支援し始め、次第にその内容をコントロールするようになった。これら二つの例が示すように、初期プロテスタント教徒は必ずしも裕福であったわけではなく、むしろ彼らの多くは明治維新において財政的・政治的リソースを失った「没落武士」であった。

9　本紙の名称は、1876年12月に中村正直（1832-1891）によって創刊された『東京新報』からつけられたのかもしれない。『七一雑報』はこの『東京新報』の読者を募集していた。『東京新報』はキリスト教系新聞ではないが、創刊者の中村は影響力のある啓蒙主義者キリスト教徒であり、また同紙は「築地・銀座バンド」のキリスト教徒によって創始された十字屋というキリスト教系出版社から発行されていた。「築地・銀座バンド」のメンバーはクリストファー・カロザース（Christopher Carrothers、1839-1921）に学び、啓蒙主義と自由民権を重視した（太田 1989を参照）。しかし『東京新報』『東京毎週新報』はいずれも『近代日本キリスト教新聞集成』には含まれていない。

155

ミラ・ゾンターク

2. 初期プロテスタント教徒の世界志向（cosmopolitanism）

すでに述べたように『七一雑報』や『東京毎週新報』などの初期プロテスタント新聞は新しい技術や応用科学的知識の紹介を売りにしていたが、こういった記事は同時に世界各地の生活環境についての情報を提供するものでもあった。ここでは、ミュンヘン学派が注目する地域に言及している二つの例を取り上げよう。1876年には『七一雑報』に換気の重要性を訴える記事[10]が掲載されたのだが、そこには早くもインドへの言及が見られる。また同年にジョン・レイドロー・アトキンソン（John Laidlaw Atkinson、1842-1908）が執筆した記事（「アフリカの話」『七一雑報』1876年5月26日、4頁）は、南アフリカのナタールにおけるズールー族について述べており、それまで「美女殺害」などがあった「未開」の生活環境がキリスト教宣教師の介入によってどのように変わったかということが描かれている。

日本人読者は、教育、特に女子の教育に強い関心を示していたので、これらの新聞でも世界中の女子教育の発展がよく取り上げられた[11]。たとえばのちにロシアは「臣民と公正な統治の無視が腐敗し堕落した国家教会を裏切っている『疑似キリスト教国』」（Anderson 2014, 63ff）と描かれるようになるのだが、ロシアに関する最初の言及（「〔ロシア〕の学校の事」『七一雑報』1876年1月21日、1頁）は、当地で女子小学校が導入されたことの紹介だった。

ロシアはまた、当初は露土戦争においてセルビアを積極的に支持する唯一

10　この記事には、不十分な換気の例としてカルカッタの「ブラック・ホール」が挙げられている。これはウィリアム要塞内にあった小さな刑務所で、イギリス人とアングロ・インディアンの兵士およびインド人平民の数十名が窒息と熱中症で亡くなった場所である。1756年に起こったこの事件は衛生教育の一環で取り上げられているが、それがインドの歴史において持っている意義も、それに関する議論も指摘されていない（「空気を通す事」『七一雑報』1876年4月13日、4頁）。

11　『七一雑報』には1877年から、女子学校（主に東京銀座原女学校）の生徒による連載が載っている。この連載に対する読者の投稿では、教育によって得た女子の表現力に驚く声や、国家全体の進歩（文明開化）に向けた女子教育の重要性についての議論などがある。興味深いことに、これらの記事の中では女性たちが政治をめぐるテーマを取り上げ、愛国主義を男性、女性に共通する課題として強調している。東京銀座原女学校の設立者である原胤昭（1853-1942）は『東京新報』発行元の「十字屋」の設立者でもあり、新聞紙条例違反に問われて監獄に入れられた。のちにその経験から教誨師活動に専念した。

第7章　キリスト教愛国主義と大日本帝国の膨張主義

のキリスト教国として称賛されていたのだが、間もなくロシアの日本に対する態度と思惑について推測する議論が始まる。『七一雑報』のある記事（「文明開化第二上篇を読むに正理も暴行には勝たれぬ山猿の話あり」『七一雑報』1877年2月9日、6-7頁）では、寓喩的に文明開化を成し遂げた猿（アメリカ合衆国、イギリス、また場合によって日本）が「暴行」を働く「山猿」（ロシア）と対比され、日本は山猿に攻撃される可能性を意識して、文明国と密接な外交関係を構築すべきであると論じられている（このおよそ30年後に日本がロシアを攻撃する）。偶然ではないだろうが、『七一雑報』の同号には、神が日本に与えた「使命」を提示する記事がある（次項で取り上げる）。この号には他にも特筆すべき記事が含まれている。それは神戸鉄道の開業式を紹介した記事で、最初の汽車が天皇の面前で神戸駅に到着する場面が「天の雲にのりて来たるを見るべし」という表現（聖書の言葉）でキリストの再臨と結びつけて描かれている（「神戸鉄道開業式の概略」『七一雑報』1877年2月9日、1-2頁）。ここでは、技術とキリスト教と天皇とが見事に一つのシーンに書き込まれるのである。しかしこれらの記事は「神の国」に言及しない。最初の言及としては、アトキンソンによる教育的物語における「真の神様の宮」を見ることができ（『七一雑報』1876年1月21日、3頁）[12]、次の例は「天国」への言及であって、それはギュリックの息子の死と関連づけられている。

　全般に現世的（この世における）王国への言及の方が多い。19世紀末のプロテスタント新聞・雑誌は、世界各地での宣教活動の成果、特に日本に類似する特徴――島国であること、古代宗教が近代国家に強い影響を及ぼしていること――を持つ国での宣教成果を報道している。諸新聞・雑誌が言及する地域・国に関する統計[13]は存在しないが、それらの傾向を見出すことはできる。初期は「西洋キリスト教国」への言及が圧倒的に多かったが、焦点はすぐに台

12　アトキンソンはまたすでに取り上げた記事において「天堂の薬堺（たのしきさかい）」という概念を使用している（「アフリカの話」『七一雑報』1876年2月26日、4頁）が、宗教的意味を持ちながら皇室とも結びついている「宮」という概念は他の個所でも訳語として使用されている。たとえば「学問基礎」『七一雑報』1976年12月22日、4頁における「明宮」とされる「神の国」を参照。

13　統計の観点から言えば、ミュンヘン学派のアンドレ・ゼンガー（André Saenger）のナタールにおける *Inkanyiso yase Natal*（『ナタールの啓蒙者』）紙に関する研究を参考にされたい（Koschorke et al. 2018）。

湾[14]、韓国（朝鮮）、中国（支那）、ロシアなどの隣国に移された。『七一雑報』の創刊号より18か月の間で、43もの国・地域・大陸が言及されている。このうち、西洋に属さない国・地域は以下の通りである —— エジプト、フェニキア、中国、韓国、トルコ、アラビア、インド、スリランカ、南洋諸島、イスラエル、台湾、マダガスカル、ハワイ、南アフリカ（特にナタール）、ブラジル、フィジー、メキシコ、カンボジアとニュージーランド（登場順）。次に、日本の熱心なプロテスタント教徒が隣接する国・地域を自分たちの「宣教」の対象として、そして「文明が進んでいない世界に対する自分たちの歴史的責任を果たすことができる」舞台として考慮し始めるプロセスを見ていきたい。

3. 初期プロテスタント教徒が描く将来日本

最初期から日本人プロテスタント教徒は世界の舞台を意識し、そこに登場して注目を浴びたいと願っていた。『七一雑報』の創刊後まもなく、その表紙には世界地図が掲載され、「スエス地峡」（スエズ運河）の利点が説かれた。そこでは運河から利益を得るのはイギリスのみではなく全世界であること、その運河は有効なルートとして世界の友好関係や貿易、そして文明を強化できることが述べられている[15]。しかし物質的な文明の発展だけでは不十分だとされ、「天下万国全世界が魔権」の下にあり、その支配から救われるためには聖書を基盤とするアプローチが必要だとされている（「望の種類」『七一雑報』1877年2月9日、4頁）。そして、日本は信仰による全世界の救済に貢献すべき

---

14 日本による台湾出兵（途中で中止される）から18か月後に書かれた記事では、台湾の現地人は中国ではなく日本によって統治されることを望んでいると伝えられ、中国との条約によって日本軍が撤退したことが惜しまれている（「タイワンのはなし」『七一雑報』1876年3月3日、1頁）。その後台湾は定期的に取り上げられるようになるが、日本政府の意向には触れられていない。その中に台湾における長老教会、特にジェームス・レイドロー・マックスウェル（James Laidlaw Maxwell、1836-1921）の宣教成果を語るシリーズがある。ここでは台湾の地形的特徴（島国であること）が強調され、ヘブライ語聖書における島国の教化をめぐる預言が引用されている。明らかにこの預言の対象とされるのは、台湾、マダガスカル、ハワイと南洋諸島である。同時に、台湾で発展しつつある現地の教会が自治、自伝、自養の「三自」を実践して、他の教派・教界とエキュメニカルな協同関係を築いていることも強調された（「タイワンのはなしつづき」『七一雑報』1876年3月10日、1頁）。

15 「スエス地峡のはなし」『七一雑報』1876年1月28日、1頁。明治期キリスト教系小学校のカリキュラムでは世界地図を暗記して描くことが求められていた。

だと述べる。

　上述した「望の種類」と題した1877年の記事においては、匿名の著者が「保羅が所謂尊と栄と無□者との望にして之を小にしては一心一箇の救れんことを求め天父に近からんことを希い之を大にしては天下万国全世界が魔権より救われ真神の栄光に入らんことを望める」（同所、□は判別不能な文字を示す）と述べ、個人的救いを超える意義を持つ集団的救いを論じている。しかし、全世界の救済への希望は「救主の恩化を受ける者のみ」が抱くことができ、そして他の「肉体に属する」希望と違って、前者は不滅であると言う。続いて著者はマタイ福音書6：33「先ず神の国と其義とを求めに左すれば此皆諸て爾に加えらるべし」を引用し、次のように日本国民に訴える。

> 若し我が日本国民斉しく主の名を顧い神の国と義とを求めんには国の文明豈唯欧米の如きのみに止まらん乎人々交際の便利を達すること豈唯蒸気車電信機のみに止まらん乎古来未曾有我輩の未だ想像し得ざる処の幸福は雨の如く我が国民に注ぎ欧米各国も為に東面して其残す処の信を我が日本に由て発さんとすべし聖書に所謂後の者は先になるとは是の謂也。（同所）

　ここで著者は、日本は「先になる」機会を与えられており、それを日本の命――永遠の命――を懸けて摑むように命じられているという。それは「神の命する道は限りなく生きるが故に之に従う者は共に永世を得るも神を知らずして只一箇迷謬の霊に由る者は終に転倒して永死を受くべれば也」（同所）という理由からである[16]。

　初期プロテスタント教徒が日本の将来について抱いた他のビジョンはのちほど紹介するが、この引用文からは彼らが地形・地理および歴史を神に定められたものとする考え方を違和感なく受け入れていることがわかる。日本国内に神に選ばれた場所を見出す最初の記事は、同年の『七一雑報』の記事である

16　1891年の内村鑑三不敬事件後の反キリスト教言説においては、キリスト教徒は国家元首（天皇）の命令ではなく神・キリストの命令に従う、そして皇道ではなくキリスト教を選択する者とされた。そしてそこには必ず矛盾が生じるので、キリスト教徒が国家に忠実であることはできないと論じられた。

ミラ・ゾンターク

（『七一雑報』1977年4月20日、7頁）[17]。しかし、その記事の1年前にはすでに手塚新（1855-1836）が、近代日本の戦争には神の意志が働いていると論じている。

> 戊辰の大乱佐賀の変征台の役朝鮮の葛藤苟しくもエホバはその大能の手を以て冥々（めいめい）の中に庇佑し玉うにあらずんば焉んぞ我輩今日の健安を享（ひゆう）くるを得んや余今聖書の高山に登り信徳の遠望鏡を以てするに此言の真実無妄毫髪の間然（いづく）すべきなきを見るあり。（「投書」『七一雑報』1876年4月21日、3-4頁）[18]

手塚は詩編47：1b-2「至上エホバ威ありて畏るべく乃わち大王にして全地を治むればなり」に描かれている神の観念に心から共鳴する。そして後述するように、ここで提示された「聖書の高山」は30年後に内村によって（日本の聖なる山）富士山に置き換えられることとなる。

初期プロテスタント新聞・雑誌には他国の興起と衰退に対する強い関心が示されていたが、日本人プロテスタント教徒にとって、神が他国に与えた使命はもっぱら自国の特別な使命を保障するものとしてのみ意味を持っていた。初期の新聞・雑誌は日本におけるプロテスタント運動の世界志向を語りながらも、愛国を神の意志として正当化している。愛国主義（patriotism）は「父」とその国に対する（儒教的な）孝として推進される。しかし同時に、数多くの物語 —— 生物学的な父に反抗することになっても神への信仰を守った息子、娘（や女性）たちの物語 —— を通して、天にいる父としての神に対する孝も求められている。こうした文脈において「父」や「主」といった概念の二面性が現れてくるのだが、この点は1890年代以降の反キリスト教言説においても焦点となる。

17　西南戦争の最新情報はよく報道されているが、それに解釈が加えられた例は少ない。加えられている場合、現地の出来事は「神の国」とそれに対する忍耐強い期待と結びつけられている。

18　手塚はここで安堵と歓喜と感謝の気持ちを表し、「我輩をして此の如く歓欣雀躍手の舞足の踏むを覚えざらしむるはこれ偏えに我皇帝陛下の威徳と弁理正副大臣の宏智とに出ると雖ども余独り最もこれを天地の造化し万有を監理し玉う全能の神エホバの恩佑に出でしと云わざるを得ず」（同所）と述べている。これは『七一雑報』において初めて韓国に触れた記事である。手塚は弘前出身で、1872年横浜に設立された日本初のプロテスタント教会（日本基督公会）で洗礼を受け、植村正久の協同者となる。小川・池明1984、3頁を参照。

第 7 章　キリスト教愛国主義と大日本帝国の膨張主義

　こうした二面性を明確に示す例は、明治天皇の巡幸の報告（「御巡幸」『七一雑報』1876 年 8 月 11 日、4-5 頁）にも見出すことができる。明治維新後、若き明治天皇は臣民からの直接的な支持を集めその忠実さを強化する政策として日本を巡り、臣民と顔を合わせていた。こうした巡幸の一環として天皇は青森のキリスト教系学校を訪ねた。その際、英語教師が指揮をする学校の合唱団が英語の賛美歌を演奏した。正確な英語の歌詞は不明だが、少なくとも『七一雑報』に載せられた歌詞の日本語訳からは、それが二面性に満ちたものだったことがわかる。それは何度か「御国（み・くに）」に言及し、「すべての王（きみ）」を褒め称える賛美歌だった。そして『七一雑報』においても、また当校のパフォーマンスにおいても、そこに臨在する明治天皇なのか、それともキリスト教の神なのか、どちらが賛美の対象となったのかは明らかにされていない。

　また『七一雑報』に寄せられた投書には、こうした二面性を合理的に解釈しようとする試みも見られる。そこでは人類が「万物の霊長」であることの強調によって神への忠実と天皇への忠実とが関連づけられている。人間は肉体のみならず、霊（魂）を備えられている「霊長」として、生物学的父と霊的父の両方を持っていると言う。そして「万物の霊長」という地位は天下のすべてを支配し活用する権利を含んでおり、その権利は神の人類に対する愛の証拠とされる。この神の愛が人類に服従と忠実という応答を求めていると著者は主張する[19]。

4.　個人のキリスト教徒が発行する新聞・雑誌

　『近代日本キリスト教新聞集成』に収録されている新聞は、超教派の定期刊行物または特定の教派の機関紙である。しかし、日本キリスト教界の特に興味深い現象として、個人のキリスト教徒が自分の周りの人々を教養する手段として使用した新聞・雑誌がある。『万朝報（よろずちょうほう）』という世俗の新聞でジャーナリストとして経験を積み、名を成した ── のちに無教会の創始者となる ── 内村鑑三（1861-1930）は 1898 年に個人雑誌への一歩を踏み出し、『東京独立雑

19　たとえば、「投書」『七一雑報』1876 年 12 月 29 日、7 頁を参照。また、天国に向かう 7 歳の少女について語る記事において、著者は「人はよろず霊たれば心をつくし忠孝のその二道を守るべし」と述べる（「女子天に帰るの話」『七一雑報』1976 年 9 月 22 日、7-8 頁）。

誌』を創刊した。しかしこの雑誌は共著者との意見の違いにより2年後に廃刊される[20]。その後内村は聖書（学）に焦点を絞った完全に個人による雑誌を創刊した。それは内村自身と家族の生活を維持する財源となっていっただけでなく、ジャーナリズムの新しい領域の探究にも繋がっていった。

　ジャーナリズムに取り組む以前、内村はいくつかの文学作品を創作し、非キリスト教徒の文学者にも強い影響を与えた。ある研究者は「私小説」という近代日本文学のジャンルの起源を内村の文学作品に見出すほどである。内村は後年『聖書之研究』に連載していた記事をまとめて単行本としても発表した[21]。社会学者の赤江達也は内村の『聖書之研究』という週刊誌の中心的役割に注目して、内村の主張を借りて無教会を「紙上の教会」（赤江 2013）と名づけた。同時代に世界各地の現地キリスト教徒エリートにとって新聞・雑誌が持っていた重要性を考えると、ミュンヘン大学およびヘルマンスブルク異文化間神学大学で研究されているすべてのキリスト教運動・共同体と彼らの新聞・雑誌について同じことが言えるだろう。これらの新聞・雑誌は「想像の共同体」を構築し、「紙上の教会」を設立していたのである。

　内村は近代日本のキリスト教徒の中でもっとも広く知られる一人である。しかしそれにしても、彼の著作がすでに1895年にアフリカで発行されたキリスト教系新聞[22]に載っていたことには驚きを禁じ得ない（ミュンヘン学派がこれま

20　創刊号の表紙には「社会、政治、文学、科学、教育、並びに、宗教上の諸問題を正直に、自由に大胆に評論討議す」と雑誌の目標が説明されている。宗教が最後に配置されていることに注意されたい（『東京独立雑誌』1898年6月10日、1頁）。この雑誌には日本語の記事のみならず英語の記事も含まれている。創刊号で「宇宙は関聯的機関なり、斯の如き宇宙に在りては、孤独は死を意味す」と強調する内村には、雑誌を通して世界と繋がろうとする意欲を見ることができる。同時に「万物の霊長たる人間に取りては、俗界に彷徨棲息するほど傷ましきはなし」などの言葉からは、「万物の霊長」として自己を理解する内村が、キリスト教が少数派である社会に進出することに不安を感じていたことも読み取れる（内村 1980-1984、6:3-7頁）。

21　近代日本のキリスト教文学の大半がこのような形式を取った。非キリスト教文学の小説ジャンルに対する類似の影響は、『東京新報』にて発表された中村正直の著作についても指摘されている（注9および三川 2010を参照）。楡井によれば、国民的「大文学」の創造とは ── 特に1890年代後半における ── キリスト教文化改革の一部であった（Nirei 2012, 82）。

22　Uchimura Kanzo, "Do the heathen like to have Christianity?" *The Lagos Standard*, April 15, 1895. 本文は内村の『余は如何にして基督信徒となりし乎』の英語版に含まれている文書であり、*Mission Journal* より転用され、*The Lagos Standard* に載った時点で、英語版（1892年に完成）としては出版社が見つからず未公開であった。日本語版も翌月になって警醒社より初版が出る。英語の初版は *Diary of a Japanese Convert* として同年の11月に刊行される。

でまとめた資料集には数多くの日本への言及が含まれている[23]）。日露戦争（1904-05年）を背景に日本は世界中から注目されるが、19世紀末当時内村の著作は、日本のキリスト教について現地人によって、しかも英語で書かれた数少ない貴重なものであった。彼は自分の使命と考えていたこと —— 若き内村はこれを将来墓碑銘にしてほしいと書き残した[24] —— を果たすために英語で書くことを選んだ。内村は不敬事件の翌年、また日清戦争（1894-95年）勃発の2年前に、日本の使命は「東洋を西洋と和解し、〔西洋に対する〕東洋の代弁者および〔未発展の東洋諸国に対する〕西洋の先駆者である」ことにある（"Japan: Its mission." *The Japan Daily Mail*, February 5, 1892）[25]と述べていた。その中で彼は「日本がすでに混み過ぎているので」（内村 1980-1984、1：248頁）、領土を拡大するしかないと説明している。日本の使命についてのこのビジョンは日清戦争を正当化[26]するきっかけとなる。日本の使命および領土拡大の必要性に関する内村の見解は、1903年に内村が自らを「非戦主義者」と唱えて『万朝報』から離れる直前、「満州問題」に関する同紙の記事[27]においても改めて表明される。

　内村と同様のビジョンを持っていた他のプロテスタント教徒が多くいたことは言うまでもない。たとえば、日本基督一致教会の指導者である植村正久（1858-1925）は同じ1892年に「国家主義」と題した記事において「国家は何の

23　日本に関する言及は合計223あり、そのうち148がインドの新聞・雑誌によってなされたものである（Koschorke et al. 2016）。

24　"I for Japan / Japan for the World / the World for Christ / and All for God" という名言である（"To be inscribed onto my tomb," 内村 1980-1984、40：3頁）。楡井は日本の世界舞台における位置づけについて同時代の見解を紹介し、内村の立場を「リベラルな帝国主義」（liberal imperialism）または「平和主義的膨張主義」（pacifist expansionism）と名づけて、国家主義と普遍主義との均等の探究と捉えている（Nirei 2012, 81）。

25　"Japan's future as conceived by a Japanese" として内村 1980-1984、1：243-254頁に再収録されている、引用は252頁。内村はこの記事を以下の言葉で締めくくっている。「進んで東洋に向けて光を放て、後ろの西洋にも光を放て、日の出の国よ、このように天が定めた使命を果たせ（Shine forth towards the East and shine back towards the West, O thou country of the Rising Sun, and thus fulfill thy heaven-appointed mission）。」（内村 1980-1984、1：254頁）

26　"Justification of the Corean War," *The Japan Weekly Mail*, August 11, 1894 または『国民之友』1894年8月23日（"Justification for the Korean War" として内村 1980-1984、3：38-48頁に再収録されている）。

27　「満州問題の解決の精神」『万朝報』1903年8月25日（内村 1980-1984、11：370-380頁に再収録されている）。

ミラ・ゾンターク

目的をもって成立するや。蓋し政治上の秩序を整え、民人の自由を保護するものなり」（「国家主義」『日本評論』1892年2月25日（植村1966、1：295頁））と述べた上で、国家は「国民国家（国家人民）から世界国家、そして神の国に至るさらに大きな秩序の中に位置している」（足名2008、3頁）と説明する。この文書は一見すると国家主義を相対化するような、ある程度批判的な意見に見える。しかしその2年前に植村（または植村の承諾を得た記者）はキリスト教と植民地化政策の歴史的関係を強調し「吾儕は確信す、植民移住の事、是より愈々盛んにして、将に一二年を出でずして一大植民社会の設立を見るに至らんとするを。而して大和民族が南米に、南洋に、その瞳々たる国旗を輝かすこと、蓋しまた遠きにあらざるなり」と述べている。そして「植民に霊魂の糧」を与える仕事は、仏教徒にも西洋人宣教師にも任せてはならないと言い、たとえ日本国内の伝道がまだ不十分であっても、日本人は「優等の人種」の自覚を持って植民地で「日本人たる人格を保ち」、「南洋諸島の如き将来第二の日本国を創立するの望みある」と論じる。そして「亜細亜全地の伝道は吾儕日本基督教徒の天職として奮然自ら任すべきものなるをや」（T. K.「植民とキリスト教」『福音週報』1890年12月26日、8-9頁）との呼びかけで記事を終えている[28]。

　植村は今日も鋭い批評力の持ち主であったと評される人物だが、彼が抱いたアジアに対する日本人キリスト教徒の宣教への希望は明らかに同時期の植民地論[29]と繋がっていた。シャピロは、1890年、つまり『福音週報』の初年中に発表されたこの記事を「同時代の社会一般において展開された国民膨張論とキリスト教との関わりについて自分の思想的立場を明確にする〔植村の〕意図」を示す

28　シャピロは「T. K.」を植村と同一視しているが、これまで確認された「T. Tom」など数あるペンネームには「T. K.」は含まれておらず、またシャピロは推定の根拠を示していない（Shapiro 2010, 44-45）。この著者のアイデンティティについて（筆者が知る限り）日本語の研究文献では判断がなされていないことを考えれば、これが植村ではない可能性もある。他方、この記事が植村の承認を得ずに日本基督一致教会の機関紙に載ったとは考えにくい。この文書は、海外宣教を推進する同教会の最初の文書なので、この著者が誰かという点は日本基督一致教会史の研究において重要な課題の一つである。1890年代の植村は、海外宣教は――国内伝道において十分な努力をしたという条件と、海外宣教に必要な財源は国内に（西洋から独立した形で）確保されたという二つの条件の上で――慎重に進めるべきとの意見であった（小川・池明1984、3-5頁）。1897年に、本教会において海外宣教をもっとも熱心に推進した島貫兵太夫（1866-1912）は日本人の海外移住を支援する日本力行会を設立した。

29　シャピロは、John Robert Seeley の The Expansion of England（1883）が同時代の植民地論に影響を与えたと見ている（Shapiro 2010, 45-46）。

164

ものとして取り上げている。筆者は、植村のこうした強い思いは、先述の記事で取り上げられている地域に集中していた中国人（キリスト教徒）の移住（倉田2014、特に第6章）に関するニュースによって喚起されたのではないかと考えている。

内村に戻ろう。彼は1891年の不敬事件後に盛り上がる反キリスト教言説の中で注目を浴びていく。この頃からあらゆるキリスト教系新聞・雑誌に疑念の目が向けられるようになり、検閲のもとで販売禁止になった新聞・雑誌もあった。このような状況の中、あるものは廃刊され、間もなく似たような名前で新しい刊行物として再開された。またあるものはキリスト教の排斥を唱える者──とりわけ「宗教と教育の衝突」論者の井上鉄次郎など──にも寄稿を依頼し、国家の意向を全面的に支持する立場を取るようになる。内村自身は不敬事件後の危機を小説などの文学作品の執筆、そしてジャーナリズムをもって克服し、新しい超教派的な「日本独自」のキリスト教の形態を目指して1901年に『無教会』、そして1903年に先述した『聖書之研究』の発行を始めた。無教会という発想は当初、近代宣教史の中心的な課題──つまり西洋キリスト教の教派主義がそれぞれの宣教地域に導入されたこと──を解決する試みとして評価された。しかし、この運動が強まるにつれてそれをまた一つの新しい教派の創設として批判する声が増えた。そのため内村は1930年の死の直前に、自分の死後『聖書之研究』を廃刊するよう、また聖書研究会の諸集会として組織化されていた無教会を解散するよう遺言を残した。

5. 「没落武士」の決定的な影響と独立の証しとしての海外宣教

初期のプロテスタント新聞・雑誌は教養ある一般人やキリスト教徒エリートを対象としていた。社会の下層階級に向けた新聞・雑誌は20世紀に入ってから初めて登場する。しかし、日本のキリスト教徒エリートは、同時代の他の宣教地域におけるキリスト教徒エリートとは異なっているように思われる。彼らはアジアやアフリカ諸国のキリスト教徒エリートと同様に国内で政治的影響力を伸ばしたいと願っていたが、他国のキリスト教徒とは異なり、彼らにとってそれは初めて手に入れる影響力ではかった。それは、彼らがかつて占めていた地位の奪回、つまり「没落」後の回復を目指すことを意味していたのである。

165

ミラ・ゾンターク

　日本における初期のキリスト教改宗者の多くは特権階級であった武士の子孫であり、その意味で彼らは、維新後に特権を失ってしまったとしても、アフリカの元奴隷やイギリス支配下にあったインド臣民の独立運動を支えたような差別と抑圧の記憶を持っていなかった。

　しかし同時にこの点こそが、日本のプロテスタンティズムにおいてその初期から愛国主義が堅調であった原因でもある。彼らは社会的、経済的、政治的に権利を剥奪された状況においても（君と国に対する）忠実という先祖伝来の理念を守るために西洋（文明）の霊的基盤と見えたキリスト教への改宗を選択したのである。しかし彼らは外来の宗教を選択したために「脱国民主義」（denationalization）との批判を受けるようになる。先にも触れた1890年代の反キリスト教言説では、「世界志向」と「博愛」（無差別的愛とされる兄弟愛）は大日本帝国と天皇への忠実（忠孝）と相いれないキリスト教理念だとして非難されたのである。

　日本各地に作られた教会が海外宣教団体から独立できるのだろうかという不安に先立って、多くの人々が、日本は独立を保つことができるのだろうかという不安を感じていた。そのため、キリスト教徒の自国への忠実が疑問視されるにつれて、海外宣教団体から独立することがさらに重要視されるようになった。先に紹介した「日本の天職」を語るビジョンも独立への意向を強化した。「日本の天職」の主張の中には、西洋キリスト教の最盛期がすでに過ぎ去ったので、それに頼る必要もなくなったとする主張もあった。他方、実際に西洋宣教団体から運営的にも財政的にも独立するのは容易なことではなかった。そして結局日本の諸教会の「独立」は、国家政策への協力と引き換えに手に入れた国家機関や財閥の資金によって達成されたのである。

　こうした状況において日本のプロテスタント教徒は、教会が海外で宣教するようになることが教会の独立の証しだと考えるようになった。したがって1890年代より自費でなされるようになった個人の宣教活動に加えて、グループや教派も宣教計画を立てるようになり、新聞・雑誌を通してそのための資金が募られた[30]。しかし、これらの新聞・雑誌は——『聖書之研究』の韓国人読

30　中村 2011 を参照。内村は『聖書之研究』に、アルベルト・シュヴァイツァー（Albert Schweitzer、1875-1965）によってアフリカのランバレネに設立された病院のための募金記事を発表する。

166

者数名や内村が英語で刊行する *The Japan Christian Intelligencer*[31] を除けば——海外ではほとんど読まれていなかった。また教会の独立を目指すにあたって——ここも同様に無教会運動を除くべきであろう——国家（自国）からの独立は目標とならず、1919年以降に日本が占領した地域（「外地」）で行われる海外宣教活動のほとんどが日本政府と財閥の援助を受けたものとなり、宣撫工作の手段となっていた。

　日本のプロテスタント教徒エリートは歴史の中で自分が果たすべき天職があると確信していたが、他国を単にそういった「天職」があることを示す証しとして、あるいは天職が十分に果たされなかったり失敗したりしたものに関しては自分たちが学ぶべき「ケース・スタディ」として見ていた。そして後者の場合、日本（または「東洋」）のキリスト教徒がそれらに勝る成果を上げるべきだと考えた。つまり他国は自分たちのパートナーというより競争相手だと捉えていたのである。自国が他国と基本的に同じ状況に置かれているという自覚があれば自ずと連帯感が生まれてくるものだが、日本人プロテスタント教徒の自己理解にアジア諸国との連帯感を見出すことは難しい。むしろ、彼らは日本の教会よりも活発な成長を遂げていた朝鮮半島や南洋諸島などのキリスト教に対しても、自分たちの主導権を主張するために何かしらの論点をひねりだしていた。たとえば先述した植村は、韓国のキリスト教は数があるものの質は足りないとし、日本人キリスト教徒の責任は自身の「健全な血液」をもって「血清療法的治療」によって韓国のキリスト教の質を引き上げることにあると論じた（「盾の他の半面二」『福音新報』1919年7月11日、1-2頁（小川・池明 1984、73-75頁））[32]。皮肉にも、ここで現れてくる日本人キリスト教徒の——当然のように特権を主張する——自信こそが他のアジアとアフリカの現地人キリスト教徒の興味を惹くものであった。

31　晩年の内村は西洋の読者に「新しいキリスト教、つまりイエスと彼を囲んだ弟子たちの質素な原始キリスト教」を教えるために、この雑誌を創刊する。"God in History," *The Japan Christian Intelligencer*, March 5, 1927（内村 1980-1984、30：231-235頁に再収録されている）、引用は234頁。

32　血清療法が日本人の北里柴三郎（1853-1931）によってエミール・アドルフ・フォン・ベーリング（Emil Adolf von Behring、1854-1917）との協力の下で開発されたことを考えると、それへの言及には、日本人が開発した技術への誇りも込められているのだろう。

6.「ロールモデル」としての日本 —— 帝国主義的意味合いと批評力の限界

　初期のプロテスタント新聞・雑誌は、日本のプロテスタント教徒がヨーロッパの諸帝国の模範に倣い、それと拮抗しようとする試みを如実に示している。アメリカ合衆国はヨーロッパ帝国主義の対抗文化またはプロテスタンティズムとキリスト教国家形成の理念形と考えられていたのだが、それに対しても日本人キリスト教徒たちは同じ姿勢を持っていた[33]。北米の宣教団体は近代日本に大きな影響力を持っていたが、当地の人種差別や近年まで残っていた奴隷制をめぐる議論は、アメリカ合衆国という「ロールモデル」を批評的に再考する視点をも提供していた。さらにその一方で日本自体がアジアにおいて近代化と文明開化の「ロールモデル」にされつつあり、そこではキリスト教が近代化を促進させた重要な要素とされた。日本人キリスト教徒自身もこうした言説に魅力を感じ、それを自分たちでも流布していくようになる[34]。

　ジャーナリズムとは「ロールモデル」などのイメージを創出し、普及させ、人々を教化する手段である。日本の優越性を主張するには戦争における勝利さえも不要であったかもしれない。早い段階の中国側のリアクションが示すように、1853～1854年頃の中国新聞は徳川幕府とマシュー・カルブレイス・ペリー（Matthew Calbraith Perry、1794-1858）との交渉について熱心に報道していたが、すでにこの時期日本は思い切って西洋から学ぼうとしている国として好意的に描かれていた。明治維新よりかなり以前の1859年には、日本がすでに蒸気船を生産しているとのニュースが宣教師によって中国で広められる[35]。はたして

---

[33]　このことは多くの記事から読み取れる。たとえば、山中という著者は日本を「東洋中の英吉利」（東洋のイギリス）、東京を「帝の大日本国都」（振り仮名に注意されたい）とし、その文明開化の進展を強調して、「開明の欧米にも恥ず琉球をも教え導き月に日に進む」こととなったと述べる（「偶像の説」『七一雑報』1876年5月19日、4頁）。

[34]　関連する記事は1889年以降の西と南アフリカおよびインドのキリスト教系新聞・雑誌に見出せる。

[35]　倉田2014、206頁を参照。薩摩藩の造船所では4年間続いた努力の結果「雲行丸」という試作蒸気船が作られたが、効率の低さゆえ明治維新後に廃船となった。二つ目の蒸気船は1857年に宇和島藩で作られた。

第7章　キリスト教愛国主義と大日本帝国の膨張主義

日本と日本のキリスト教徒が、このように自分たちに向けられた大きな期待と確信に影響されずにいられただろうか。ジャーナリズムやその他の西洋技術のアジアにおける進展は、アジア諸国の間に「友好」関係よりも「競争」関係を作り出したと考えるべきではないだろうか。

日本のプロテスタント教徒は自国の近代化における自らの貢献を示そうと努めた。しかし、キリスト教国日本を作り上げようという1883年のビジョンは、1890年代のキリスト教排斥運動によって頓挫した。1900年頃までに日本のキリスト教はほとんど影響力を失い、学校における宗教教育の禁止（文部省訓令第12号）によってさらなる打撃を受け、異見を表明する力も衰えていく。同時にかつて抱いていた、超教派で一つのプロテスタント教会（公会主義）を作り上げるというビジョンも実現できないことがわかった。そうした文脈において現地プロテスタント教徒の間に日本初の徹底的な神学論争[36]が起こり、それがさらなる分裂を生み出す。しかし、プロテスタント教界内の一致が得られにくくなればなるほど、日本における初期プロテスタント宣教の時代を美化する欲求が強まったようである。1907年東京に開催された万国学生基督教青年会（World's Student Christian Federation）の大会は、日本のプロテスタント教徒にとって肯定的な自己物語[37]を語るためのいい機会となった。日本は日露戦争後世界から注目を浴びるようになったが、日本のキリスト教界も同じであった。

内村の親友で、のちに国際連盟事務次長も務め、その著書『武士道』（*Bushido: The Soul of Japan*）で知られている新渡戸稲造（1862-1933）は、大会の1か月前に『基督教世界』紙に「膨張的国民の品性」（1907年3月21日、2頁）と題する記事を寄せている。そこで彼は日本の膨張力をイメージしてもらうために次のような思考実験を提案する。「若し日本海の中心を起点とし、日本帝国の全長を半

36　植村海老名論争（1901-1903）では植村正久と日本組合基督教会の海老名弾正（1856-1937）がイエス・キリストの神性について論じたが、自由主義神学を受容し、神性を否定する海老名は最終的に大日本福音同盟会から破門される。

37　大会で演説をした宮川経輝（1857-1936）は1859年に始まった日本プロテスタント史を、「バンド」という形式を取りながら、さまざまな社会現場で活躍する愛国心に満ちた学生の運動として説明する。彼はまた会場にいる学生に、自分の天職を認め、神の国の拡張に貢献するよう呼びかける（「神国拡張に対する青年の使命」『基督教世界』1907年4月11日、2頁）。宮川はここで「神国」に「しんこく」のフリガナを付けて、天皇制イデオロギーが適用した神道概念の「神々の国」としての日本とキリスト教の「神の国」を同一視する。

169

径として円を書くならば満州も朝鮮も皆その中に入って仕舞う。これらは或は事実としては夢想かもしれぬが、勢力の及ぶところはかくの如くである。」さらに「伯林の一大学教授」を根拠に「若し日本人がいま五十年前に瞳を開いたら、恐らくロッキー以西の地は日章旗の翻える所であっただろう〔…その際、同地の〕金鉱は日本財源の一つであったかも知れぬ」と言う。このように述べた上で新渡戸は、日本の膨張を永く維持するには「国民の道徳的品性」が必要とし、「富にあらず、権勢にあらずして、真に〔占領している〕国を憂うるものは〔…〕己を殺すの誠なければ一国を治まるものでない。〔…〕朽ちざる品性の武装をして起ってこの新興帝国の国連を指導せられん」ことを求める。つまり新渡戸は一見利他主義的で道徳主義的な主張をしつつ、大日本帝国の領土拡大を是認しているのである。新渡戸がいう「国を憂うる」ことは後年の大東亜共栄圏のイデオロギーを先取りしているようにも見える。

万国学生基督教青年会の東京大会については個別に研究すべき数多くの資料が残されている。ここでは、キリスト教が1890年代に衰退してしまった経験から大会を歓迎しない日本人もいたことを記しておきたい。しかし、そういった人々もまた世界宣教のために日本は特別な貢献をする必要があると考えていた。だが彼らは —— 日本プロテスタント教徒が熱烈に迎えたジョン・モット（John Mott、1865-1955）やウィリアム・ブース（William Booth、1829-1912）などの —— 西洋の宣教師とその希望と権威に頼ることは、日本における布教の助けとならないだけでなく、むしろ現地のキリスト教の発達を妨げると考えた[38]。日本の将来についてプロテスタント教徒が抱いたビジョンのいくつかはすでに取り上げた。その中には1892年に書かれた内村の日本天職論もあった。1907年の『聖書之研究』新年号では、内村は東京大会の開催を意識して「初夢」と題した詩を通してその日本天職観を改めて表明する。

　初夢
　恩恵の露、富士山頂に降り、滴りて其麓を霑し、溢れて東西の二流となり、其西なる者は海を渡り、長白山を洗い、崑崙山を浸し、天山、ヒマラ

38　以上のように、加藤直士は内村の意見をまとめている（「内村鑑三氏のモット氏論を読む」『基督教世界』1907年4月11日、6頁）。

第7章　キリスト教愛国主義と大日本帝国の膨張主義

ヤの麓に灌漑ぎ、ユダの荒野に到りて尽きぬ、其東なる者は大洋を横断し、ロッキーの麓に金像崇拝の火を滅し、ミシシピ、ハドソンの岸に神の聖殿を潔め、大西洋の水に合して消えぬ、アルプスの嶺は之を見て曙の星と共に声を放ちて謡い、サハラの沙漠は喜びて蕃紅の花の如くに咲き、斯くて水の大洋を覆うが如くエホバを知るの智識全地に充ち、此世の王国は化してキリストの王国となれり、我れ睡眠より覚め独り大声に呼ばりて曰く、アーメン、然かあれ、聖旨の天に成る如く地にも成らせ給えと。（1907年1月10日（内村 1980-1984、14：410-11頁））

　この詩は非常に象徴的なものだが、これを内村の世界志向または汎アジア主義的な意識を表していると理解することができるのだろうか。内村は確かに、既存の諸帝国の代わりとなる神の国を想像しているが、それは愛国主義的で全体主義的な言葉で表現されている。彼は1892年の記事では日本を（東西に分かれた）二元論的世界における仲介者と考えていたが、1907年には日本を神の恩恵が最初にこの地上に現れる場であり、そこから神の恩恵が世界中に流れ出す場として描いている。このビジョンでは日本が世界の中心となる。この時点で日本はすでに琉球、千島、台湾、朝鮮半島、樺太と満州にまで手を伸ばしていた。

　この詩は、近代日本の政治と社会のもっとも鋭い評論家の一人とされる内村鑑三によるものである。内村は、自分は非戦主義者であると宣言するために『万朝報』という公共の場から引退した後にこの詩を書いた。彼が非戦を唱えながらも、兵役拒否を否定していたため、その「非戦主義」は今も議論の対象となっている[39]。内村は日露戦争に反対であったが、（キリスト教徒を含めて）同胞の多くはそれを支持し、そして（内村も）日本の勝利を誇りにしていた。内村は、自分のビジョンが表明される文脈（時代状況）には意識的な人物だと思

39　アレンは「内村の非戦主義は、内面的一貫性があったにもかかわらず、日本に対する彼の忠実の一要素に過ぎなかった（Uchimura's pacifism, although integral in nature, is but an aspect of his overall loyalty to Japan）」と述べて、内村の非戦論の曖昧さを説明している（Allen 2014, 89）。内村の著作のうち、戦場での死の美を論じた「非戦主義者の戦死」は特に批判を招いた（『聖書之研究』1904年10月20日（内村 1980-1984、12：447-49頁に再収録されている））。後者に関して矢田部2018を参照。

ミラ・ゾンターク

われるのだが、はたしてこの詩は、同胞のキリスト教徒にとって、膨張政策を
進める国家との協力に歯止めをかけるメッセージと受け止められ得ただろうか。
答えは否である。いや、そればかりかそもそも内村自身に、国家の膨張政策に
歯止めをかけようという意図はなかった可能性が高い。近年の研究では内村と
その継承者の著作の意味が問われており、極右側の言説との親和性が指摘され
てきた[40]。軍国主義的な膨張論が霊的または道徳的膨張論にすり替えられた際、
それを問題のない「世界主義」や「普遍主義」などの代替的ビジョンとし
て解釈することができるのだろうか。それこそが最も重大な問題だと言えよう。

　国内および海外のキリスト教徒が作り上げてきた日本についての解釈には、
誤解の上に立つものもある。また日本の多くのキリスト教系新聞・雑誌は「批
評的視点」を提供しようとしたにもかかわらず、宣教と帝国主義的イデオロ
ギーとの繋がりを批判する視点はほぼ見当たらない。これらの新聞・雑誌は読
者に「情報」とともに将来の「ビジョン」を提供しようとしたため、たびたび
批判的視点を欠いていたと思われる。ビジョンというものには、人々の行動を
動機づけようとするがために現実を無視する傾向がある。先に取り上げた日本
の天職についてのビジョンは、個々人のニーズに合わせられたものであったが、
同時に日本全体のビジョンとして集団的志向性を維持するものでもあった。つ
まりそれは個人と共同体という二方面に働きかけていたからこそ、膨張主義を
動機づける非常に強力な手段となったのである。

　1912年に日本のキリスト教徒は —— 内部の統一を欠いたまま —— 文部省の
誘いに応じて、積極的に「三教会同」に参加した。そこで彼らは大日本帝国と
天皇の意向を支持することを誓い、のちの帝国主義的政策に全面的に協力する
ようになる。1932年までに日本はその領土をすでに3倍にまで拡張させた。こ
の頃から、現在も責任が問われている教会の国家協力（報国）が始まった。15
年戦争期に注目する研究者は盛んに、なぜこの時期のキリスト教徒が国家に抵
抗できなかったかを問うている。1891年以前の解釈を追求する研究はいまだ
十分になされていないのだが、日本のキリスト教徒が国家に抵抗できなかった
理由は、15年戦争期よりもずっと前、つまり明治初期に創出されていた「神

40　赤江達也『「紙上の教会」と日本近代』に加えて、近年内村研究書として発表された4冊の筆者の
　　書評（Sonntag 2017）を参照。

172

第7章　キリスト教愛国主義と大日本帝国の膨張主義

の国」の解釈にあると筆者は考えている。

　本章で注目した「神の国」論は、近代国民国家形成期における「伝統の創出」として読むこともできる。つまり初期プロテスタント教徒が自らを国民（nation）、そして天職を与えられた帝国として主張するために、「神の国」という外来の伝統を受容し、「再創出」した。そのおかげで彼らはアジア諸国のキリスト教徒との絆を築き、大陸をまたぐ反西洋的な独立言説の構築に参加できた。しかし、同時に再創出された「神の国」は大日本帝国の覇権を正当化する役割も担わされていた。つまり、ユダヤ・キリスト教の古い「選民」思想が近代日本において「神の国」と結びつけられ、── キリスト教界を超えて影響力を持つようになる ── 新しいビジョンとして適用されていく過程を、部分的ではあるが、初期のプロテスタント新聞・雑誌に目を向けて追うことができた。

第 8 章

『新人』の誕生

同時代のキリスト教における
グローバルな伝道文化との関連で[1]

マイケル・I・シャピロ

1. はじめに

　地域をまたぐキリスト教徒の公共圏という概念を用い、グローバル・クリスチャニティの歴史を研究してきたミュンヘン学派は、1900年を中心として非西洋世界の国・地域における土着的かつエリートなキリスト教の「公共圏」の発生過程をたどる試みを続けている。特にアジア・アフリカにおいて現地のキリスト教徒によって刊行された新聞・雑誌を調査することによって、1900年を中心とする世界規模の伝道運動のダイナミズムが明らかになりつつある。つまり、西洋の国々に代わり、非西洋世界の福音伝道に分析の焦点を当てることによって、「多極的構造」を持った「認知的相互作用」の広範な地域にわたる20世紀初頭のグローバル・クリスチャニティにおける公的言説の展開を明らかにしているのである（Koschorke and Hermann 2014, Koschorke et al. 2016）。

　このようなグローバルな枠組みによってキリスト教史の視野がより広くなったばかりではなく、各国・地域におけるキリスト教の歴史をより深くかつ鋭く分析することが可能にもなった。たとえば、クラウス・コショルケの研究によると、世界各地においてそれぞれのキリスト教公共圏を一つのネットワークとしてまとめる役割を果たしたさまざまな多極的な構造が存在していた（Koschorke 2014b）。そして、コショルケは東アジアでこのような現地キリスト

1　この研究の一部は2013-15年のポスドク研究期間に行った資料調査に基づいている。ここでこの2年間の研究期間を支援してくださった日本学術振興会と同志社大学社会科学部の客員研究員として迎えてくださった板垣竜太教授に謝意を表したい。

教徒の公共圏の主な媒介構造になったのはキリスト教青年会（YMCA）である
と指摘する。もしそうならば、なぜYMCAが東アジアにおいてそのような役
割を果たすことになったのだろうか。この問いにはさまざまな答えが可能なの
はむろんだが、特に重要な一要因として東アジアの国々においては高等教育
が国家発展の一部として考えられていたことが挙げられる。つまり、中国・朝
鮮・日本の3か国においては、YMCAが自国の近代化を推し進めている現地の
エリート層に対して近代的な教育プログラムを提供することによって、それぞ
れの国における公的言説を戦略的に動かすための有利な手段を与えたのである。

　本章はこのような視点から日本におけるYMCA運動と海老名弾正（1856-
1937）が主筆であった『新人』という雑誌との接点を検討するものである。『新
人』と言えば、20世紀初頭にそれまで東京のキリスト教界において支配的な
地位を占めてきた植村正久（1858-1925）の「福音主義的」な神学に対してより
土着的でエリートな見地から自由主義神学を唱え、神学論争を展開したことで
有名だが、この論争自体が『六合雑誌』などを通じて、日本におけるキリスト
教会を明治期の公共圏へ繋ぐ通路を提供した日本YMCA運動の歴史に根づい
ている、というのが本章の主張である。特に欧化主義が流行していた明治中期
において、YMCA運動が日本の諸教会を代表して「日本の思想界を相手に戦
う」のが「その主なる使命であった」のに対して、明治後期の日本帝国におい
て権威主義が台頭するとともにキリスト教会が長く停滞し、「教勢不振」とい
う状況に陥る中で、日本におけるYMCA運動が徐々に日本の教会から離れ独
自の勢力になっていった過程が、海老名が牧師をしていた東京の本郷教会の
機関紙として誕生した『新人』を理解する上で重要である。また、このような
試みを通してYMCAというグローバルな運動を日本キリスト教史の中で捉え、
『新人』を世界キリスト教史の中に位置づけることによって、この二つの間で
交感された「認知的相互作用」を明らかにし、20世紀初頭におけるキリスト
教公共圏の研究に貢献したい。

2. 日本におけるYMCA運動とリバイバル

2.1. 開化運動と欧化主義

　日本におけるYMCA運動は1880年に東京で小崎弘道（1856-1938）や植村正久などの若手牧師によって開始された。当時、欧米ではYMCAが急速なペースで普及していた。一方、東京を中心とした日本の思想界は帝国大学の創設によって大きく変わろうとしていたが、日本のYMCA運動はこれら内外の変化に対応しようとする運動として始まった。この時期の大きな特徴の一つは、それまでしばしば現れていた「伝統」に基づいた反キリスト教論に代わって、帝国大学のお雇い外国人教員や日本人学者による西洋「科学」（特に進化論）の観点からみたキリスト教批判が日本の言論界に登場しはじめたことである。そして、このような動向に応えるべく東京YMCAは設立されたのである。たとえば、特に初期のYMCA運動において指導的な役割を果たした小崎弘道は以下のように回想している。

> その頃帝大の雇教師であった米人エドワード・S・モース〔Edward S. Morse、1838-1925〕は「変遷論」と題し、進化論を携えて基督教を攻撃し、同教授外山正一、菊地大麓、矢田部良吉等驥尾に付して頻に攻撃演説を為し〔…〕青年会の同人は主として是が論戦の衝に当り、宣教師フォールズ、フルベッキ両博士は、現代科学思想の深き蘊蓄を傾けて能く彼等に酬答した。（小崎 1938a、79頁）

　このように、東京の学界が急速に変わる中で、科学的な立場からキリスト教を弁護しなければならない、との認識が日本人キリスト教徒と在日外国人宣教師の共通の認識となった。こうして東京キリスト教青年会は日本の若手キリスト教徒と外国人宣教師との共同戦線を公に表明する役割を果たした。この点について、東京YMCAの機関紙である『六合雑誌』の第1号の冒頭の文言が特に示唆的である。

第8章 『新人』の誕生

我輩は夙に基督教を学び、深くその真理なるを覚りその人生すこしも離る
べからざる道なるに感じその文明の精神なるを革新せり故にその教理を解
明してこれを我国内に布かんと欲するものここに年ありしに今春偶青年有
志輩と相謀り共に宗教の理を究め与に修身の道を講じ傍わら世の誤謬を闢
いて基督教の真理を世に公にせんが為め東京に青年会なる者を設立するの
好機を得たれば平素の志懐は屡々篤く遂に溢れてこの雑誌の発行となるに
到れり。〔…〕我輩は現時皮相の開化のその歩を進むるを見る毎に未だか
つて歓喜の眉を開かざるはあらざれど詩退いて内部の文化に退却するを察
する毎に又未だかつて憂懼の眉を攢めて長大息を発せざるはあらざるなり。
〔…〕知識の発達彼が如く其れ速やかなり。而るに徳義の進歩に至っては
此の如く遅鈍にして却って退歩の勢いある葉抑々なんぞや。蓋人に宗教な
きによるのみ。(「六合雑誌発行ノ趣意」『六合雑誌』第1号、1880年、2頁)

　上記のように、「徳義」を伴わない知識だけを先に発達させることは本末転
倒であり、無い物ねだりをするべきではないというのが『六合雑誌』の根本的
なスタンスであった。学問的な真理と倫理的な真理が両立してはじめて真の文
明化が望めるのであった。そしてこの二つを両立させるものこそキリスト教に
ほかならないことを示すのが『六合雑誌』の使命であった。このようにキリス
ト教系文学とキリスト教青年会は最初から密接な関係があり、どちらも日本の
キリスト教会を明治期の公共圏に繋げる使命を持っていた。
　明治期、日本におけるYMCA運動の公共圏に対する積極的なアプローチが、
東京を中心とした日本の思想界が急速に変化していたことを反映したもので
あることは前述のとおりだが、それと同時に熊本に深く根づいていた小崎自身
の宗教思想に起因していることも指摘しておかなければならない。彼はいち
早く横井小楠 (1809-1869) を始祖とする熊本の実学派や維新後に熊本洋学校を
設立したアメリカ人のリロイ・ランシング・ジェーンズ (Leroy Lansing Janes、
1838-1909) の教育法を実践的なものとし、全国で開化・教化に携わるキリス
ト教徒の勢力をまとめ、日本におけるキリスト教界を団結させようとした。こ
の時期の小崎にとってこの構想を全国的に実現するために必要だったのが、当
時東京などにおいて日本の若手牧師によって組織されつつあった教会であった。

177

彼自身が東京において新肴町教会（後の霊南坂教会）を創立したのもYMCAが創立される前年の1879年であったし、1880年代において日本における二大教会だった日本基督一致教会と日本組合基督教会の合同運動に尽力したのもこうした目的があったからである。つまり、小崎にとってYMCA運動は、東京における諸教派の教会を結びつける母体になるために生まれたのであり、東京YMCAの機関紙として刊行された『六合雑誌』も東京の諸教会に仕える存在であった。

　このような教会本位の開化運動は当時流行していた欧化主義と密接な関係がある。小崎は「この時期においてはいずれの教会も皆長足の進歩を為さざるはなかった」（小崎1938a、109頁）と回想している。そして、この欧化主義の時代においてキリスト教会の大発展を底辺から支えたのはリバイバル（信仰復興）という伝道方法だった。小崎も当時のリバイバルの効果について「東京の諸教会は勿論地方の教会もまたこれが感化を受け、この年はいずれの教会にても多数の受洗者が起り、たちまちにして教会の大発展を見た」（小崎1938a、90-91頁）と書いている。このようなリバイバルの効果を根拠に日本における自給的な教会や小崎が何よりも熱望していた日本基督一致教会と日本組合基督教会の合同の実現を日本キリスト教徒と外国人宣教師がともに信じていたのである。たとえば、彼は1883年の5月に開かれた第3回日本キリスト信徒大親睦会について次のように書いている。

　　この大親睦会によって各派合同の精神は大いに養成せられた。その後一致組合両派合同の議が起ったのも、この会合の一結果という事が出来る。又各教会に信仰の大復興を来し、到る処教会の隆盛を見、爾後三四年間は年々会員の倍加する所も少くなかった。この会合により信徒全体の得たる一大確信は、我国は十年以内には基督教国となるべく、また少くとも国会開設までには基督教信徒の議員過半数を占むるに至るべしとの信仰であった。今日より顧る時、かかる信仰は何等根拠なき妄信のごとくなるも、当時にありては確乎たる基礎の上に置かれた信仰にて、何人も疑を懐く者はなかった。（小崎1938a、88-89頁、傍点は筆者による）

第8章 『新人』の誕生

　このような欧化主義の時代において「我国は十年以内には基督教国となる」という後年「根拠なき妄想」にさえ見えた楽観主義は一体何によって支えられていたのだろうか。それは人々に罪悪を悔いさせ、改心を迫るリバイバルの手法の驚くべき効果だったのである。リバイバルの効果は小崎だけではなく、他の熊本バンドのメンバーにも深い感銘を与えたようである。たとえば、最終的にキリスト教会から脱退することになった横井時雄（1857-1927）も次のように書いている。

　　そもそもリバイバルというは、当時我邦人はただ欧米の書に就きてそのこれあるを知りしのみにて、未だかつて実際斯かる現象に接したるとあらざりしに、今や眼前一瞬時にして全く悔改豹変するひとあるを見、或は罪を悔いて転倒する人あるを見、ここに全て祈るものには能わざる所なしといふ聖書中の約束を考え、初めて一新世界に入り、一新勢力を懐きしの感ありしなり、是よりして日本全国はことごとく教化し得べしと、かつその後二三年間リバイバルは全国各地に起こりて、同志社学生の信仰もために一変し、地方の教会或るいは一年にその会員を一倍せしものあり、或は会堂を新築するあり、相語りていう一到何事かならざらん、信徒の頼む所は祈の一事のみ、無常無限の勢力は常に吾人の微弱なる勤労を助けんとして吾人の祈を待つものなり。（横井1894、112頁）

　上記のように、この時期においては「罪を悔い」させるようなリバイバルによって解き放たれた社会的エネルギーが日本のキリスト教の諸教会や『六合雑誌』などのキリスト教系文学の下支えになっていたばかりではなく、日本人キリスト教徒と外国人宣教師に共通した祈り本位のような素朴な神学による合同戦線の底流を形成していたと思われる。

2.2.　欧化主義の終焉と夏季学校の登場

　日本YMCAが1889年に欧米を中心としたYMCAの中央国際委員会（Central International Committee、略：CIC）へ加入したのも欧化主義の隆盛によるキリスト教勢力の飛躍的な拡張に便乗するためだった。しかし、皮肉にもこの加入

179

のタイミングは欧化主義に対する反動の結果として日本キリスト教界を襲った「教勢不振」という状況とぴったり重なってしまい、逆にそれまでの教会本位のYMCA運動とは違った新局面が現れることとなった。たとえば、小崎が指摘しているように「反動時期にもかかわらず青年会が比較的良好なる発展をなしたのは、事業の方面が新しかった故である」（小崎1938a、108-9頁）。名誉主事としてCICより派遣されたジョン・トランブル・スウィフト（John Trumbull Swift、1861-1928）が神田YMCAの建物の建造に尽力し、そして井深梶之助（1854-1940）、丹羽清次郎（1865-1957）、本多庸一（1849-1912）や松村介石（1859-1939）などの著名な日本人キリスト教徒がYMCAといういかなる教会や教派からも一定の距離をおいた新しいキリスト教系運動に積極的に加わった。このようにして、YMCAが徐々に諸教会に仕える存在から独自の存在感を持った組織に転換していったのである。

　このような新しい局面を最もよく物語るのは1889年に日本YMCAの主催で同志社で開催された第1回夏季学校であろう。この学校は3年前に著名な福音伝道者として知られるドワイト・ライマン・ムーディー（Dwight Lyman Moody、1837-1899）の主催でマサチューセッツ州のノースフィールドで開かれた夏季学校をモデルとしており、YMCAのCICのルーサー・D・ウィシャード（Luther D. Wishard、1854-1925）が来日した際に、同志社の学生に夏季学校の存在を伝え、それがアメリカの学生層にキリスト教への覚醒を促すための有益な手段になっているばかりではなく、大学間の福音的なネットワークを作る役割も果たしていると説明したことをきっかけとして、同志社と日本YMCAが共同で日本における第1回夏季学校となる「学生聖書研究会夏季学校」を開催することとなった。奈良常五郎（1909-1986）が指摘するように、ウィシャードの日本キリスト教への最大の貢献は「普通の宣教師たちが早くから眼をつけていたにも拘らず、キリスト教に対して伝統的に排他的な空気の濃いために失敗していた官公立の諸学校へ伝道の通路を拓いたこと」（奈良1959、59頁）であり、この意味では同志社でのこの夏季学校は非常に成功を収めたらしく、全国から467名の男女学生が集まったのである。

　アメリカ人の学生に改心を促す目的で開催された夏季学校はまさにリバイバルに基づいたものであった。また、ウィシャードも「ムーディ風のエヴァン

ゲリスト」であっただけに、日本における第1回夏季学校もリバイバル風の雰
囲気を醸し出し、明治中期における日本人キリスト教徒と外国人宣教師に共通
した使命感を宣伝するきかっけになったと思われる。しかし、これと同時に日
本の夏季学校は早くも宣教師と日本キリスト教徒との間の意識の隔たりを露呈
してしまう場にもなったのである。たとえば、小崎がこの第1回夏季学校で発
表した「聖書のインスピレーション」で聖書が「一点一書、一字一句悉く神意
の動く所のものなりとする」(「聖書のインスピレーション」『六合雑誌』第103号、
1889年、9頁)という従来の解釈が間違っているとの立場を取り、その結果と
してジェローム・ディーン・デイヴィス(Jerome Dean Davis、1838-1910)など
の同志社の宣教師ばかりでなく、同じ熊本バンドのキリスト教徒の反発を招い
たのは有名な話であるが、このエピソードは欧化主義のピークとされるこの時
期でも日本思想界においてキリスト教に対する見方が急速に変化し続けてい
たことを示している。特に1886年からアーサー・メイ・ナップ(Arthur May
Knapp、1841-1921)の来日をきっかけにユニテリアン主義が日本の言論界・思
想界において広く流行し、キリスト教の教会組織を日本文化の自主性を脅かす
存在とする見方が広がり、「ユニテリアンや独逸普及福音協会の宣教師などが
しきりに新神学や聖書の高等批評論を主張し始めた頃で聖書に対する吾人の態
度を明らかにする」必要があったと小崎は論じている。また、彼は欧化主義の
時代が過ぎ去った後に「新神学の流行とともに多数の人々の信仰の動揺したの
は、新しき信仰の立場を発見し得ざりし結果である」ことを嘆いている。

　このような思想的動向に反応して東京で開かれた2回目の夏季学校は「精神
的キリスト教」を標榜して、1回目のそれとだいぶ性格が異なっていた。ここ
ではリバイバル風の伝道の仕方が日本キリスト教を挫かせたという見方も出
てきて、このような転換をもっともよく表しているのはのちに『新人』主筆に
なった海老名弾正が夏季学校において発表した講演であると思われる。小崎
は第1回夏季学校で自分が聖書無謬説を批判したことについて「其頃金森はデ
ビス教授等と略同意見を保持し、私の説を以て信仰の基礎を崩すものと為し
た。横井も稍々相似た意見であったが、独り海老名は私に賛成であった」(小
崎1938b、61頁)と言っているが、興味深いことに海老名自身は第1回の夏季
学校に欠席しており、大きく方向転換した第2回の夏季学校に初めて出席した

ようである。たとえば、海老名は第6回の夏季学校の校長を務めた際の「開校の演説」で次のように述べている。「諸君ご承知の通り基督教の本邦に伝わり始めたる以来、種々様々の事が欧米より流行してきました。ただ教役者が教会を建設するばかりでなく、禁酒会と騒ぎ立ち、青年会と奔走し、安息日学校や共進会やら何でも彼でも欧米にて騒ぎ始めたことは我日本でも騒がなくてはならぬようにおもい、欧米人も続々来て非常に奨励しまするが、私は一も二もよく雷同するのを好みませぬ」と言い、同志社で開かれた夏季学校は欧米への雷同に過ぎなかったと批判するが、その後に、次のように述べている。

> 故に最初の学校は雷同で起こったかも知れませんが、第二回の学校に行きて見たれば教徒に開いた夏期学校については様々の不平があったかのごとく承りました。その所であったか、第二回は初回と打って変りて講師中には哲学者もあり、実業家もあってその時より遥かに夏期学校の性質が一変したと思います。（原田 1894、12-13頁）

海老名はこの転換が日本キリスト教界が欧米の夏季学校と違って、リバイバル的な信仰を脱して、知識の交流によって信仰を深めるための夏季学校を作ったと評し、そこに日本キリスト教界が外国宣教師より独立し、「教勢不振」という状態から抜け出るための新しいエネルギーを見出そうとした。

> 狭隘固陋の外国宣教師は激昂しましたそうです。我夏季学校は最早青年の信仰復興会にて止まらず、万般に関する新元気を鼓舞し、広く知識を交換する学校となりましたかと存じます。爾後我夏期学校の講師には哲学者もあり政治家もあり実業家もありて偏に宗教談に止まらざるは米国の夏季学校の講師大いにその趣を異にしているところと思います。（原田 1894、13頁）

> 我邦で今日教勢不振というは過去二三十年間に植えついたる英米宗教の不振というのであって、一概に耶蘇の宗教の不振というのではありませぬ。（原田 1894、15頁）

第8章 『新人』の誕生

　この時代、リバイバルに対して非常に懐疑的になり、その結果として教会という組織に希望が持てなくなった日本人キリスト教徒が珍しくなかった。このような傾向は特に熊本バンドにおいて顕著であった。たとえば、最初は小崎の「インスピレーション論」に反対するも、のちに自由主義神学を標榜し、最終的に日本組合基督教会を脱退してしまった横井時雄は以下のように回想している。

　　けだし明治十七八年前後に於いて諸教会が驚くべき進歩をなししは、日本
　社会の全体が深く欧州風に傾きしに由ると多しと雖もその伝道運動の原動
　力たりしもの実にリバイバル的信仰にありとす、そは社会の境遇既に春色
　爛漫の状を呈したるに人々又リバイバルの烈火を得たりければ基督教はこ
　こに非常の勢いを以て進歩し行きしなり、然るに欧化主義の反動として保
　守主義勃興して大いに勢力を逞うしたる、又リバイバル運動その弊害の多
　かりし為おのづから廃止せられたる、これ基督教伝道渋滞の第一原因なり
　とす、案ずるにリバイバル運動というは近代西洋において頗る流行するも
　のにして、フィニー、ムーデーの徒盛んに之を奨励して、教会の元気を一
　新したりし功は蔽うべからざる所なり。（横井1894、116頁）

　上記のように、横井は「近代西洋」においてフィニーやムーディーなどの伝道者が流行させたリバイバルが欧化主義時代の日本でも著しい勢いでキリスト教勢力の飛躍的な前進に大きく貢献したと認めながらも、その反動としてリバイバル運動が終わった後に日本人のキリスト教に対する態度が冷めて、かえって冷笑的なものになってしまったことも指摘している。
　しかし、明治後期におけるキリスト教徒が皆そろってリバイバルに対して懐疑的になっていたわけではないし、夏季学校も本来のリバイバル的な性質が完全に消えていったわけでもない。特に日本基督一致教会のメンバーの多くは夏季学校のリバイバル的な使命感を忘れていなかった。この点について以下に植村が1905年に神戸関西学院で開かれた第17回夏季学校で「勢力の宗教」と題して発表したリバイバル論に触れることによって、YMCAの運動の一環であった日本の夏季学校においてリバイバルをめぐる言説が展開されていたことを明らかにしたい。

183

先日ある人が問うていうには「リバイバルはユニテリアンにはありません
か」と、そこで私は答えて「もちろんユニテリアンにもある、真実に耶蘇
を信じる者のみならずよしその信仰はなはだ未熟なるもの、あるいは全く
信仰のなき者にでも随分リバイバルはある。しかし真正の基督教的信仰を
有する者にはユニテリアン等の到底見る事の出来ぬリバイバルがある」と
申しました。（佐波 1938、618頁）

　このように植村はリバイバルは自然現象に近い普遍性を持っているため、リ
バイバルを排除しようとする「ユニテリアン」のキリスト教徒にさえリバイバ
ルはあるし、非キリスト教徒にもあるとしている。そして、続けていう。

私ここにおいて考える、今日日本に於いて如何にしたらリバイバルは起こ
るか、洗者ヨハネの時四方より人々ヨルダン河に集まり彼より教えをきい
たようなリバイバルはある、煩悶よりして安心を求むるリバイバルはある、
然し真正に耶蘇は吾人に代わりて死なれたという贖の教を信ずるというご
ときは今日吾人の間に見ることが少ない（佐波 1938、621頁）

今日日本の基督教は多くユニテリアンであると思う、吾人の教会はユニテ
リアン風かもしれぬ。この際吾々はイエスの跡を尋ねてその人格に感服す
るのみならず真正に三位一体の神にして変貌のキリストが吾々の前に出現
しなければならない。（佐波 1938、623頁）

　植村がここで日本のキリスト教界がユニテリアン風になってしまっていると
指摘しているのは新神学の流行による人々の信仰を嘆いた小崎の立場と共通し
ているが、特に注意すべきことは植村がリバイバルの重要性を人々を罪から解
放させることで彼らの信仰を復活させるためにあるとしていることである。こ
の意味で植村がキリストの人格に感服することはリバイバルの条件としては不
十分であり、信徒たちが三位一体のキリストと結合されなければならないと説
いていることは特に興味深い。YMCA運動の一環として始まった夏季学校は
リバイバル的な枠組みとして出発したが、逆にリバイバル精神に基づいたキリ

ト教信仰を問い直す場へと転換していった。続いて、このYMCA運動に由来する言説と、日清戦争（1894-95年）後の東京において誕生した『新人』との繋がりを解明したい。

3. 『新人』の人格論──20世紀初頭の日本キリスト教における福音主義の再定義

3.1. 大挙伝道と植村・海老名神学論争

　日清戦争の勝利によって、日本が幕末時代に列強との間に結んだ不平等条約が改正されるようになり、それまでの日本をめぐる不安定な国際情勢もある程度緩和されたが、だからと言って日本国民のキリスト教に対する姿勢がより寛容になったわけではなかった。たとえば、小崎は言う。「条約改正を実行するに当たり、仏教者その他保守的側はこのため国民の信仰上の大変動を来すであろうと憂慮し、防御策として種々の計画をなし、同時にキリスト教信徒特に宣教師などは今後は内地雑居も内地の旅行も自由となるため、伝道は大々的に進展を見ると予期したが、事実何らの波動も」（小崎 1938a、175頁）起きなかった。こうした状況下で日本キリスト教会を盛り上げることのできるような福音主義を再建しようとするさまざまな運動が東京を中心に起こった。

　海老名弾正が1897年に神戸より東京へ移り、本郷教会の牧師に就任したのもそのためだと思われる。日清戦争が終わった後でも続く教勢不振にもかかわらず、海老名は戦争前と時代が大きく変わっていることを感じ取り、特に東京に集まってくる学生たちの感受性の変化に注目し、本郷教会の再建を図った。たとえば、海老名の弟子で後年彼の伝記を書いた渡瀬常吉（1867-1944）が引用した海老名の手記によると「この時における我教会の模様は、昔日の状態とは全く一変し、追々新進気鋭の青年信徒を以て充たされつつあった」（渡瀬 1938、230頁）。海老名はこの青年層を支持基盤にして日本教会に新しい公共性・社会性を見出そうとしたのである。そのために日清戦争後において特に意識されるようになった日本の維新以来の文化的進歩を肯定し、その上でキリスト教の必要性を説く必要があった。その意味で、『新人』の創刊号に掲載されている趣旨は先に引用した『六合雑誌』の冒頭の文言と対照的になっていると言える。

185

たとえば、『六合雑誌』が日本の近代化はそのキリスト教化を伴わなければならないと主張したのに対して、『新人』は次のように論じている。

　三十年来欧米の物質的文明を吸収するに専らにして他を顧みるに遑あらざりし。我が日本の国民は今や優然その頭を挙げて精神的光明を望む時となりぬ。余輩豈に之を慶せざるを得んや抑々物に本末あり種子先づ地に落ちて幹枝生じ花華開きて而して後に果実を結ぶ社会の文明なるものも亦かくの如し。(「発刊の辞」『新人』第1号、1900年、1頁)

　ここではキリスト教化は近代化を実現するために必要な土台ではなく、むしろ物質的・制度的な近代化の後に初めて実を結び、完成されることになっている。「幕末の志士の唱導したる教訓は既にその果を結び了りぬ新果を得んと欲せば新種を下さざる可からず新日本の国民には新思想を与うるの必要あればなり」(同所)。このように、キリスト教は明治維新以来の日本の内在的な進歩をさらに進展させるために受け入れられなければならないというのが『新人』の根本的なスタンスである。このように日本キリスト教における「教勢不振」の時代だったにもかかわらず、海老名だけはあえて日清戦争後の日本社会に新しい可能性を見出し、『新人』を通して教会の思想界への通路を切り開こうとした。この意味でこの時期における海老名の知識人としての活動は小崎の明治中期の活動やその後に展開されたYMCA運動と同じ延長線上にあったと言える。後述するように、日本の学生YMCAが学生ボランティア運動の指導者であるジョン・R・モットが来日した際に世界学生基督教連盟に加盟し、より綿密に連携するようになったのも日清戦争後の1895年であるが、これも東京を中心とする日本の学生たちに福音伝道のための新しい可能性を見込んだ動きであり、やはり海老名に東京への移動を決断させた一つの理由だったと思われる。たとえば、海老名の手記によると彼の東京への移動には「教勢行き詰まりいかともすべからず分けて東京は火の消えたる」状態で「偶々万国青年会長モット氏を中心として活動せんと相談が始まって」いたが、その「挽回策として押川〔方義、1850-1928〕・横井・海老名の三人と戸川残花〔1855-1924〕・岩本善治〔1863-1942〕が手伝うて一大勢力を揚げるように目論む」(渡瀬 1938、233頁)狙いが

あったというのである。

　海老名が『新人』において発表したYMCA運動批判論は後で触れたいが、ここではまず『福音新報』と『新人』の紙上で繰り広げられた植村・海老名キリスト論論争を取り上げることにしたい。なぜなら、この論争は日清戦争前に植村が金森通倫（1857-1945）や横井時雄などの他の熊本バンド出身者と展開した神学論争と似ているようで実は性格を異にしており、同時に『新人』が誕生した頃に日本キリスト教界が直面していた課題をよく反映しているからである。1890年代において金森や横井が教会を経由としない「精神主義」あるいは「倫理主義」的なキリスト教を唱えるようになったが、それに対して海老名は彼らが挙げた論点を自身の神学思想に取り入れながらも、まさに「教会」を本位とした、新しい「福音主義」を打ち立てようとしたのである。だからこそ、小崎が後年海老名の神学を批判しながらも、「組合教会多数の教師信徒が金森、横井其他の人々の跡を追いユニテリヤン主義に流れ行くか又はその信仰を失う事とならなかった事信仰思想の危機に際しこれを防止するに大なる功績」があったとし、海老名の「思想に対しては同意を表する事出来ない点多くあるも、同牧師の信仰誠意に就いては一点の疑いを入れざる所である」（渡瀬1938、369頁）と書くのである。

　したがって、植村・海老名神学論争は伝統神学対自由主義神学の典型的な対決とされることが多いが、より根本的には欧米で始まった20世紀前進運動（Twentieth Century Forward Movement）に刺激を受け、日本の都市を中心に1901年から実践されることになった大挙伝道を背景とした伝道作戦をめぐる論争だったと言える。海老名は植村との論争において大挙伝道を進めるために結成された福音主義同盟が「聖書を以て信仰と行為の完全なる規範とし」（小崎1938a、184頁）、「キリストを神と信ずる」こととする「福音主義」の定義があまりにも偏狭で、かえってキリスト教徒を分裂させ、教会を非活性化しかねないような非福音主義になっていると論じた。たとえば、彼は『新人』において以下のように説いている。

　　これらの教論は人類の頭脳をなやまし、人類の厚情を冷ややかならしめ、
　　又基督の教徒を四分五裂せしめたり。基督の福音は仇敵をも和睦せしめ、

是等の教論は兄弟をも分離せしむ。基督の福音は異教人を歓待し、是等の教論は異論者を厭悪せり。基督の福音は敵の為に祈り、これらの教論は同宗を詛えり。基督の福音は死者を活かし、これらの教論は生者を殺せり。これらの教論は独り基督の福音の随伴者の価値なきのみならず基督の聖なる恩恵の座を奪って、その暴行虐殺を恣にしたる偽福音にあらざるなきか。（「福音主義とは何ぞや」『新人』1901年9月、1頁）

　上記のように海老名は「福音主義」に対して自由主義神学的な立場を論じていたというより、むしろ日本キリスト教における「偽福音」に反対して、教会を活性化させるような「真」の福音主義の必要性を主張していたのである。

3.2.　海老名弾正の人格論の主眼

　『新人』の主筆と本郷教会の牧師であった海老名が何よりも狙っていたのは東京に集まってくる学生たちを読者・信徒に勝ち取ることであり、彼らに受け入れられるように福音主義を再定義することであった。海老名はこの最新の教育を受けている学生たちの中にこそ日本キリスト教の新しい指導者を期待し、彼らの動向をつかむための神学が必要であるとした。たとえば、彼は『新人』で次のように書いている。「吾人は常にいえり、学生は機先を争うものなり、彼等の去り始むる時は宗教衰微の徴なり、彼等の来り求むるときは宗教勃興の始なりと。学生青年ほど時機を卜するに的標なるものはあらざるなり。この学生が数年前より生命ある宗教を求めて動きつつありしは今日を予言せるものなりしなり」（「福音同盟会大挙伝道」『新人』第2巻、1901年8月、1頁）。このような学生向けの新しい福音主義を論じるに当たって、海老名が『新人』においてもっとも頼っていた概念は「人格」であった。日清戦争後の日本において井上哲次郎（1856-1944）や高山樗牛（1871-1902）などの東京帝国大学の哲学者は「人格」を非宗教的な国民道徳の規範として唱えていたが、海老名は逆に「人格」がキリスト教の最も核心的な宗教概念であるとした上で「基督を主として建立したる宗教」という従来の福音主義的な見方に代わって、イエス・キリスト自身の宗教意識（つまり彼の人格）に基づいた「基督の宗教」を唱えた。このように、海老名は「人格」に「三位一体」や贖罪論などの従来のキリスト

教の教義にとって代わる教会の新しい信仰の基礎を見出したのである。たとえ
ば、彼は「聖霊」という三位一体論的な概念について以下のように書いている。

　　神の霊という語は基督以前にあった。古への予言者が感発した所のものは
　　即ちこの神の霊であった。しかれども、この霊は未だ予言者そのものの霊
　　となって、彼らの人格を成したるものではなかった、この霊は去来常なき
　　ものであった、又この霊は予言者をして神を天父とみては号呼せしめな
　　かった。したがって万人を一視同仁するところの博愛の霊ではなかった。
　　しかるに基督の霊は神を仰いで父と呼ばしめ、万人を見ては一視同仁の至
　　情を発せしむる、否万人のためには犠牲となるを歓諾せしむるものである。
　　しかしてその霊は基督の人格を完成したものであって、基督の聖霊という
　　より外はない。（「三位一体の教義と余が宗教意識」『近代日本キリスト教名著
　　選集』日本図書センター、2002年、42頁、傍点は筆者による）

　ここではキリスト教の普及において「聖霊」がイエス・キリストの「人格」
の完成と同一視されることで、キリスト教はイエス・キリストによって創立さ
れた宗教であると同時に、キリストの信徒によって完成される宗教でもあると
いうことが論じられている。この意味で海老名は金森・横井などの自由主義神
学論者のようにキリストが人々をその原罪から解放するために死んだという
「贖罪論」を批判していたが、彼らと違って、海老名は特に贖罪論が教会を社
会から隔離させる存在になっていると指摘し、人々を罪から解放するためのリ
バイバルに代わり、「人格」を日本キリスト教界の積極的な社会化を図るため
の概念にしたと言える。

4.　『新人』とYMCAとのライバル関係

　前述したように、海老名と植村が神学論争を展開していた20世紀初頭とほ
ぼ同時に欧米を中心とした世界規模のキリスト教伝道運動においてもう一つ
の「福音主義の再定義」が行われていた。それはジョン・R・モットが率い
た学生ボランティア運動が「この世代における世界の福音化」を目指して特

に世界の学生YMCAを一つの世界学生基督教連盟（World's Student Christian Federation）に統一する動きだった。この運動の指導者・理論家として活躍したモットはアーサー・タッパン・ピアソン（Arthur Tappan Pierson、1837-1911）等の思想に深い感銘を受けていた学生ボランティア運動の「福音主義」を再構築し、この組織を教会から分離させた上で独自の世界への普及の道を切り開いた。そして、モットが日清戦争が終わってから間もなく来日すると海老名と同じく日本の学生層がキリスト教の新しい指導力になることを見込み、彼らを日本におけるYMCA運動の原動力にするために活躍した。このようなYMCA運動における新しい福音主義の再定義・再構築に対して、『新人』はいち早く反応し、ライバル意識も隠さなかった。たとえば、モットが1901年に来日した際に、海老名は『新人』を通して次のように論じている。

　　先月初旬、米国より来朝したるモット氏は、極めて熱心にその信仰を多くの教育ある青年の問いに述べ、その結果幾百十の子弟は翕然として受洗又は求道の決心を表白したるという。而して同氏はその演説中にしばしば基督復活のことを強めて説きしと聞く。吾人不幸にして復活の内容に関する同氏の意見を聞くを得ざりしを憾みとするが、之を聴かれたる諸君の中また種々の疑問を起こされしもの多からん〔…〕モット氏来り都鄙の青年の為に動きしは既に説きしが如し。只思わざるべからざるは彼等何処に向かって動くかに在り。青年何を見てか動く、彼等自ら其心の何方に発するを感ずるや吾人の目標は万古炳焉として神とキリストとに在り。吾人はモット氏来り青年の心大いに動きしを喜ぶと同時に、彼等の心尚切に生ける神及キリストに向かって発動せんとを望まざるを得ず。〔…〕現時我邦の大学々生中、其学識に於いて敢えてモット氏に譲ざるもの少なからざるべし。ただ及ばさるはその人格にあり、その元気に在り、而してその確信に在り。（「基督復活の内容」『新人』第2巻4号、1901年11月、19頁、傍点は筆者による）

　上記のように海老名はモットが来日した際に行った講演によって日本の学生たちの宗教心が覚醒させられるどころか、むしろ挫かされる恐れがあるとした。

第8章 『新人』の誕生

なぜなら、学識においては日本の学生がモットなどの欧米のYMCA指導者に劣るところは一つもないが、人格においてはまだ及ばないし、だからこそ彼らが学校で身につけている学識を活かし、その人格を高めることが最も必要だからである。このためにはあくまで欧米の宣教師から自立した日本キリスト教会が必要であり、YMCA運動に伴う寄付金や宣教師の派遣によってその「人格」の確立が妨げられかねないと『新人』は主張した。たとえば、1903年に海老名は再びYMCAに対して攻撃を加えた際に次のように論じた。

> 日本基督教会が青年会の必要を認めたるは十五年前にして、当時は米国青年会の派出員も来り、あるいは夏期学校の開催を主張し、あるいは青年会館の建築を奨励し、あるいは青年も少なからず入り来りて、仕切りに中学校や夜学校の英語教員となり、日本伝道を心掛けたる也。それより七八年を経過して、米国学生青年会の派出員モット氏来りて、頻りに連合学生青年会の設立を促したり。その奨励に動かされ、東都をはじめとして、所々に学生青年団体の成り立つや米国よりは幾千円、幾万円の寄付金続々送り来れり。吾人はこの寄付金の先鋒隊が無条件にして来らざるを警告したることもありしが、静かにその発展し来るところを見るに、寄付金の後陣には吾人が警告したりしがごとく、青年宣教師の派出あり、モット氏は再び日本に渡来し、四方を遊説したるの後、米国に帰り復命して曰く、日本にはなお多数の宣教師を要すと。(「青年会員に警告す」『新人』第4巻10号、1903年10月、3頁)

上記のように、海老名はYMCA運動による寄付金が日本のキリスト教会の自立や活性化を危うくすると見なし、その原動力になるべき青年層の信仰を弱化させる存在であるとした。

> 一方に教会の独立を主張しながら、一方には隷属的青年会を設立せば、日本民族の矛盾もまたはなはだしいというべし。〔…〕教会において成功しつつあるものを青年会において破壊するに至らんか〔…〕我邦の青年会をして独立せしめよ、教会内の自由なる発達に一任せしめよ、各地方の合意

運動に放任せしめよ。(「青年会の独立」『新人』第4巻11号、1903年11月、38頁)

海老名が日本におけるYMCA運動を以上のように批判したひとつの理由は彼がYMCAを福音主義同盟の一部と見なしていたからだったが、興味深いことに当時海老名と福音主義の定義をめぐって論争を展開していた植村も海老名と同じようにYMCA運動が日本におけるキリスト教会の自立性や活力を危うくしかねないと危惧していたようである。たとえば、植村は神田YMCA会館が建設された頃にすでに以下のように論じていた。

我が邦に青年会を設けんとするにはその方法必ずしも西洋に則るべからざるものあるを記憶せざるべからず。その第一に則るべからざるものは青年会をして全く教育より独立せしむるの一事なり。〔…〕余輩の考案によれば各教会に青年会を設け、牧師若しくは教師なきの教会にては、会吏自らがこれが長となりてその事業を拡張し、場合の許すに至れば特にこれがために事務者数人を置きて、青年会の事業を担当せしむべし。会堂に付属せる家屋に書籍室を設け、体操場を置く、何を以てこれを不可とするや。この仕組みによれば、牧師は社会改良の中心となり、良好なる感化力を広く世上に及ぼすの枢機に立ち、これをして坊主然たらしむることなく、常に活世界に近き活発有為の人たらしむるを得む。敢えてこれを世の識者に質す。(植村 1931-1934、5：532頁)

このように、植村は海老名ほど日本におけるYMCA運動の普及を警戒していたわけではないが、海老名と同じようにYMCAが特に日本の教会から離れた独自の存在になり、日本の教会を挫かせる勢力になってしまうことを恐れていた。だからこそ、彼はYMCAに教会の牧師の指導を受けさせた方がいいと考えたし、この姿勢は彼の人生に一貫していたようである。たとえば、1920年に植村が日本YMCA運動の歴史を顧みて、YMCAが日本キリスト教の外国人宣教師への依存を強める一方でその宗教性を薄めさせたことを嘆いている。

青年会は漸次日本人の事業にならんとしつつある。しかし、今のところでは事業において日本人の力を代表して居らん。外国のお陰を蒙るらねばとても現在のごとき状態には立ち至ることを得なかったであろう。是は青年会のみではない基督者の教育事業の多くがそれである。遺憾ながら教会の多くもそれである。日本における基督教の事業は日本基督者の実力を代表するものとはいわれない。ことに青年会のごときはその設備万端が日本の基督者よりむしろ外国の基督者を代表するのみならず日本の非基督教を代表して居る。(植村 1931-1934、5：592-93頁)

　上記の引用文において植村が表している危惧は海老名弾正が1900年代の『新人』において展開したYMCA批判にも通じていると言えよう。しかし、海老名と違って植村はYMCA運動の功績を認めつつも、そのリバイバル精神こそ復活させなければならないとした。

外国の青年会は数年前までムウディ風な信仰気分で充たされ、その演説の体裁から讃美歌に至るまで皆ことごとくその型であった。日本でも最初はややそういう風であった。それも一得一失である。吾人は必ずしもその昔に恋々たるものでない。しかし近来青年会の宗教がムウディ等の信仰と幾分か遠ざかり行き、その経営があまり社会的にのみ偏し霊的方面を疎にするように見え、はなはだしきは基督教の三字を、その名称より取り除くにしかずと思わるるような傾向のあることははなはだ遺憾である。第四十年に達したる青年会がこの点において覚醒するをみたきものである。(植村1931-1934、5：593頁)

　つまり、海老名と正反対に、植村はYMCAの「非基督教」性の原因をその「ムウディ風な」リバイバル精神が不足しているところに見出し、教会本位の「福音主義」の復活を唱えたのである。
　したがって、20世紀初頭における海老名と植村は『新人』と『福音新報』の紙上で対立しながらも、どちらも日本の教会を再活性化するための新しい「福音主義」を模索していたと言えよう。だからこそ、二人はYMCA運動とい

う非教会的な制度の日本における急速な成長に対して警戒心を抱いたのだろう。ただし、前述したように、YMCA運動も同じく20世紀初頭の日本における「福音主義」の再定義に関わっていたばかりではなく、そもそも日本キリスト教界が明治期の公共圏において占めた立場は日本YMCA運動を媒介としている面も少なくない。この事実に対して植村は一定の理解を示していると言えようが、一方で、海老名が『新人』において表現しているYMCA運動に対する剝き出しの敵意は逆に彼がモットらのYMCA指導者のグローバルなビジョンに共鳴していたことを反映していると思われる。たとえば、海老名は1903年に『新人』においてYMCA運動の弛まざる活力にアメリカ合衆国の「精神的帝国主義」を見出し、以下のように讃えている。

> 古代の帝国と近代の帝国とその名称は同一なれども、その意義に至りては天地隔絶す。宜なる哉、北米共和国はその帝国主義を世界に皇張しつつあるなり。共和国に帝国主義ありとは、名実相違するがごときものありと雖も、事の真相を探求すれば、北米合衆国にして始めて帝国主義の真義を明らかにするを得べきを見る。彼等の青年の意志は其淡々として燃え上がる欲情の烈火を制御せんと修養しつつあるなり。〔…〕又かの青年会事業を見よ、彼等の標語に曰う、Evangelization of the World in this Generationと、吾人はその事業の成果に向かって、頗る康焉たる者なきに非ずと雖も、世界を道義的に制服せんとする其大抱負に対しては、時に驚嘆を禁じ得ざるものある也。(「帝国主義の真義」『新人』第4巻5号、1903年5月、1-2頁)

　上記の引用文は『新人』と日本におけるYMCA運動との間で葛藤を孕みながら生じた「認知的相互作用」を力強く示唆していると言えよう。そして、このような対立の上に展開したコミュニケーションは1900年代の日本帝国で終わることなく、また本書の第12章で取り上げているように、1910年代における植民地朝鮮のYMCA運動にも影響を及ぼしているのである。

第 9 章

『万国公報』における
中国人知識人のキリスト教観

儒学的価値観との
対立と調和

倉田明子

1. はじめに

　キリスト教の「土着化」という問題は、中国キリスト教史研究においても極めて重要なテーマのひとつである。中国におけるキリスト教の土着化としては、1920年代のプロテスタントの「本色化運動」がその事例としてしばしば取り上げられてきた。日本における先駆的研究としては山本澄子が、1922年に成立した中華基督教協進会が重要な課題として掲げた「本色教会（indigenous church）の育成」について概観するとともに、誠静怡（1881-1939）や趙紫宸（1888-1978）、王治心（1881-1968）ら中国人教会リーダーたちの言説に拠りながら、「本色教会」論の内容を「キリスト教と中国文化の融合」と「中国教会の自立」という2点から分析している（山本2006、第3、6、9章）。また近年では朱海燕が1910年代から1920年代の中国の政治的、社会的背景から醸成された反キリスト教運動を多方面から明らかにしたうえで、その影響を受けつつ展開したキリスト教の本色化運動に再検討を加えている（朱2016a-d）。またこれらの研究のなかで、山本は本色教会論に関する著述も多数掲載した雑誌として『生命月刊』、『文社月刊』の2冊を取り上げ、概括的な紹介を行っており、朱も広東省で反キリスト教運動に激しく対抗したキリスト教雑誌『真光雑誌』について取り上げている（山本2006、65-77頁、朱2016d、65-73頁）。現状では雑誌を主体とした研究は多くはないが、今後、これらの雑誌の言説の分析を通して1920年代の本色化運動の研究を深めてゆくことも可能であろう。

一方、上述の研究でも指摘されているように、本色化運動は中国において急速に高揚したナショナリズムからの影響や、当時中国にも影響を拡大しつつあったマルクス主義の立場からの宗教（キリスト教）批判に対する応答という側面を持っていた。その意味では極めて時期が限定的であり、また、この運動の担い手として認識されるのは、宣教師ではなく中国人信徒のみ、しかもプロテスタント教会の信徒たちである。しかし、宗教の「土着化」という概念自体はもう少し広い文脈で捉えることが可能である。日本キリスト教史の文脈で土着化を考察した武田清子は、土着化の理想型を「（キリスト教が）その種まかれた土壌の中に深く身を没し、自らを失うように見えながら、その土壌の本質をゆすぶり、新しい価値をもって対決することを通して、その土壌のふところから新しい生命が芽生え、その生命を原動力とした新しい文化、新しい思想、新しい生活が育ってゆくこと」と表現し、日本のキリスト教受容のあり方を「埋没型（妥協の埋没）」「孤立型（非妥協の孤立）」「対決型」「接木型（土着型）」「背教型」の五つに分類した（武田1967年、4-5頁）。基本的な概念としては、これらの類型は中国におけるキリスト教受容にもおおむね当てはまるように思われる。古くは中国（および日本）でイエズス会が採用した「適応主義政策」などもカトリックにおける土着化の一端として捉えられるだろうし、19世紀初頭に中国に伝播したプロテスタンティズムにおいても、1920年代の本色化運動以前の早い時期から、中国の文化や社会におけるキリスト教受容のあり方については議論が積み重ねられてきた。そこでは上述の各類型のいずれかに振り分けることができそうなさまざまな論点が生まれている。議論の担い手は当初は宣教師たちであり、外面的にせよ内面的にせよ、キリスト教や宣教師たち自身を現地社会になじませてゆく努力を続けてゆくなかで、彼らのもとで育成された中国人信徒たちもこの問題について声を上げるようになってゆくのである。

　ところで、キリスト教が中国において対峙し、何らかの形で「適応」しなければならなかった「文化」の根本にあったのが儒教である。これはイエズス会宣教師であれ、プロテスタント宣教師であれ、また、中国人信徒であれ、中国でのキリスト教布教を進めるうえでは避けて通れない問題であった。清代前期のキリスト教禁教を招いた典礼問題は孔子や祖先に対する崇拝を中国のカトリック信徒に認めるかどうかで起こった問題であったし、19世紀以降のプ

ロテスタント布教においても儒学の教えや祖先への儀礼に対して、キリスト教がどう向き合うべきかが議論され続けた。そこで本章では、中国におけるキリスト教の土着化を、中国人信徒の儒教にかかわる言説を通して考察してみたい。なお、本章で取り上げる中国人知識人たちはしばしば、孔子や孟子などの儒者の教えを宗教とは切り離し、道徳や思想ないし学問として捉えようとする。そうした場合については、本章では、宗教としても捉えることのできる「儒教」ではなく、学問という意味での「儒学」という用語を用いる場合があることをお断りしておきたい。

　本章で研究対象とする雑誌としては、『万国公報』を取り上げたいと思う。詳しくは後述するが、この雑誌は編集長は宣教師だが中国人の編集担当者もおり、また中国各地の宣教師や中国人信徒からの投稿文が掲載された。中国各地のプロテスタント宣教師・信徒の情報交換、議論の場として機能した雑誌で、中国人信徒の声を直接拾った雑誌としては先駆的なものであり、教会リーダーとしても台頭しつつあった中国人信徒たちの思想が示されている。以下では、この『万国公報』（およびその前身『教会新報』）に見られる中国人信徒の儒教にまつわる議論から、彼らのキリスト教観を検討してゆくこととする。

2. 中国におけるキリスト教雑誌の系譜

　まず、中国でのプロテスタント布教開始後に発行された雑誌について概観しておこう。中国におけるプロテスタント布教は、1807年、イギリスのロンドン伝道協会の宣教師ロバート・モリソン（Robert Morrison、1782-1834）が広州にやって来たことから始まる。当時の清朝ではキリスト教は禁止されており、宣教師が中国国内で活動することは極めて困難であった。イギリス東インド会社の通訳となったため、例外的に広州で活動を続けられたモリソンをのぞき、後続の宣教師たちは東南アジアのイギリス植民地で華僑や現地の人々に布教しつつ、中国布教の準備をした。彼ら東南アジア在住の宣教師によって、『察世俗毎月統記伝』（1815-21年）や『特選撮要毎月紀伝』（1823-26年）といった最初期の中国語のキリスト教雑誌が刊行される。1830年代に入ると広州に定住したり、中国沿岸で布教旅行を行ったりする宣教師も増えてゆき、広州で『東

西洋考毎月統記伝』（1833-38年）が刊行された。これらの雑誌にはキリスト教の教義の紹介などに加え、西洋の地理や天文学、科学技術を紹介する記事なども掲載された[1]。

　アヘン戦争を経て1842年に南京条約が結ばれ、上海や厦門、広州などの開港と香港島のイギリス割譲が決まると、宣教師たちも新たな開港場に拠点を移し、中国での布教活動を本格化させた。布教の一環として出版事業も重視され、特にロンドン伝道協会の香港支部である英華書院や上海支部である墨海書館が中心となって、聖書や布教書のみならず海外情報や西洋の学問知識を紹介する書籍などが出版されたほか、雑誌や新聞も刊行された。この英華書院、墨海書館が深く関わった定期刊行物として『遐邇貫珍』と『六合叢談』がある。『遐邇貫珍』は1853年8月から1856年5月にかけて英華書院で印刷された月刊紙で、民間で発行された最初の中国語新聞と言われる。印刷は英華書院で行われたが、販売は英華書院、墨海書館双方で請け負っていた。『遐邇貫珍』は、西洋事情（政治・通商・地理・生物・医学など）を紹介する論文と、「近日雑報」と称されるニュース欄の二つの部分から構成されており、「新聞」ではあるものの、雑誌に近い形態や内容も兼ね備えていた。『六合叢談』も同じく月刊紙で、『遐邇貫珍』の廃刊後半年を経て、1857年1月から1858年6月にかけて墨海書館で発行された。内容的にも『遐邇貫珍』と似ており、やはり西洋の学問や制度、地理、歴史などを紹介する論文と時事情報によって構成されていた[2]。

　1860年に結ばれた北京条約によって新たな開港場が生まれ、宣教師の内地布教が公認されると、キリスト教布教はさらに拡大してゆくようになる。また、1860年代半ば以降、清朝政府が主導する近代化政策（「洋務運動」）が進行してゆくと、西洋知識に興味を抱く中国人知識人も増加し、西洋の科学関連書籍の中国語訳も盛んに行われた（倉田2014、第3、6章）。こうしたなか、宣教師たちも各地で新聞・雑誌を発行し、キリスト教および西洋知識の伝播に力を傾けるようになった。これらの新聞・雑誌の中でも比較的早期に出版されたのが、

1　これらの月刊誌も含め、19世紀の中国語定期刊行物の系譜をたどった研究としては卓1990がある。

2　この二つの新聞については解題と研究論文、原本の影印を収録した沈1999および松浦2006が刊行されている。また倉田2014、第3章（144-55頁）でも両紙の内容と中国人執筆者について分析している。

第9章 『万国公報』における中国人知識人のキリスト教観

『万国公報』の前身となる『教会新報』である。1868年9月、アメリカの南メソジスト監督教会の宣教師ヤング・ジョン・アレン（Young John Allen、1836-1907）が上海で創刊した週刊誌で、当初の目的は中国のプロテスタント教会の宣教師や信徒の間の情報交換であった。しかし徐々に中国内外のニュースや時事評論、自然科学関連の記事なども充実してゆき、これらが全体の半分以上を占めてゆくようになる。創刊から6年後の1874年には『万国公報』と名称を変え、より一般的な中国人知識人向けの月刊誌となった。

このほか、1870年代には、北京で発行された『中西聞見録』（1872-75年）、その続刊とも言うべきもので、やはりアレンが中心となって上海で発行した『益知新録』（1876-78年）、同じく上海で発行された『格致彙編』（1876-78年、1880-82年、1890-92年）などの雑誌が次々と現れた。これらはいずれも宣教師が編集や執筆に深く関わっていたが、西洋情報や科学知識の伝播を主眼とした世俗的読み物として発行された。特に『格致彙編』は、キリスト教に関する文章は全く掲載されておらず、純粋な「科学雑誌」と呼ぶべきものであったと言う。一方『教会新報』と『万国公報』は、西洋情報や知識の伝播ももちろん重視しており、時間の経過の中でキリスト教関連の記事は減少してゆく傾向はあるが、信徒間の情報交換や討論の場という機能を保ち続けていたことに特徴がある。発行期間も1874年から1883年、6年間の休刊の後1889年から1908年までと上記のいくつかの雑誌に比べて圧倒的に長く、19世紀後半の中国のキリスト教徒（宣教師と中国人信徒の双方）の声を広範に拾い上げていると言えるだろう[3]。実際、『教会新報』と『万国公報』には上海、広州、香港、厦門、漢口、北京などさまざまな地域からの中国人信徒の投稿記事が掲載されており、特に『教会新報』の時期や『万国公報』の前期には、中国人によるキリスト教の教義にまつわる議論や聖書釈義、宣教師の帰国ないし死去に際して書かれた詩などが数多く掲載されている。こうした状況からは、高度な教養を身につけ、詩文にも秀でた中国人信徒が各地で増加していたことを見てとることができる。

以下では、中国人信徒たちの投稿文に焦点を当て、彼らのキリスト教観がわかるものを紹介してゆきたいと思う。

3　1889年の復刊後は、発行者は広学会となっている。

199

3. 『教会新報』と『万国公報』における中国人信徒のキリスト教観

3.1. 『教会新報』の聖書釈義コンテスト

　中国人信徒のキリスト教観が比較的はっきり示されているのが、聖書釈義の文章である。ここではまず、『教会新報』上で1870年の夏に行われた聖書釈義のコンテストについて見てみたい。コンテストのテーマは、新約聖書のマタイによる福音書にあるイエスの言葉「あなたがたはわたしを何者だと言うのか」であった[4]。編集部の予想を超える多数の応募があり、予定より一週遅れて1870年8月に上位20人の名前が発表され、以後5位までの文章が複数回に分けて掲載された。第1位と第2位の文章はどちらも旧新約聖書のさまざまな箇所を引用し、それに依拠しながらイエスは何者であるかを論じており、徹頭徹尾聖書に基づいた聖書解釈とでも言うべきものであった。このコンテストの順位を最終的に決めたのは『教会新報』編集長のアレンとロンドン伝道協会の宣教師ウィリアム・ミュアヘッド（William Muirhead、1822-1900）であったが、彼ら宣教師からの評価が高かったのは、こうした聖書に基づく聖書解釈であった。

　一方第3位の文章になるとやや様子が異なり、イエスの言葉の中の「我〔わたし〕」の字だけを取り出し、もとの聖書箇所からは離れた「我」の字義をめぐる議論を展開している。内容的にはキリスト教の原罪論にも繋がる「自我」の問題を論じているのであるが、朱熹（1130-1200）や程顥（1032-1085）など朱子学の先人の言葉が引用されているのが特徴である。第4位、第5位の文章になるとさらに儒学の色合いが濃くなり、前者は中国歴代の聖人や賢人の学問の要点がすべて新旧約聖書に集約されていることが、後者は仁と孝によって「我」を捨てるという孔子以来の諸賢が説いてきた教えがイエスの教えと完全に合致していることが、それぞれ最終的な結論になっている。すなわち、これらの議論はいずれも儒学の古典に基づいた聖書解釈になっているのである。

4　マタイによる福音書15：16（新共同訳版による。以下同）。コンテストの告知が出されたのは1870年6月であった（林1968a、883頁）。なお、このコンテストについては、姚2006の中でも詳しく論じられている（55-67頁）。この研究は儒学とキリスト教の融合という観点から、この雑誌に掲載された中国人信徒の文章を中心に精緻な分析を加えたものである。

第9章　『万国公報』における中国人知識人のキリスト教観

　このコンテストの順位については、アレンの補佐役として『教会新報』の編纂に携わっていた持平叟が先に暫定順位をつけていたのであるが、そこでは上記第3位と第4位がそれぞれ1位と2位で、第2位が3位となっていた（『教会新報（三）』、1080-81頁）。持平叟は編者のひとりでもあったことから、読者の投稿に対する回答を含む数多くの評論を『教会新報』上に残している。そうした評論を見ると、基本的には聖書に依拠しつつも読み手の理解を助けるために儒学の古典も引用するという姿勢であり、また、宣教師からの古典の解釈に関する質問にも彼が回答するなど、本来古典への造詣が深い人物であったことがわかる[5]。中国人知識人の目から見れば、儒学との関係性の中でキリスト教を論じることは自然なことであったとも言えよう。もっとも、持平叟の審査基準には儒学の要素の有無というよりは、文章そのものの完成度に重きが置かれていたようである。伝統的な文体の観点から見れば、第3位、4位のほうが質の高い文章だからである。またアレンたち宣教師も儒学とキリスト教の共通性を論じること自体は否定しておらず、むしろ一連の経緯の中でその重要性への認識を深めていったように思われる。というのも約1年後に再び開催された聖書釈義のコンテストでは、最初からキリスト教と孔子の教えは相通じるものであるという結論を前提にテーマが設定されているからである[6]。いずれにせよ、中国人知識人信徒にとって、キリスト教を受容しても儒教的価値観を保持し続けることは自然なことであった。ただし当時はキリスト教徒はごく少数派で、一般の中国人知識人はむしろ儒教的価値観にのっとってキリスト教を排撃するのが普通であった。このような攻撃に対して、知識人信徒たちは儒教的価値観を肯定しつつ反論しなければならなかったのである。以下では、この点についてもう少し具体的に考えてみたい。

5　持平叟の文章では、非教徒の儒学者がキリスト教の礼拝風景を見かけ、祈禱の姿勢に疑問をなげかけた「失礼論」（『教会新報（二）』、619頁）への回答である「失礼弁」（『教会新報（二）』、658-61、669-72頁）が参考になる。

6　この時のテーマは新約聖書のテサロニケの信徒への手紙5：21「すべてを吟味して、良いものを大事にしなさい」であった。アレンは、中国も外国も「真」を貴ぶが、キリスト教の「真」とは儒教の「誠」と同じであり、それがすなわち「善〔良いもの〕」であると解説し、さらに「我が教えの聖書と儒教の中庸はその理がまさに一貫している」として、信徒のみならず非信徒にも広く応募を呼びかけている（『教会新報（三）』、1368-69頁）。第1位になったのは四書五経と聖書の両面から議論を展開した文章であった（『教会新報（四）』、1520-25頁）。

倉田明子

3.2. 王韜の「聖書題文」

まず、王韜（1828-1897、字は紫詮）という人物の文章を取り上げたい。彼は生員（科挙の第一段階である童試の合格者）の身分を持つ、ロンドン伝道協会の助手、また信徒であり、1850年代に完成した漢訳聖書「代表訳本」の翻訳において中心的な役割を果たした。数多くの著作や日記を残しているが、公刊された著書では自らの信仰についてほとんど語っておらず、早々に信徒ではなくなっていたと見なされることが多い。一般的にはジャーナリスト、改革派の論客として知られる人物である。その彼が1877年に『万国公報』に聖書釈義の文章「聖書題文」を投稿しているのである[7]。当時王韜はすでに香港で『循環日報』の編集長を務め、著書も刊行し始めるなど、自分の主張を世に問う窓口を確保していた。そうしたなかで王韜があえて信徒の立場で自らの信仰や聖書解釈を発表した文章なのであるが、内容的にも儒教とキリスト教の関係性について正面から論じており、興味深い。

この文章ではまず、中国には孔子の教えがあり、しかもその教えはイエスのそれより遙かに勝るという一般の中国人によく見られる意見に対し、これは「自大自満」の偏った見方であって、孔子の教えの要である「〔『大学』の〕正心、誠意、修身、斉家」を実は中国の儒者は実行できていないと批判する。そして「ただ我がイエスが世に降り、民を救って人に尽くされ、天を合して皆がひとりの主のもとに帰り、ひとりの真の永遠の神を崇めるようにされたので、遠い世界の各地から集まっても互いが兄弟のようになり、天下はひとつの家族となり、中国も外国もみな同じ人間であって、地球の南北・東西どこにいようとみなが誠の心を持つようになるのである。天倫、人倫が尽くされ、しかもこの世にあっては心身を敏感に研ぎ澄まし、倫紀や格致の学を修めることに務めている。もとより『大学』の言葉に合致しているのである」と述べている。

また、イエスの教えは悪くはないが、孔子には及ばず、特に「孝」に関する教えが足りない、という意見に対しては「聖書を読んだことがなく、その意味を理解していない」と批判し、旧約聖書のモーセの十戒や新約聖書を引用しながらキリスト教が「孝を教えているのは明らかである」ことを説明してい

---

7 林1968b、3621-22頁。

202

る。さらにこの「孝」に関して、聖書の言葉を論拠にキリスト教は不孝を説く教えであるとする批判があることに言及し、その論拠とされた聖書の一節「弟子の一人がイエスに、『主よ、まず、父を葬りに行かせてください』と言った。イエスは言われた。『わたしに従いなさい。死んでいる者たちに、自分たちの死者を葬らせなさい』」について解釈するのがこの文章の主題になっている[8]。王韜はまずイエスがこの言葉を発した状況を聖書に即して説明し、その意図は「教え〔「道」〕に専念する」ことを求める点にあったとする。そして香港やヨーロッパの墓地を例に西洋人も死者を葬ることを決して軽視していないことを明らかにしつつ、イエスの本意は物事の軽重を見極めることを教える点にあると述べ、「およそ聖書を読む者は、全篇を通して読んでその大意がどこにあるかを見極め、書かれているものごとの詳細を掘り起こすことでその意味をあきらかにしなければならない」と戒めている。そして最後に「我ら主を信じる者は心をひとつに、揺るぎなく誠実でいなければならない。少しも偽りがあってはならず、世俗の事に心騒がされてはならない。終生〔主に〕信頼して志を曲げなければどうにかそのようにできるのである。これが私の厚く望むところである」と呼びかけてこの議論を閉じている。

　この文章の根底には孔子の教えとキリスト教の教えは相通じるものであるという理念があり、『教会新報』や『万国公報』でも多々見られたような知識人信徒特有の儒学へのこだわりが表れた文章であると言える。王韜の文章が掲載された少し後から、『万国公報』上でも中国人信徒を巻きこんで「God」の訳語をめぐる用語論争[9]が繰り広げられ、そこでも改めて儒教とキリスト教の関係性が議論の対象になってゆく。1870年代後半のこの時期、生員レベルの知識人信徒の数はかなり増えており、儒教とキリスト教をめぐる葛藤や問題意識は多くの中国人信徒に共有されていたのである。

8　マタイによる福音書8：21-22。

9　用語論争（Term Question）は「God」を「上帝」と訳すか「神」と訳すかを巡って起こった論争で、アヘン戦争後に布教活動を開始した各国の宣教師たちが共同で漢訳聖書の改訂を行う過程で勃発した。「上帝」は中国の古典に登場する太古の唯一神的存在であるが、これを「God」の訳語とすべきだとしたイギリス人を中心とする宣教師と、それに反対したアメリカ人を中心とする宣教師の間で激しい論争が起こり、聖書改訂の委員会も分裂、結局「上帝」版と「神」版の二つの改訂版聖書（前者は「代表訳本」と呼ばれる）が誕生することになった。この論争はその後も幾度か再燃したが決着はつかず、現在に到るまで中国語訳聖書には「上帝」版と「神」版が併存する。

倉田明子

　一方、王韜の「聖書題文」における聖書箇所の具体的な解釈は聖書に即した見解に基づいており、極めて正統的であるうえ、全篇にわたって信仰心あふれる文面になっていることにも気づかされる。これだけを見れば、『教会新報』や『万国公報』に多数登場する中国人信徒と一見何も変わらない、敬虔な信徒である。ただ、先ほども述べたように、王韜は自分がキリスト教徒であることをほかの文章ではほとんど明言せず、むしろ伝統的な儒学を身につけた士大夫としてふるまおうとした人物であった。「聖書題文」も踏まえて考えるならば、王韜は士大夫であることとキリスト教徒であることとの間で葛藤しつつ、その両方であることに挑戦し続けた人物だったように思われる。

　王韜は彼の代表的な評論のひとつである「変法上」において、「数百年の後、道は必ず大同」、なぜなら「天はすでに地球の南北・東西を合して一つの天に帰しているが、天下のさまざまな教えも、必ずその異同は次第に同化して一つの源に帰するにちがいないからである」と述べている[10]。この「道」は儒学の「三綱五倫」を指しており[11]、こちらでは完全に儒学を絶対とする立場から発言しているように見えるのである。これが書かれたのは上記「聖書題文」が書かれてから数年以内であると思われるが[12]、この二篇の文章の趣の違いをどのように考えればよいだろうか。

　筆者はこの問題を考える上で重要なのは「天」という言葉であると考える。康有為の大同論との比較という観点から王韜の大同論に検討を加えた竹内弘行は、王韜の大同論の代表作として「原道」を取り上げ、王韜がその大同論の典拠とした経典が康有為をはじめとする他の多くの大同論者が用いた『礼記』「礼運篇」ではなく、『中庸』であったことに注目し、それゆえに王韜の大同論が「天」や「聖人」の到来を極めて重視するという特徴を持つと指摘して

10　王韜「変法上」（邦訳は村田 2010、131 頁による）。

11　先の引用の直前に「三綱五倫，生人之初已具，能尽乎人之分所当為，乃可無憾。聖賢之学，需自此基」とある。

12　「変法上」にはこれが書かれた時期の状況として「わが国はいまや〔…〕北方では石炭・鉄鉱の試掘が始まっている」とあるが、これは 1878 年の開平鉱務局設立を指しているという（村田 2010、132、134 頁）。これがこの文章の中ではもっとも新しい事象であり、少なくともこれより後の執筆であることがわかる。

204

いる[13]。筆者はこの王韜の「天」へのこだわりという特徴は、彼がキリスト教徒であったことと密接に結びついているのではないかと考える。というのも、王韜を含む知識人信徒、特にロンドン伝道協会などGod＝上帝と捉えていた宣教師のもとでキリスト教を受け入れた信徒たちにとって、「天」は「上帝」に通じ、そのままキリスト教の神にも通じる言葉であったからである。つまり王韜にとって、「天」という言葉は儒学の立場からも、キリスト教の立場からも、至高の存在を意味するものとして用いることができる言葉なのである。こうした観点から改めて見てみるならば、「変法上」の「天はすでに地球の南北・東西を合して一つの天に帰しているが、天下のさまざまな教えも、必ずその異同は次第に同化して一つの源に帰する」という表現は儒学のロジックによる大同論であり、「聖書題文」の、イエスが「天を合わせて皆がひとりの主のもとに帰り、ひとりの真の永遠の神を崇めるようにされ」、「遠い世界の各地から集まっても互いが兄弟のようになり、天下はひとつの家族となり、中国も外国もみな同じ人間であって、地球の南北・東西どこにいようとみなが誠の心を持つ」という世界観は、それをキリスト教のロジックで言い換えたものと見なすことも可能である。つまり、儒学とキリスト教は王韜の大同論においては表裏一体の関係をなしているように思われるのである。中国の伝統的な価値観と矛盾しないキリスト教解釈というものが、知識人信徒の中から生まれていたことが見て取れる。

3.3. 王煜初の「伝教求議」

次に王煜初（1843-1902、字は炳耀）という人物が書いた文章を取り上げたい。彼の父王元深（1817-1914）もキリスト教徒で、煜初はドイツのレニッシュ伝道会の宣教師のもとで教育を受け、広東省や香港で布教に従事し、1884年に牧師に叙任された。『教会新報』や『万国公報』には、彼が書いた時事評論やキリスト教の教義に関する文章がたびたび掲載されている。ここではそのうちのひとつで1890年に発表された「求議義一　伝教求議」を取り上げる（林1968b、

13　竹内2008、110-121頁。王韜が「原道」で引用しているのは『中庸』の「天下車同軌，書同文，行同倫」、「天之所覆，地之所載，日月所照，霜露所墜，舟車所至，人力所通，凡有血気者莫不尊親」という一節である。なお王韜は後者に続く「故曰配天」を「此之謂大同」に置き換えて続けている。

倉田明子

12921-24頁）。

　1890年前後というのは、「教案」と呼ばれるキリスト教排斥事件が増加していた時期であった。第二次アヘン戦争の結果、中国内地でのキリスト教布教が公に認められると、布教活動はそれまで以上に活発化した。信徒が増大する一方で、宣教師が清初の禁教以前のカトリック教会財産の返却を地方官に求めたり、信徒と非信徒の間の争いごとに宣教師が介入し、外交特権を利用して信徒側に有利な結果を得られるよう圧力をかけたりするようなこともあった。また、宗教的理由というよりは経済的理由で入信するいわゆる「ライス・クリスチャン」もおり、他方エリート層の間ではキリスト教を中国の伝統的な儒学思想とは対立するものと考え、これを排斥する考え方も根強かった。これらの背景から、教案が誘発されたのである[14]。

　このような状況を踏まえて、この文章では中国における従来のキリスト教布教の問題点を検討し、改善策を提起している。王煜初は冒頭でまず、「福音聖道」すなわちキリスト教の教えそれ自体はこの世界にとって有益であると主張する。西洋諸国はキリスト教を受容したことによって人心が教化されて社会が発展し、さらにその後「格致（事物の探求）」によって科学が明らかになったことで国が強大になった、とし、中国の場合も、

　　　今や中天文学や数学が精巧になり、軍備が整い、海軍が雄を誇っているのも、最初は外国人の助けを借りたからではなかったか。数学や電気学、化学などの諸科学の書籍も、最初は宣教師によって翻訳されたのではなかったか。諸科学を説き、科学的探求を行い、またその探究の機運を開いたのも、最初は宣教師に勧められたからではなかったか。今日の社会変化、国勢の強化もその目に見えない基礎はもともと宣教師によって建てられたのではなかったか。こうして考えてみると宣教師は実に天下に有益であって、決して中華を害するものではないのだ。

と述べている。しかし、そのうえで王煜初は、宣教師がこれまでの布教活動

14　日本における教案の研究としては、李1993、渡辺1994、蒲2013、佐藤2010, 2015などがある。

において中国の風習や習慣を否定してきたことを批判している。

　　残念ながら西洋の宣教師は中国にやってきたとき、中国の禁忌や風俗習
　　慣にほとんど関心を抱かなかった。また我が国の官吏は慌て、疑心暗鬼に
　　なって彼らが学校や教会をつくる意図を誤解した。こうして水と火のよう
　　に互いを嫌うようになってしまった。しかし、伝道者は国単位で伝道会を
　　作るとは限らない。もし伝道者一人一人が自分の国の習俗や決まりをかた
　　く守っていたならば、おのおのが是とするものと非とするものが互いに異
　　なり、それによってひとつの教えに心合わせることができなくなるので、
　　習俗などの違いは覆い隠す必要がある。また教えを受けいれる側も、黙々
　　と適応し、彼らの是非に従おうとし、自分の本国の習慣を捨て去って他人
　　の習慣にならう者がいるとすれば、自分では教えを守っていると思って
　　いても、その行為が実は教えを妨げていることを知らないのである。ああ、
　　伝道者たるもの、世を救う教えだけを伝えるのであって、自分の国の習俗
　　や決まりを伝えるのではないということを知るべきだ。

　このように述べて、王煜初は宣教師が持ち込む外国の習慣や習俗にまでも従
おうとし、自国の習慣を捨て去ることはキリスト教布教の妨げになると指摘し
ているのである。また、

　　西洋の各教派がそれぞれの儀礼を教会の儀礼としているのであれば、我が
　　国の教会はどうして自分たちの儀礼を教会の儀礼としてはならないこと
　　があろうか。そうすることによって福音は世界中の魂を救う世界共通のた
　　だひとつの教えであって、一国一方の儀礼の教えではないことが証明でき
　　るのだ。ところが今日ではキリスト教を伝えることは儀礼を伝えることと
　　同じになっており、キリスト教に従う者は教会の規則と聖なる教えの内容
　　を同じように重要で、規則に背くことは背教と同等であると見なしている。
　　宣教師は教えを実践すると同時に外交的権利を行使したので、清の官僚
　　は宗教に名を借りて土地を奪おうとしているのではないか、布教によって
　　人々を獲得しているのではないかと疑った。教えと儀礼が混同され、宗教

と権力が結びついているので、聖なる教えを中国に広めることができなくなっているのである。

とも述べている。ここで言われている儀礼とは主に教会内の儀礼、すなわち礼拝様式を指していると思われる。キリスト教の教えと儀礼とを区別し、儀礼に関しては外国のものを盲目的に受けいれるのではなく、「本国」すなわち中国の儀礼を保つべきだとしているところが目を引く。中国の伝統的な儀礼や風習とは何か、ということは言明されていないが、王煜初は上述の箇所に続けて、

　　宣教師の中には中国の文字や儒学の経典を軽んじ、経典のことを調べず、正しい文体も用いず、通俗的な言葉で聖書を訳し、人々に朗読させようとする者がいる。儒教の経典の内容がわからないのはともかくとして、それで福音の至上の道理に対してその異同が何か、また優劣はどちらにあるかを比べたりしても、人々に軽蔑の念を起こさせるだけである。彼らが作り出した通俗的な言葉の中には士大夫にはわからないもの、十三経二十四史にはないものもあり、それらを取りだして作った者に問いただしてみるならば、おそらく自分でも説明できないだろう。よしんば説明できたとしても、それは知識人の世界に反するものに過ぎず、宣教師たちをまたも粗野な野蛮人と見なさせ、信徒となった者を愚か者と見なさせるだけである。

とも述べており、中国の知識人階級の文化である儒教文化をきわめて重要視していることがわかる。中国式の礼拝儀礼として想定されているのも、儒教的な礼拝様式だったのではないかと思われる。

　さきの王韜の議論が儒教とキリスト教の思想面での融和を説くものであったとすれば、王煜初の議論は行動様式や形式の面からキリスト教と儒教文化の問題を扱っていると言えるだろう。

4.　おわりに

以上、『万国公報』とその前身『教会新報』に掲載された中国人信徒の投稿

記事から、彼らのキリスト教観について検討してきた。本章では特に彼らがどのように儒教（儒学）的価値観との融和を図ろうとしていたのかに焦点を当ててきたが、彼らの言説からは、西洋由来のキリスト教のあり方を絶対視するのではなく、中国の土壌に根ざしたキリスト教を目指すという、土着化の思想が形成されていたことが見えてくる。冒頭でも述べたように、中国において教会の自立や「本色化」すなわち土着化が本格的に志向されたのは1920年代以降のこととされてきた。しかし、中国人知識人による中国に根ざしたキリスト教の追求は、19世紀後半には始まっており、それらを世に問うツールとして『教会新報』と『万国公報』は機能していたのである。

『教会新報』の聖書釈義コンテストで儒学の教えと結びつけて聖書を解釈した知識人信徒や「聖書題文」を著した王韜の発想は、思想として優れた価値を持つ儒学の教えの完成形としてキリスト教の教えを理解し、彼ら中国の伝統的知識人の価値観を大きく変えることなくキリスト教を受容しようとするものであった。ただ、こうした試みが決してたやすいものではなかったことは、王韜の「聖書題文」が儒者との論争の形で記されていることからも見て取れる。本来対立するように思われる価値観をあえてキリスト教と融和させることが、伝統的知識人とキリスト教徒を同時に生きようとした彼らの至上命題だったのである。冒頭でも言及した武田清子は、キリスト教受容の五分類のうちの「対決型」と「接木型」を対比し、接木型は「対決型のように、古い規範の非キリスト教的要素をえぐり出し、それと真正面から対決するという方法ではなくて、日本の精神的伝統に内在する諸価値の中から積極的可能性を潜在させた萌芽と考えられる要素を選択し、そこにキリスト教の真理を受肉しようとする試み」であるとしている（武田1967、10-11頁）。日本の「精神的伝統」が仏教や儒教（特に陽明学や折衷学派）、復古神道（国学）など多様な思想体系を含んでいたのに対し[15]、中国の知識人にとっては儒教（主に朱子学）の規範が突出して強固だったという違いはあるものの、自分たちの伝統とキリスト教の関係性の捉え

---

15 武田は「接木型」のキリスト教徒の例として内村鑑三（1861-1930）や賀川豊彦（1888-1960）を挙げ、彼らが「代表的日本人」や「日本精神史のすぐれた遺産」としてそれぞれ「西郷隆盛、上杉鷹山、二宮尊徳、中江藤樹、日蓮上人」、「聖徳太子、最澄、弘法大師、法然、親鸞、日蓮、中江藤樹、山鹿素行、白隠、本居宣長、二宮尊徳、新島襄」を挙げていたと指摘している（武田1967、11-13頁）。

方ということでは、王韜らの姿勢も「接木型」に非常に近いものであったと言えるだろう。

　一方19世紀も末期になると、キリスト教の裾野も広がり信徒も増加するなか、思想や学問としての議論だけでなく、より日常的な場面での信徒と非信徒の衝突も起きてきた。王煜初の議論はそのような日常で目に見えるところでの差異、すなわち儀礼や習俗の対立を解決することを目指したものだったと言えるだろう。そこには宣教師と自分たち現地のキリスト教徒の間にある文化的差異を相対化し、しかもそれを国家という単位で対比していこうとする姿勢も垣間見える。「天下」や「大同」を説いた王韜とは異なる、ナショナリズムに繋がる思考を読み取ることも可能であろう。中国人知識人の意識も刻々と変化しているのである。本章では限られた事例しか取り上げることができなかったが、今後、『万国公報』に見られる中国人信徒の言説をさらに検討し、19世紀後半の彼らの思想の変遷や20世紀の「本色化」運動への連続性と差異について、より詳細な検討を加えてゆきたい。

第 10 章

The Chinese Recorder 考
19世紀後半における
自立教会の形成をめぐる議論

渡辺祐子

1. はじめに

　本章の目的は、1867年に発刊されアジア太平洋戦争の勃発に伴い停刊した英文のキリスト教（プロテスタント系）雑誌、*The Chinese Recorder* を取り上げ、発刊から1890年代までの同誌において、プロテスタント教会の宣教団体からの自立がどのように議論されてきたのかを考察するものである。

　キリスト教の海外伝道事業が、福音伝道と並んで聖書翻訳、医療、教育、福祉事業を伴うことはいまさら指摘するまでもない。だがこれらのキリスト教事業のどこに重点を置くのかは、伝道地の文化的、歴史的背景によって異なっていた。中国の場合、宣教団体は上に述べた複数の事業をすべて試みたが、漢訳聖書や漢文のキリスト教関連書物を用いた文書伝道の比重は、他の伝道地と比して極めて大きかった。儒教知識人にキリスト教を伝えるために漢文によって書物を著すことが必要不可欠だったからである。

　中国語による最初のキリスト教雑誌は、ロンドン伝道協会（London Missionary Society）宣教師ウィリアム・ミルン（William Milne、1785-1822）がマラッカで1815年に創刊した月刊誌『察世俗毎月統記伝』である。その後アヘン戦争を経て宣教師が沿岸5港と香港に常駐できるようになるまで、少なくとも6種類の中国語キリスト教雑誌が東南アジアで出版されていた。以後香港、寧波、上海等にいわゆるミッション・プレスが設立され、『遐迩貫珍』（1853-56年、香港）、

『中外新報』（1858-61年、寧波）などが発行されてゆく[1]。

1890年に上海で開催された宣教会議の資料に中国語雑誌目録が提出されているが、これによると1890年までに発行されたキリスト教系雑誌総数は、停刊したものも含めて40に上っている（非宗教系雑誌は36種）。会議開催当時に継続して刊行されていた総雑誌数は31、キリスト教雑誌は15であった（Lewis, Barker and Hykes 1890, 720-24）。

清朝の崩壊を経て民国期に至ると、伝道活動や教会の運営、キリスト教事業の主体が宣教師から中国人に移行する中で、雑誌の刊行も中国人キリスト者が担うようになる。1921年の統計では、プロテスタントの雑誌数は、教派教会から超教派キリスト教団体の刊行物まで併せて60弱に上っている[2]。ちょうど白話文学運動が起きて間もないころであるため、多くの雑誌は文語（文理）と白話文が混在している。

これらキリスト教系雑誌のなかで中国人知識人に最も大きな影響を与えたのは、本書の第9章で倉田明子が論じている『万国公報』（純粋な宣教雑誌として1868年に創刊された『教会新報』の後継誌）である。同誌は研究資料として広く用いられているだけでなく、この雑誌そのものが、創刊者であるアメリカ南メソジスト監督教会（Methodist Episcopal Church South）宣教師ヤング・ジョン・アレン（Young John Allen、1836-1907）とともに研究対象となっている[3]。

中国における中国語キリスト教系雑誌の刊行は、キリスト教のみならず西洋文明を広く紹介し、その根底にキリスト教があることを示すことによって中国知識人に直接働きかけ、願わくは彼らがキリスト教を受容することを目的としていた。一方で、本章が考察の対象とする英文雑誌 *The Chinese Recorder* が想定していた読者は、あくまでも宣教師を主体とする欧米人である。誌上では、中国の伝統宗教、祖先崇拝、血族組織、民衆文化など、キリスト教教義やキリスト教倫理と原理的には相いれない価値観とどのように折り合いをつけるべきか、

1　キリスト教中国語雑誌の全般的刊行状況については、趙・呉2011が非常に参考になる。

2　Stauffer, Wong and Tewksbury 1922, 454-55. 必要に応じて本書の中国語訳『1901年–1920年　中国基督教調査資料（原『中華帰主』修訂版）』下巻（中国社会科学出版社、2007年）1248-51頁を参照した。

3　著作に限っても梁1978、Bennett 1983、黄1993、楊2002、王2004のような研究がある。

どこまで節操を貫くべきかという問いをめぐって、宣教師たちはさまざまな議論を交わしている。さらに、中国人自身の手による教会形成という重要な課題についての記事も多数みられる。つまり、中国におけるキリスト教の土着化とキリスト教メディアとの関係を考察するうえで、*The Chinese Recorder* を無視することはできないわけである。

　同誌における土着化に関連する議論は多岐にわたっているが、本章では「教会の自立」の指針とされた「三自」定式に焦点を当て、*The Chinese Recorder*（以下CRと記す）誌上でこの定式をめぐってどのような議論が繰り広げられていたのかを検討したい。中国での自立教会の形成過程をCRを用いて単になぞるのではなく、中国人牧師、信徒、そして宣教師がどのような問題に直面していたのかを拾い出し、各々の議論に光を当てることを目指す。なぜ「教会の自立」に注目するのかと言えば、それは、中国人自身による教会形成がどこまで達成できているのか、つまり教会の自立の度合いがキリスト教の土着化を具体的に示すからである。

　考察の対象とする時期は、1877年、1890年の二度の全国宣教師会議を経て、教会の自立が中国伝道の目標として広く共有されるに至った1890年代までとする。対象を1941年まで広げると、1900年の義和団事件、1912年の中華民国成立、1932年の満洲国成立、その後の日中戦争、太平洋戦争と、自立論議に大きな影響を与えた政治的社会的変動にも触れなくてはならず、そのための紙幅は到底足りない。20世紀以降の状況については別途論じることが必要となろう。

　本章の中でしばしば用いる「教会を建てる」「教会建設」という表現は、いうまでもなく建築物としての教会堂を建設するという意味ではなく、エクレシアを形成する、すなわち「キリストにある共同体」を構築するという意味であることを念のため断っておく。

2.　*The Chinese Recorder* とは？

　1807年にプロテスタント宣教師の中国伝道が始まってから53年を経た1860年、天津・北京条約締結によって、それまで沿岸部に限られていた伝道範囲

が内陸に拡大し、本格的な中国伝道の時代が到来した。より多くの宣教会が中国伝道に参画し、派遣される宣教師の数も増え、活動範囲が全国に広がるなか、宣教師相互がそれぞれの活動状況を報告し、種々の情報を交換すべく、1867年1月、*CR*の前身となる *The Missionary Recorder* が福州のメソジスト監督教会のミッション・プレス（American Methodist Episcopal Mission Press）で産声を上げた[4]。

同誌はわずか1年しか続かなかったが、1868年5月に同じメソジスト・プレスから *The Chinese Recorder and Missionary Journal* がメソジスト監督教会の宣教師ステファン・リビングストーン・ボールドウィン（Stephen Livingstone Baldwin、1835-1902）主編で発刊される。1869年6月には、福州で活動していたアメリカン・ボード（American Board of Commissioners for Foreign Missions）の宣教師ジャスタス・ドゥーリトル（Justus Doolittle、1824-1880）も編集陣に加わり、その後第4巻（1871年6月～1872年5月）の発行をもって一旦停刊した。

しかし停刊を惜しむ声が相次ぎ、1874年1月から発行所を上海のアメリカ長老教会（Presbyterian Church in the United States of America）のミッション・プレスに移し、隔月の出版が再開される。1886年には月刊になり、1932年には発行所がThomas Chu & Sonsに代わり、太平洋戦争が勃発する1941年12月まで刊行が続いた。

全国の拠点となる伝道地には通信員が置かれ、そこから定期的に送られてくる報告を読めば、中国全体のキリスト教伝道の様子を見渡すことができた。それだけでなく*CR*には中国の政治、文化、社会に関する論考も多く含まれ、宣教師を派遣する側にとっては、中国をよりよく理解する助けとなっていた。

扱われている内容は、中国に関するものだけに限らない。朝鮮半島や日本に関する記事、在日宣教師や日本人キリスト教指導者が執筆した論考も含まれている。たとえば明治学院のジェームス・カーティス・ヘボン（James Curtis Hepburn、1815-1911）も第2巻から第64巻の訃報まで、あわせて20巻以上に登場している。このように*CR*は、キリスト教伝道を中心に中国全体を見る万華鏡のような総合情報誌であると同時に、東アジアキリスト教伝道を広く眺める

4　*CR*の歴史については、Lodwick 1986のIntroductionを参考にした。

上でも貴重な資料だということができる。発行部数は最も多いときで3000部ほどであったが、その影響力は部数以上であったと見てよいだろう。

　これほど重要な雑誌で、中国キリスト教史研究の基本的な資料（工具）として頻繁に用いられているにもかかわらず、雑誌自体を対象としたまとまった研究は非常に少ない。というのも、真珠湾攻撃の勃発後、編集発行に関する会議記録や資料が日本軍に押収されることを恐れた編集部が、それらをすべて廃棄したからである。そのため雑誌そのものの歴史を詳細にたどることは今では困難である。CRに関する現在唯一と言ってよい著作は、1913年から1937年まで編集長を務めたフランク・ジョセフ・ローリンソン（Frank Joseph Rawlinson、1871-1937）の息子が著した著作で、該書はローリンソンが個人的に取っていた細かい編集記録を用いている[5]。

3.　自立教会をいかに定義するか――「三自」定式

　非キリスト教文化圏の伝道地に派遣された宣教師によって設立された教会が、宣教師の指導と宣教団体からの財政的支援から独立し、現地人による現地の教会として「自立」する――19世紀の半ば、英国伝道協会（Church Missionary Society）海外伝道局の秘書を務めていたヘンリー・ヴェン（Henry Venn、1796-1873）は、教会の「自立」には何が必要かを「self-support」「self-government」「self-extension」の三つのことばによって示した（Shenk 2006, 44-47）。いわゆる「三自」定式（three-self formula）である。中国共産党公認教会の「三自原則」はこの指針を共産党流に再解釈したものだが、ヴェンが示した三つのselfは以下に述べる通り「原則」と呼ぶほどの拘束性を持っていたわけではない。中国共産党公認教会との区別を図って、本章（本書他の章と同様に）では「三自」定式とする。

　「三自」定式の起源は、英国伝道協会の機関誌*Missionary Register*の1817年1

5　Rawlinson 1990を参照。ローリンソンは、アメリカ南部バプティスト連盟（Southern Baptist Convention）の宣教師だったが、のちにアメリカン・ボードに移籍した。彼は1937年9月、日中戦争勃発後の上海戦で、日本軍の攻撃を受け損傷した中国軍の戦闘機が誤って落とした爆弾で死亡した。

月号にさかのぼることができるという（Shenk 1981, 168）。そののち1841年から1872年まで海外伝道局秘書を務めたヴェンは、派遣先の宣教師からの報告を通じて海外伝道のさまざまな問題について思索を深め、この定式を唱え始めた。

そもそもすべての異教の地が欧米宣教師によって伝道されるべきであるという考えは非現実的で、現地の人々が彼らの言語に訳した聖書と宣教師の指導によって健全な神学的知識を獲得した時点で、宣教師は彼らに教会を任せて新たな土地に開拓伝道に向かうべきであるとヴェンは考えた。彼は、宣教師はどんな社会においても一時的な過ぎ行く存在であり、教会は外からの押し付けや直輸入によってではなく、教会建設の意味を十分に理解した現地の人々によって内側から建てられてゆかなくてはならないという信念に到達したのである[6]。なおヴェンが「three selves」というタームを初めて用いたのは、1855年6月1日に宣教師に送った指示の中であるという（Shenk 1981, 171）。

ここで三つの「self」をヴェンが提示した順に確認しておこう。「self-support」は、牧師の給与をはじめとして、教会を維持する費用を中国人会員が自分たちで賄う経済的な自立を指す。「self-government」は、按手礼を受けた中国人牧師が教会の牧会に責任を持ち、教会政治については、宣教師の指導を仰ぐことはあっても、牧師を中心とする中国人信徒の独立した決定に基づくことを意味する。さらに、中国人信徒が教会の業として自ら伝道を行う。これが「self-extension」ないし「self-propagation」である。

それぞれの中国語訳は、中国大陸の公認教会が掲げる「三自原則」にならって「self-support」は「自養」、「self-government」は「自治」、「self-extension」は「自伝」とされることが多いが、「self-government」は「自立」や「自主」と訳されることもあった（湯 1987、649頁）。また表記の順序もまちまちである。「three selves」を固有の政治的文脈の中で再解釈し、政府公認教会の原則としている中国では、「自治、自伝、自養」の順に表記される。解放後の1954年に中国教会全体を指導するために設置された三自愛国運動委員会は、委員会の目的を以下

6　Shenk 2006, 46 および Porter 2004, 167-69 を参照。なおポーターによれば、伝道地における教会の自立を促すヴェンだが、教会の脆弱性にも配慮すべきであると考えていた。その実践として彼は、アフリカ諸国の社会それ自体の発展を阻む奴隷貿易に反対し、シエラレオネでは産業の近代化を図るための教育を支援した。

第10章　*The Chinese Recorder* 考

のように謳っている。「本土化を推し進め、そのために“自治、自伝、自養”の
“三つの自”を行い」「国外のキリスト教会との付属関係を断ち切り、中国キリ
スト教の独立を実現する。」[7] 財政的自立よりも教会政治の独立が優先されている
わけだが、その意味についてはここでは立ち入らない。

　ヴェンは、三つの原則を同時に記すときは「自養、自治、自伝」の順に書い
たが、重要なのは、三つの要素がスローガンよろしく常にワンセットで記さ
れているわけではないこと、そして「self-support」が強調されていることで
ある。現地人による教会形成に関してヴェンが執筆した報告書では、頻出す
るのは「self-support」、次に「self-government」で、「self-extension」への言
及は最も少ない[8]。ヴェンは、現地の教会が現地人牧師を経済的に支える「self-
support」の重要性を繰り返し強調していた。彼は、伝道協会の財政と現地教会
の財政の管轄をはっきりと区別し、伝道協会に宣教師として籍を置いていた現
地人をミッションから離脱させ、現地の教会が経済的に支えるべきであるとも
主張している。さらに現地に建てられた小学校の財政も現地の教会が責任を持
つべきであるとも述べている。つまりヴェンは「自養」がなければ「自治」と
「自伝」も結局は絵に描いた餅となると考えていたのである。

　したがって三要素は決して教条主義的なスローガンでも、教義に準じるもの
でもなかった。「self-support」の強調も現地の教会（indigenous church）の確
立を目指したからであり、「three selves」はその基本的な指針であり、ひとつ
ひとつの「self」の達成自体が目的とされたわけではなかったのである。

　経済的な自立が重視された背景には、当然のことながら宣教師の生活費、施
設の建設費、管理維持費等々、伝道にかかる費用が常に足りないという現実も
あった。開拓した伝道地が自立しないことには、新たな開拓に資金を回すこと
もできない。こうした背に腹は代えられない事情があったことは確かである。
だが金勘定が教会の自立を主張する理由だったわけでは決してない。なにより
も海外伝道の究極の目的は、あくまでも宣教師が去った後も教会が存続し、そ

7　http://www.chineseprotestantchurch.org.cn/church/church-14.html（2017年9月13日取得）。

8　ヴェンは1851年、1861年、1866年に現地人教職の按手や現地教会の形成について論考を発表し、
　それらを一冊の冊子にまとめた。その全文はShenkが著したヴェンの伝記巻末に再録されている
　（Shenk 2006, 118-29）。

217

の土地に根づくことであった。ヴェンは「宣教師の働きは足場であり、現地の教会は建物である。足場が取り除かれて初めて建物が完成するのだ」とも言っている（Shenk 2006, 46）。

　もう一点付け加えておきたいのは、教会制度についてのヴェンの認識である。財政的独立によって教会が自立することはもちろん重要だが、教会形成の原則、より厳密に言えば教会の憲法規則がないがしろにされてはならない。ヴェンは伝道地の教会に自立を促しつつ、英国国教会のリタージが採用されるべきであると考えていた（Shenk 2006, 44）。英国伝道協会からの自立は、同教会を支える英国国教会のリタージからの独立を意味するわけではないのである。

4.　中国における自立教会の形成

　ヴェンの提案は、同じ時期にアメリカン・ボードの秘書としてヴェンと同様の関心を持ち続けていたルーファス・アンダーソン（Rufus Anderson、1796-1880）にも共有され、有効な伝道の指針として多くの宣教師の共感を呼び、中国伝道の現場でも導入が検討されるようになる。ここでごく簡単にその経緯を見ておくことにしよう。

　中国で中国人が教会建設に主体的にかかわった最初の例は、1863年、福建省厦門における厦門中会（classis）の形成である。アメリカ改革派教会と英国長老教会が合同で本国の教会に属さない厦門中会を形成し、中会規則を制定、中国人牧師と宣教師を対等な地位に置いた。その2年後、山東省にもアメリカ北長老教会宣教師の指導のもと山東中会が成立した。この中会はニューヨークの長老教会大会に属したが、中会の議事録、中会規則はすべて中国語で書かれ、中国人長老2名が中会の形成に直接参与し、傘下の教会も中国人によって運営された[9]。また1876年には英国伝道協会系の中国人教会が建設された。

　1880年代になると、1881年6月8日、英国長老教会の伝道地であった広東省

9　Chao 1991, 145-48を参照。山東省における自立教会の建設には、ジョン・リビングストーン・ネビアス（John Livingston Nevius、1829-1893）がかかわっている。本資料は未公刊の博士論文だが、ネビアスのライフヒストリーと彼の伝道論、いわゆるネビアス・プランについて詳細に論じている。ネビアス・プランもまた教会の土着化を目指して考案されたものだが、ネビアスは最終的には「self-support」には距離を置くようになった（Chao 1991, 235）。しかも彼のプランは朝

汕頭で、長老主義に基づく中会が形成され、中会を規定する3項目にわたる宣言が採択された。その第3条は次のようにうたっている。

　　現在、真理を教え教会を導くために西洋から来たものたちは、按手礼を受けた教職か長老かを問わず、長老職に任じられている以上は、中会の形成という事柄について心をひとつにして議論すべきである。しかし中国人教会は自ら治め、自ら養い、自ら伝道する教会でなくてはならない。したがって教会がもっと堅固になり、会員数も増えた暁には、すべての事柄は中国人の在任者に彼らの責任において委ねられなくてはならない。そうすれば彼らが故国の人々を救いに至る道に導くようになるであろう。（傍点は筆者による）[10]

　1890年に上海で開催された全国宣教師会議の統計資料（1889年）によれば、40ある外国伝道会のうち18団体が計522の教会を有し、そのうち完全に自立している教会数は94であった。なかでもロンドン伝道協会と英国長老教会傘下の教会自立度は高く、前者は60教会中30、後者は40教会中25教会が自立を達成している（Lewis, Barber and Hykes 1890, 732）。

　その後も自立教会形成の動きは継続するが、1910年のエディンバラ会議の決定を受けて諸教派合同の中国人教会の建設を目的とする中華続行委員会が設立され、1922年にこの委員会が母体となって中華基督教協進会が成立、すでに1910年代終わりから具体化していた自立への流れが加速した。協進会成立

鮮伝道には導入されたが、中国伝道にはほとんど生かされずに終わった。ネビアスの元同僚宣教師だったカルヴィン・マティアはネビアス・プランに敵意とも言えるほどの反対意見を有しており、ネビアスの死後7年を経てCR上でネビアス・プランへの徹底批判を展開している（Review of "Methods of Mission Work," CR 31：3, March 1900, 109-22; CR 31：4, April 1900, 163-74; CR 31：5, May 1900, 217-32）。この方法が中国で生かされずに終わったのは、身近な仲間の強硬な反対があったからでもある。

10　Gibson 1901, 221-22. 本書は英国長老教会宣教師で、汕頭中会の宣言文採択に直接かかわったジョン・キャンベル・ギブソン（John Campbell Gibson、1849-1919）が、その経験に基づく中国伝道の課題をスコットランド、イングランド、カナダの各地で行った講演の記録集である。汕頭中会の宣言文は自治、自養、自伝の順になっているが、教会政治を重んじる長老教会だからこそ自治を重視していると判断するのは早計である。というのもギブソン自身は本書の中で「self-support」もしくは「independence」を多用しているからである。

219

後間もなく起きた反キリスト教運動、それに続く教育権回収運動によって激しい批判にさらされながらも、協進会は1925年に設置した「本色委員会」（本色とは中国語で土着化の意）を中心に中国人教会の建設を目指し、1927年に「自治、自養、自伝」を掲げる中華基督教会が正式に成立、19世紀後半からの幻だった自立教会建設がここに実現した。

　それでは宣教雑誌CR上で教会の自立が実際にはどのように議論されてきたのか、いよいよその経緯を追うことにしたい。

5.　*The Chinese Recorder*にみる教会の自立をめぐる論議

5.1.　再刊から1870年代まで

　本節では1868年5月の再刊から、最初の宣教師会議が開催され自立教会建設の議論が行われた1877年を中心に1870年代までの記事を考察する。発刊後間もないこの時期は、記事に取り上げられる地域が発行所がある福州とその周辺に偏る傾向にある。そのため中国全体の状況を知るには限界があるが、各地に散らばる宣教師にどのような記事が発信され、問題共有の努力がどのようになされていたのかを知るには大いに参考になる。

　CRでは、第1巻第1号（1868年5月発行）の冒頭から4頁にわたって掲載された論考"Thoughts on Missions"が「三自」定式に言及している。この論考は、インド、ベナレスの総督代理で、英国国教会のインド伝道の状況を観察してきたヘンリー・キャリー・タッカー（Henry Carre Tucker、1812-1875）が、ロンドンでの宣教団体会議で行った演説の原稿で、その後アメリカン・ボード伝道局が在中宣教師を含む所属宣教師に送付したものである。CR主筆ボールドウィンはメソジスト監督教会所属だが、この原稿を一読し「多くの指摘が傾聴に値する」と掲載を決定した（CR 1：1, May 1868, 1）。

　タッカーは次のように述べる。

　　自養、自伝、自治の教会を建てることは宣教師の務めであるという考え方
　　がごく最近ようやく広まってきているが、主流派の宣教師には部分的に
　　しか採用されていない。彼らは自分たちがすっかり慣れ親しんでいる決

まりきった方法から抜け出すことは難しいと思っているようだ。（CR 1：1, May 1868, 3）

外国人の伝道者と現地の教会組織との間に非常にはっきりした区別をつけるべきである。後者は、自ら養い、自ら伝道し、そしてその当然の帰結として自ら治めなくてはならない。改宗者に対する支配や彼らが雇用する者たちへの保護を止めたくない宣教師には難しいだろう。しかし私たちが彼らを教育する際には、それによって独立と自発的向上という考え方が促されることを期待すべきなのだ。（CR 1：1, May 1868, 4）

　このほか、現地人の教会が牧師、教育・福祉施設を財政的に支えること──牧師には自活も求めている──、宣教師は牧師や教会を足しげく訪ね、教理教育を頻繁に行い、健全な教理理解を促すこと、できる限り現地の政治にはかかわらないことなどが述べられている[11]。
　タッカーの提言が掲載されてから3か月後の第1巻第4号（1868年8月）には、在福州の宣教師たちが集まった会議で採択された教会の自立に関する申し合わせが載っている。現地のキリスト者を落胆させたり不適切な負担をかけたりすることなく「自養」の実現を目指すこと、具体的には、学校（Day School）の運営を自立させること、郊外の小さな村でも教会堂建設が自分たちの仕事であるという認識を持たせ、それまでは信徒の家庭で集会を持ち、宣教師側が教会堂を用意したりしないこと、宣教師は説教の中で「自養」の重要性に触れ、信徒たちを励ますこと等々がその内容である。
　ここで指摘された「宣教師が教会堂を用意したりしないこと」つまり宣教団体による教会堂建設の是非は、その後もしばしばCR誌上で取り上げられた。たとえばジョン・バトラー（John Butler、アメリカ長老教会、生没年不明）は第5巻第1号（1874年1月）に掲載した論考で、宣教団体による教会堂建設を二つ

11　Chao 1991 もこの論考に注目し、タッカーの主張は後のネビアス・プランのエッセンスを含んでいると述べるが、ネビアスが特にこの論考にインスパイアされたのかどうかについての具体的な検討はなされていない。ヴェンではなくタッカーの主張をわざわざ取り上げてネビアスと結びつける必要が果たしてあるのか疑問である（Chao 1991, 307-8）。

の点から批判的に論じている[12]。原始キリスト教時代の3世紀まではキリスト者たちは教会堂を持たなかった、だから信仰生活に教会堂は必須ではないことが一点、もう一点は宣教団体の資金で建設された教会堂が外国風になるのは必至で、中国人信徒が教会堂を自分たちのものとする意識は希薄となるであろうし、教会堂の維持管理にも責任を持たなくなるであろうことである。

　同様の問題提起は、第10巻第2号（1879年3月）で、杭州で伝道していた英国伝道協会宣教師ジェームス・ベイツ（James Bates）も行っている（Bates, "Should Foreign Missionary Societies Provide Places of Worship for Chinese Christians?" CR 10：2, March-April 1879, 104-8）。ベイツは10年以上前のCR上記記事には特に言及していないが（したがって、読んでいたのかどうかはわからないが）、福州の宣教師たちと同じような視点からこの問題をさらに掘り下げた。

　中国伝道の現場では、宣教団体の資金で購入したり借りたりした家屋が伝道の拠点となり、同時に礼拝が当たり前のように行われていた。こうした現状に疑問を持つベイツは、中国に来る前と来てからとでは、『使徒言行録』の読み方が劇的に変わったと述べたうえで、使徒時代には礼拝は信徒たちの自宅で行われており、伝道の拠点は「家の教会」であったことを強調する。礼拝の場所がパウロやペテロら伝道者（＝宣教師）によって提供されたという記述はどこを探しても見当たらない。ベイツはこのように指摘し、現状が中国人信徒の自立を著しく妨げていると述べる。礼拝の場が当たり前のように与えられているために、信徒たちは「献金」によって教会を建てる意味もよく理解していないという。そして、これは宣教団体の財政の問題ではなく、倫理の問題であり、使徒時代に倣って中国人信徒たちが自宅を礼拝の場として開放することが、彼らの霊的成長と自立教会の形成を大きく促すはずだと結論している。

　以上の二つの論考は、教会の自立を抽象論で終わらせず、「宣教団体は礼拝所の提供をやめよ」と具体的に提言していることが興味深い。ベイツは脚注で、アメリカ長老教会に繋がる教会の中には自立をしている教会もあり、寧波中会に属する4つの教会は自立していることに触れているが、ベイツのこの提言が教会の自立を宣教師界全体の課題として確認した1877年の宣教師会議から2年

12　John Butler, "The Use of Money as an Aid, and a Hindrance to Mission Work in China," CR 5：1, January 1874. この論考は、直前に開催された寧波宣教師会議における講演原稿が元になっている。

近く経ってからのものであることを考えると、宣教師側の意識変革も大きくは
進んでいなかったことがうかがえる。

　一方、ベイツが「自立」意識に乏しいと評している中国人信徒の中にも、その重要性に早くから気づいている者もいた。たとえば、福州のSia Sek-ongは1870年11月の福州メソジスト監督教会宣教会議で、Hu Yong-miとLi Yu-miは1871年の同会議で教会の自立をテーマにスピーチをしている[13]。いずれも「我々の教会は宣教団体の支援が必要な幼児期はすでに終えたのであるから自立しなくてはならない」という内容である。1870年という比較的早い時期から、一部の中国人が教会の自立の重要性をよく理解していたことが示されている。

5.2.　1880年代〜1890年代

　1880年代になると、教会建設や中国人伝道師の採用、牧師の按手の増加に伴って生じてきた現実の問題を、教会自立論との関わりから考察する論考が増えてくる。ヴェンとともに「三自」定式を唱えたアンダーソンの主張が本格的に紹介されるのもこの時期である[14]。それらの論点を大きくまとめると、教会財政の自立（教会堂建築の資金調達や中国人牧師および伝道師の「雇用」をめぐる問題）、および中国の教会が宣教師派遣国の教会とどのような関係を維持すべきかという問題である。

　自立が必要という認識が少しずつ生まれていたとはいえ、現実には教会財政のほとんどは宣教団体に依存していた。前項で取り上げたSia Sek-ongも、1888年にニューヨークで開催されたメソジスト教会会議で「福州の教会にとって自立は長年の課題だが、我々はすべての費用を自弁しなくては自立はできないと思い込んでいた。母教会（宣教師を派遣している教会）から財政的支援を受けながら、一方で教会運営を自立的に行うことが可能ならば、その恩恵は

13　"Duty of Self Support, Speech by Rev. Sia Sek-ong," *CR* 3：11, April 1871, 309-10 および R. S. Maclay, "Speeches by Chinese Christians on Self Support," *CR* 4：11, April 1872, 284-87 を参照。

14　H. D. Porter, "What Ought to Be the Policy of Missionaries in Regard to the Ordination of Native Pastors," *CR* 17：5, May 1886, 178-185, 17：6, June 1886, 213-22. この論考は、*Andover Review* (January 1885) からの転載。*Andover Review* は新島襄も学んだアンドヴァー神学校が発行していた神学誌である。執筆者のポーターのフィールドは中国ではない。

223

計り知れない」と述べており[15]、財政面での完全自立が難しいことを示している。

1880年代以降のCRにはこうした財政依存の弊害を指摘する論考が少なくない。たとえば寧波で伝道していたアメリカ・バプティスト宣教連合（American Baptist Missionary Union）の宣教師ジョサイア・R・ゴダード（Josiah R. Goddard、1813-1854）は、伝道を含む教会の仕事に対する報酬の支払いについて、まずは報酬が発生すること自体が引き起こす問題を指摘する。

> この宗教に入るといくらもらえるのか。これは中国人がしばしば問う質問だ。〔…〕もし我々が中国人キリスト者を特別扱いし、教会で働かせたとして、信心がもうけに繋がるという発想を根絶することができるだろうか。これは我々の教えに反するだけでなく、キリスト者の成長を阻害するものだ。〔…〕もし我々が堅固な自立した教会を持とうとするのであれば、会員たちを自立させるために訓練しなくてはならない。彼らはライスクリスチャンであってはならない。我々は教会との関係は決して職探しの手伝いのためにあるのではないことを彼らに理解させなくてはならない。それを十分理解したうえで、優れた能力と技能によって雇用されるべきだ。（J. R. Goddard, "The Employment of Natives in Missionary Work," *CR* 16 : 9, September 1885, 341-47）

一方でゴダードは、彼らが底辺層に属し貧しい生活を余儀なくされていることも知っている。日雇い労働でかろうじて日々の暮らしを立てている彼らは、まじめに教会生活を送ればそれだけ稼ぐチャンスを失う。彼らが宣教師に助けを求めるのは驚くにはあたらず、自立を促すことによって重荷を負わせすぎてもならないとゴダードは述べる。教会の自立という理想と現実との乖離を前に、宣教師自身が立ちすくんでいる様子がうかがえる内容である。適切な解決方法が提案されているわけではないが、自立の実現が一筋縄ではいかないことを示す貴重な報告と言えるだろう。

15　*CR* 19 : 8, August 1888, 392-93. Sia の演説内容は、アメリカで発行されていた *Daily Christian Advocate* からの抜粋である（巻号は記載されていない）。

第10章　*The Chinese Recorder* 考

　厦門で伝道していたジョン・マクゴーワン（John MacGowan、1835-1922）
が彼の所属伝道会（ロンドン伝道協会）が教会の自立に取り組んだ経緯を振り
返った論考も、彼自身の経験に触れながら雇用問題を論じている（MacGowan,
"The History of Self-Support in the London Missions," *CR* 18 : 12, December 1887,
457-68; *CR* 19 : 1, January 1888, 1-11）。

　伝道協会の財政支援によって教会を維持する限り、完全な土着化は困難であ
るという前提に立って、マクゴーワンら宣教師たちは少しずつ伝道協会側の負
担額を減らすこととし、最初はランプや茶菓代といった臨時出費を中国人側が
2ドル負担するところから始めたという。決定当初は、「けちくさい」対応を
多くの人たちが嫌悪し、上層の人々が教会に来なくなるなど、反発は非常に大
きかったが、宣教師たちは自分たちの教会の運営費を自分たちで負担する重要
性を繰り返し説き、ついには臨時の出費は教会員が負担することが原則となっ
た。

　宣教師側が次に求めたのは、教会員一人一人があらかじめ月額献金を登録し、
説教者の謝儀の一部に充てることである。この提案には臨時出費以上の強い抵
抗があった。貧しい彼らではなく金持ちの宣教師がなぜ負担しないのか、宣教
師は愛が足りないという激しい批判も起きたが、その抵抗は富裕層ほど強かっ
たという。経済的に余裕のある人々どうしがなんとかこの提案を反故にしよう
と仲間うちで根回しをする様子を、マクゴーワンは「異教的要素」とし、それ
はキリスト教によっても克服しきれていないと嘆いている。しかしこの案に賛
成する信徒たちを中心に話し合いを行い、謝儀の3分の1を教会が負担できる
ようになった。教会の自立の芽はこうして芽生えた。

　この取り決めは数年後にさらなる成果を生んだ。宣教師側が推薦し派遣した
牧師の説教に不満を持つ信徒たちが、マクゴーワンの「自分たちで謝儀を負担
することを条件に新しい牧師を招聘しては」との助言を実行に移したのである。
マクゴーワンはこの提案は「思いつき」だったと告白しているが、その後他の
教会も次々に自分たちで牧師を招聘し、牧師の生活を経済的に支えるように
なった。マクゴーワンは「彼らは今も宣教師を尊敬し、いつも助言を求めに来
るが、同時に自由への意識の高まりも感じる。彼らの独立教会の権利が明らか
に侵害されるようなことが起きると、その意識は鮮明に示される。これは喜ば

しい兆候であり、さらに励ましてゆくべきだ」と述べている。

　牧師招聘に教会が責任を持ったことによって生まれたもう一つの成果は、牧師の使命を教会全体が真剣に考えるようになったことである。これまでは、使命を果たさない牧師がいても、彼を推薦し派遣した宣教師に遠慮して放置され、牧会にも悪しき影響が出ることがままあったが、そうした悪循環に歯止めがかかった。

　1866年にマクゴーワンが伝道を始めたときには、ロンドン伝道協会傘下の教会は8か所、伝道所（マクゴーワンはoutstationと記している）が2か所だったが、この論考が書かれた1886年には、前者が25、後者が23で、前者の25の教会のうち19が自立し、それだけでなく伝道所を支えるまでに成長していた。1885年末の統計では、これらの教会の会員数が1071、求道者数が859、献金総額が2,559.55ドルであるという。

　一方でマクゴーワンは教会の自立に伴って改善すべき問題点も指摘する。一つ目は教会員が牧師を選ぶ際、信仰によってではなく世俗的な才覚——たとえば近隣との土地や金銭をめぐるトラブルを解決する能力があるなど——を判断基準にする傾向が否定できないこと、二つ目は牧師謝儀支払いの遅滞である。後者の問題は、収穫の時期にならないと現金が入らない農民が多い教会や、会員がみな貧しい教会では特に深刻だった。

　貧しい会衆たちにそれでも自立を説く必要性は、他の宣教師も指摘している。フィリップ・フランシス・プライス（Philip Francis Price、1864-1954、アメリカン・ボード）は伝道活動に資金をどう使うかを論じるなかで、モノや金の援助が真理の受容をむしろ阻害する危険性を指摘し、教会堂建築も教会員自身の務めであると明確に述べる。中国人信徒からの建築依頼を断ると、「わたしたちは貧しいのだから金持ちのあなた方が建てるべきだ」と反発を受けるが、「偶像のために廟を建てていたあなた方が、神を礼拝する家の建築をなぜ躊躇するのか。それはあなた方の務めだ」と反論していたという（Price, "The Use of Money in Missionary Work," CR 20 : 3, March 1889, 97-107）。プライスは、宣教師の使命は教会の組織を植え付けることであって、教会堂建築ではないと断言する。ただし彼は、牧師や伝道師の雇用については明確な立場を表明していない。

　中国人牧師の雇用問題に関しては、宣教団体が支援するのは何ら問題ない

という主張もあった。1886年12月号のヘンリー・ブロジェット（Henry Blodget、1825–1903、ロンドン伝道協会）の投稿（Blodget, "May Native Agents be Supported by Foreign Funds?" *CR* 17 : 12, December 1886, 445-53）は、宣教団体による中国人キリスト者の雇用を懸念するある宣教師の質問に反論する想定問答形式を取っている。質問の中には雇用に否定的なもの以外に「中国人キリスト教徒の大部分は偽善者で、プロテスタント事業は完全な失敗だったと思うか」という差別的発言も含まれている。

　ブロジェットは「中国伝道は失敗していないし、雇用に伴う失敗は、彼らが中国人だからではなく人間だからだ」と述べ、その上で自立問題を論じる。彼は教会の財政的自立の必要性を理解しながらも、そこに絶対的な価値は置かない。中国人任用の形態も、給与の支払い（paid）ではなく、あくまでも支援（support）であると強調し、母国の教会が宣教師を支えているなら、同じ仕事をする中国人を支えることに何ら問題はないという立場である。

　この投稿はその後少なからぬ反響を生んだ。寧波で伝道していたジョージ・アシュモア・フィッチ（George Ashmore Fitch、1883–1979、アメリカ長老教会）は、伝道の資質に欠ける牧師が任用される恐れは母国にもあるとし、伝道局から1セントも受け取っていない牧師たちの例を紹介しながら、すべての教会が自ら牧師を支えるようになるべきだと、ブロジェットをやんわり批判している（Fitch, "The Employment of Natives in Missionary Work," *CR* 18 : 1, January 1887, 29-30）。

　アメリカ長老教会牧師で、のちにネビアス・メソッドあるいはネビアス・プランで知られることになるジョン・リビングストーン・ネビアス（John Livingston Nevius、1829–1893）も、1887年1月号の投稿でブロジェットの論考を批判的に取り上げている。実はネビアスは、ブロジェットの論考が掲載される前年（1885年）に*CR*誌上に伝道の原則と方法に関する提言を二度にわたって掲載していた[16]。この論考が元になり、翌年ネビアスの主著となる*Methods of Mission Work*（1886）が出版されることになる。ネビアスは、彼自身がかかわった例では、ミッションが中国人伝道者を雇用したのは過去1年でわずか一

16　John Nevius, "Principles and Methods Applicable to Station Work Lecture" I, *CR* 16 : 1, November 1885, 421-24 および John Nevius, "Lecture" II, *CR* 16 : 12, December 1885, 461-67 を参照。

例でしかないと言い、教会が自ら謝儀を支払えるまでは常勤の牧師を置くべきではないと述べる。ネビアス・メソッドに照らせば、この批判は特に驚くに当たらないだろう。というのも同メソッドは「自伝」「自治」に加えて、「すべての教会堂は中国人信徒が建築し、すべての教会は牧師謝儀を自ら負担しなくてはならない」とする「自養」を柱としているからである。

6. おわりに

1890年5月、上海で開催された二度目の全国宣教師会議では、2週間にわたって、聖書翻訳、医療伝道、福祉事業、女性伝道、キリスト教教育、キリスト教出版、中国人伝道師の養成、少数民族伝道、そして教会の自立と、多岐にわたるテーマが話し合われた（最も多くの時間が割かれたテーマは聖書翻訳）。連日何らかのテーマに即した発表があり、それに対する質疑応答が行われた。会議期間中の発表総数は長短あわせて57に上る。その中で自立そのものを論じたものは——女性伝道も信徒教育も教会の自立に深くかかわるテーマであり、発表タイトルに自立を掲げているものだけに目を向けては議論の厚みを見失ってしまうのだが——前掲のネビアスの発表とアメリカ・バプティスト宣教連合の宣教師メイソン（G. L. Mason、生没年不明）の発表である[17]。メイソンは、教会の自立を聖書に基づいて解き明かしながら、教会の財政的自立は、政治的自立が前提となること、教会員の奉仕と教会の自立とが不可分の関係にあることに注意を促した。発表後の喧々諤々のディスカッションでは、それまでCR誌上では触れられることのなかった中国東北部の自立の事例が、スコットランド教会（Church of Scotland）宣教教師ジョン・ロス（John Ross、1842-1915）によって紹介されるなど、全国会議ならではの場面も見て取れる（Lewis, Barber and Hykes 1890, 444-45）。発表の内容やその後の議論をみると、伝道地による違いゆえに一律に自立を推進することに懐疑的な宣教師は一部にいるものの、総じてCR誌上で発表されてきた教会の自立をめぐる議論が再確認されている

17　John Nevius, "Historical Review of Missionary Methods." In Lewis, Barber and Hykes 1890, 167-77 およびG. L. Mason, "Methods of Developing Self-Support and Voluntary Effort." In: Lewis, Barber and Hykes 1890, 415-24 を参照。

と言うことができだろう。

　ここまでCR発刊後から80年代までの教会の自立をめぐる議論を具体的に眺めてきた。もとよりすべての宣教師の見解が網羅されているわけではないが、1890年5月の上海宣教師会議までに、どのような議論の流れがあったのかをある程度提示することはできたのではないか。中国人信徒の習慣や性格、深刻な貧困問題を前に、宣教師たちはなぜ自分たちで教会堂を建築することが重要なのか、なぜ牧師謝儀を教会が負担すべきなのかを諄々に説得し、理解のある信徒たちを中心に少しずつ「自立」が達成されていった。CRは、中国におけるキリスト教の土着化論に欠かせない自立教会形成の議論が、こうした説得と納得のプロセスを経て深められていったことを示している。同時にこの雑誌そのものが、教会の自立、そしてキリスト教の土着化を促すうえで重要な役割を果たしたのである。

第11章

近代台湾における
非エリート的文字文化の成立

教会白話ローマ字と『台湾教会公報』が
果たした役割をめぐって

髙井ヘラー由紀

1. はじめに

本章は、『台湾教会公報』(以下『教会公報』)[1]が近代台湾におけるプロテスタント教会の知的・信仰的・文化的アイデンティティ形成に及ぼした影響について検討するものである。『教会公報』はイングランド長老教会ミッション(English Presbyterian Mission、以下EPMと略) 宣教師によって1885年に南部台湾で創刊されたが、のちに北部台湾教会を含む台湾基督長老教会の代表的定期刊行物となった[2]。長老教会は清朝末期および日本統治期を通じてほぼ唯一の台湾現地プロテスタント教会であったから[3]、『教会公報』は戦前までの台湾プロテスタント教界を代表する発行物であったと言ってよいだろう。

EPM宣教師が『教会公報』を創刊した主な目的は、教会関係者の間に聖書の知識を広めること、そのための文字ツールとして白話ローマ字表記の閩南語(以下、教会ローマ字)を浸透させることにあった。本章の関心事は、『教会公報』がいかに清朝末期の台湾社会において儒教エリートの独占する知的文化

1　創刊時の名称は *Tâi-oân-hú-siân Kàu-hōe-pò*(『台湾府城教会報』)だったが、数度の名称変更を経て、1932年以降、*Tâi-oân Kàu-hōe Kong-pò*(『台湾教会公報』)の名称にほぼ落ち着いた。 名称変遷の詳細に関しては巻末の「新聞・雑誌一覧」を参照。

2　清朝末期および日本統治期台湾における宣教活動は、南部はイングランド長老教会ミッション、北部はカナダ長老教会ミッションが管轄していた。

3　台湾に長老派以外の教会が進出したのは、日本人教会以外では日本発祥のホーリネス教会と中国発祥の真耶蘇教会のみであり、両者は1925年に台湾での活動を開始した。

230

第 11 章　近代台湾における非エリート的文字文化の成立

に束縛されない自律的な文字文化空間を新たに生み出し、日本統治期以降その空間が閩南語を母語とする台湾人キリスト教徒の言語文化的アイデンティティ保護と醸成の場として機能していったか、を検討することにある。このような文字文化空間のダイナミズムを本格的に論じるためには、本来ならば現象学的社会学の見地からの考察や、中国の知的文化史および日本統治期台湾の教育史を含めた多方面からの検討が必要とされるところだが、現時点で筆者にはその用意はない。したがって本章では、さしずめ教会ローマ字の起源と発展の歴史、そして台湾キリスト教史を中心軸とし、そこから見えてくる文字文化空間の生成と機能に関して、推論を交えながら論じるという方法で検討してみたい。

2.　教会ローマ字と西洋人宣教師

　教会ローマ字とは、近代中国におけるキリスト教宣教解禁以前の 19 世紀初頭、東南アジアや広東などの中国南部地域に在住していた西洋人宣教師が、中国語学習のために考案した閩南語のローマ字表記法である[4]。教会ローマ字を最初に考案したとされるのは「中国語方言学のパイオニア」と言われるロンドン伝道協会（London Missionary Society）のウォルター・ヘンリー・メドハースト（Walter Henry Medhurst、1796-1857）である[5]。メドハーストは未だ宣教師の中国入国が許されていなかった 1810 年代、マラッカに在住し、現地の華人が話す閩南語の漢字音表記法として、最初のローマ字表記法を編み出したのであった（Klöter 2005, 94）。その後アヘン戦争を経て南京条約（1842 年）が締結されたことに伴い、宣教師は開港場におけるキリスト教宣教の自由を得、メドハーストの考案したローマ字表記法が宣教の現場で使用されるようになっていった。

4　閩南語は中国七大方言の一つである閩語に属する方言で、中国福建省・台湾・マレーシア・シンガポールにおける華人の間で最も広く話されている言語である。宣教師が考案した白話ローマ字表記法についてはさまざまな呼称がある。台湾では通常「Peh-ōe-jī」（白話字、略して POJ）と称される。台湾語研究者クレーター（Henning Klöter）は「Church Romanization」（CR）を使用している（Klöter 2005）。なお、教会ローマ字は通常台湾のキリスト教のコンテクストにおいて用いられる呼称であるが、本章では中国南部および台湾における西洋人宣教師によって考案・開発されたところの閩南語のローマ字表記法という、より広範な意味で使用している。

5　Murakami 1965, 63 を参照。メドハーストはまた『閩南語辞典 A Small Vocabulary of Hok-kien Dialect』（1820）および A Dictionary of the Ho-keen Dialect of the Chinese Language (1832) をマカオで編纂している。

とりわけ閩南語が話されていた廈門における宣教活動の文脈では、アメリカン・ボード（American Board of Commissioners for Foreign Missions）のサミュエル・ウェルズ・ウィリアムズ（Samuel Wells Williams、1812-1884）[6]、米国改革派教会（Reformed Church of America）のエリウー・ドウティー（Elihu Doty、1809-1864）[7]、ジョン・バン・ネスト・タルメージ（John Van Nest Talmage、1819-1892）[8]、EPM のカーステアーズ・ダグラス（Carstairs Douglas、1830-1877）などの宣教師が、教会ローマ字の辞書、教科書、聖書の部分訳（福音書やパウロ書簡など）や讃美歌を編纂・出版し、表記法の改善、確立、そして普及に努めたのである（Klöter 2005, 90-130）。

　閩南語のローマ字化は、元来、西洋人宣教師が中国語方言を理解し学習するための一助として考案されたものであったが、宣教の現場で実際に使用される中で、教会ローマ字が中国現地の人々にとっても有用なものであることが、次第に宣教師の目に明らかになっていった。たとえばウィリアムズは自身が編纂した音節辞典『漢英韻府』の序文において、表意文字（ideogram）である漢字の問題点を以下のように指摘している。すなわち、漢字は中国社会の非エリート層にとって習得が非常に困難であり、漢字で表すことが不可能な語が多く含まれる閩南語の場合、書き言葉である漢文と話し言葉である閩南語とは言文一致からほど遠い。したがって閩南語話者にとっては、あたかも中世ヨーロッパにおける文語と口語の乖離、すなわちリングア・フランカ（共通文語）としてのラテン語と各ヨーロッパ語族の口語の乖離と同様に、リングア・フランカとしての漢文と口語である閩南語の乖離という状況が見られる、というのである（Williams 1896, vi-vii）。

　啓蒙主義の影響を強く受けていた19世紀当時の中国在住宣教師は、一般に「宗教的真理」と「科学的真理」双方の「獲得と実践（acquisition and practice）」とが中国人の「キリスト教化と〔文明的〕昇華」に直結すると理解

6　黒船の来航時に通訳として同行したことで知られるウィリアムズは広東在住の宣教師また言語学者で、1848-1851 年 The Chinese Repository の主筆を務めている。

7　ドティは広東にて Anglo Chinese Manual of the Amoy Dialect（1853）を著している。

8　タルメージは『閩南語初級教科書 Tng-ōe Hoan-jī chhou-hak（Primary Chinese Dialect）』（1852）を著したほか、旧約聖書ルツ記の閩南語訳 "Lo-tek ê chheh"（1853）および讃美歌の閩南語訳（1859）を著している（Klöter 2002, 7）。

していた（Williams 1896, x）。新しい形態の宗教的知識や科学的知識を中国現地の人々が習得することが目的であるという意識からは、当然、習得自体に大きなエネルギーを要する漢文が果たして最良の文字ツールなのか、という疑問が浮上することになる。漢文学習は、漢字以外の内容を学習する段階に人々が到達することを阻むのではないか、と考える宣教師もいた（"Article X: Bibliographical notices," *The Chinese Repository* 20：7, July 1851, 474）。対照的に、表音文字（phonograph）である教会ローマ字は人々の母語である閩南語を完全に文字で表すことができ、しかもはるかに習得が容易であった。教会ローマ字を発展させ普及させることは、閩南語による聖書翻訳の道を拓き、現地信徒の識字率を向上させ、漢字を読めない多数の中国民衆の間にキリスト教を広めるツールとなる。当然、宣教活動に役立つと考えられたのである。しかしこのような考え方は同時に、伝統的な中国知的文化において絶対的前提だった「漢字」に対して、「（ローマ）白話字」というオルタナティブが存在することを示唆したという点において、中国文化を根幹から揺さぶりかねないラディカルさを有していた。伝統的な中国の知的世界に対する西洋の文化的挑戦、否定的に言えば文化侵略（cultural invasion）とさえ言えなくもない側面を有していたのである。

3. 独立した言語としての教会ローマ字

このように、はじめは中国における一方言のローマ字表記法でしかなかった教会ローマ字が宣教活動の現場で用いられる状況が生まれると、文字を有するようになった閩南語の言語的地位とその役割とは何かという問題が、必然的に西洋人宣教師の関心を引くようになった。19世紀初頭の西洋人宣教師が、一般に、教会ローマ字は中国語の伝統的表記法である漢文をよりよく理解するための手段であると考えていたのに対し、1850年代以降、複数の宣教師が「伝統的な方法〔漢文〕ではなく、口語〔母語〕を通して中国人が学問の境地（temple of learning）に達することのできる道を拓くことが、最良の方法であると考え」ていることを、ウィリアムズは中国における英文雑誌『チャイニーズ・リポジトリ』で報告している（"Article X: Bibliographical notices," *The Chinese Repository* 20：7, July 1851, 474）。ウィリアムズ自身、「〔教会ローマ字が〕

宣教師やその他の語学学習者にとって大いなる助けであり、少年のみならず成人でも1年少しで『正確かつ理解力をもって』本を読めるところまで学習できる」（同所）ことをよく知っていた。一方、「曲がりくねった迷路」のような漢字学習は、中国の人々をして、宣教師が紹介しようとしている近代的知識に到達するための道を途中で見失わせてしまうと感じる宣教師もあった（同所）。

　もっともラディカルな見方を展開したのは、教会ローマ字のゆるぎない支持者であったEPM宣教師のダグラスである。彼は自身が編纂した廈英大辞典（*Chinese-English Dictionary of the Vernacular or Spoken Language of Amoy*, 1873）の序文において、「〔閩南語〕は単なる口語や方言ではない。一般民衆のみならず高い地位にある人々によっても話され、無学な人々のみならず最も教養ある人々の間でも話されている」と述べ、「口語としての閩南語（Vernacular Amoy）が漢字の助けなしに書き言葉としても成立する、独立した一言語であるということをはっきりさせることは、意味のあることだ」（傍点は筆者による）として、閩南語そのものの言語的自律性を明確に主張している[9]。

4.　台湾における教会ローマ字の伝播

　教会ローマ字は元来中国南部におけるプロテスタント宣教の文脈において考案されたものであったが、それがもっとも広く普及し、また独自の文字文化として開花したのは、清朝末期および日本統治期の台湾においてであった。

　EPMが廈門より台湾海峡を隔てた南部台湾に宣教活動範囲を拡げたのは、台湾に未だいずれのミッションも進出していなかったことに加えて、台湾における漢族の間で廈門同様、閩南語が主要な言語として話されていたことがあったと考えられる。そしてEPMの台湾進出に伴って教会ローマ字は南部台湾に普及することになっていった。

　しかし南部台湾の宣教活動における教会ローマ字の導入は、必ずしも最初から自明だったわけではない。ダグラスによる1860年の台湾視察を経て、EPM最初の台湾派遣宣教師で医療宣教師でもあったジェームス・レイドロー・マク

9　Carstairs Douglas, *Chinese-English Dictionary of the Vernacular or Spoken Language of Amoy* (1873), vii–viii（Klöter 2005, 95 より重引）。

スウェル（James Laidlaw Maxwell、1836-1921）がダグラス、陳子路（廈門出身の伝道者）、黄嘉智（薬配合師）、呉文水（助手）と共に台湾府城（今日の台南）に到着したのは、1865年5月のことであった。彼らは直ちに大西門外にある看西街に店舗を借り、「耶蘇聖教」の看板を掲げて診療所兼伝道所を開設、多くの患者を診る一方で路傍伝道を開始した。しかし、漢族系住民の流した根拠のない噂によって宣教師に対する反感が高まったために7月には台湾府城から追い出され、英国領事館があった打狗（今日の高雄）への移転を余儀なくされている（賴1994、7-16頁）。

　キリスト教に対する漢族の敵意を目の当たりにしたマクスウェルは、同年11月、清国海関当局の英国人ウィリアム・アレクサンダー・ピカリング（William Alexander Pickering、1840-1907）に同行して、平埔族（漢族に同化した平地在住の台湾先住民）のシラヤ族が居住する低山地帯の崗仔林や等蕉脚（いずれも現在の台南縣左鎮區）を訪問した。そこで、かつてオランダ人の支配を受けた平埔族が、白人を「紅毛の親戚」と見なして親近感を有していること、また漢族への同化が進んでいた彼らが閩南語を話すことを知った。そして、それを機に平埔族伝道に力を注ぐことになったマクスウェルが伝道の手段として注目したのが、教会ローマ字だったのである（賴1994、7-16頁、Pickering 1898, 116-128）。平埔族は漢族よりもはるかにキリスト教に対して肯定的であった。マクスウェルは、たとえ漢族がキリスト教に対して敵対的であっても、教会ローマ字は閩南語が流暢でキリスト教に対して友好的な平埔族を教化する上で大いに有効であると気づいたのである。こうしてマクスウェルは1868年に台南府に戻って以降、妻と共に現地住民に対して教会ローマ字を熱心に教授するようになった（Lee 2013, 62-63）。

　同じ頃、打狗の診療所でキリスト教に触れて改宗した平埔族住民を通し、平埔族部落の木柵（現在の高雄縣内門郷木柵地區）より宣教師訪問の要請があった。これに応えてマクスウェル、ヒュー・リッチー（Hugh Ritchie、1840-1879、按手を受けた最初の宣教師）、そして漢人伝道者黄深河が足繁く伝道に赴いた結果、1870年に平埔族最初の教会堂が建てられた。マクスウェル夫妻はこれを受けて木柵でも教会ローマ字を集中的に教授、すると3か月後には10代前半の一群の男子がすらすらとローマ字を読解できるようになったという（賴1994、

103-6頁）。

　木柵はかつて新港社に居住していたシラヤ族が漢族の圧迫により集団移住した場所であった。ここから、抜馬、崗仔林、柑仔林（いずれも現在の台南縣左鎮區）などの平埔族集落にもキリスト教が伝わり、その結果、台湾南部の信者数は1871年には548、礼拝出席者数は1600以上と、一気にふくれあがった（Band 1947, 82-84）。しかし、情感豊かな平埔族は、改宗するのも早いが熱が冷めるのも早かった。信仰が長続きしない傾向がある平埔族とは対照的に、漢族が改宗するのは困難で改宗者も極めて少なかったが、いったん決心すれば堅実な信仰生活を貫く者が多かった。そのためもあってか、南部台湾の宣教活動は次第に漢族を中心とするものに移行していった。とはいえ、対照的な性格を持つ平埔族および漢族の両者が最も初期の台湾キリスト教界を共に構成していたことは重要である。特に、17世紀以来漢族からの経済的政治的圧迫に苦しめられ文化的にも差別されていた平埔族が、教会内で漢族と教会ローマ字という書き言葉を共有していたことには重要な文化的意義があった。

　こうして教会ローマ字はマラッカからマカオや廈門へ、そして台湾へと伝播していったのであるが、この新しい文字文化の空間的な広がりを陳慕真は「白話字傳播圏」（教会ローマ字伝播圏）と呼んでいる（陳 2015）。教会ローマ字が実際に普及した地理的範囲や実際に使用された規模は小さかったものの、それまでになかった新しい文字の知識を持つ人々が出現し、伝統的な文字文化を脅かす可能性を持つ越境的な文字文化が形成されようとしていたことは、中国／台湾の知的文化の文脈において革命的な意味を持つ出来事だったと言える。

5.　教会の共通言語としての教会ローマ字

　台湾初代宣教師のマクスウェルは、台湾における医療伝道と漢族伝道に加え、平埔族伝道および教会ローマ字の普及に道筋をつけたが、後者はその後ウィリアム・キャンベル（William Campbell、1841-1921）およびトマス・バークレイ（Thomas Barclay、1849-1935）の2名のEPM宣教師に引き継がれ、大きく展開していくこととなった。キャンベルは平埔族集落への巡回伝道を精力的に行い、時には閩南語の通じない「熟蕃」（清朝当局には帰順しているが平埔族よりも漢化

第11章　近代台湾における非エリート的文字文化の成立

の進んでいない先住民）にまで伝道対象を広げていくこともあった。

　一方、バークレイは教会員の質を高めることを重視し、着任後は1870年以来増加しつつあった権益目当ての信者（ライス・クリスチャン）を教会から一掃、教会ローマ字による教会員の識字率向上に努めた。教会ローマ字に関するダグラスの立場を継承していたバークレイは、望ましい教会のあり方を追求するためには教会ローマ字の普及が必須であると確信しており、のちにそのことについて以下のように述べている。

　　　第一に、健全で活力ある教会を建て上げるためには、男性も女性もあらゆる教会員が自ら聖書を読まなくてはならない。第二に、この目標は漢字の使用によっては達成され得ない。第三に、それはアルファベット表記の教会ローマ字の使用によって達成され得る。教会ローマ字は女性や子どもや無学な者が用いるもので、私のような学のある者は漢字を用いるものだと考えるのは、それを最初から不十分なものだと決めつけているのだ、と私は思った。（Band 1936, 67、翻訳は筆者による）

　台湾の人々にとって漢文──これはのちに日本語に取って代わられたが──を学習する機会は一部の特権的社会層の人々にしか与えられておらず、しかも厳密には彼らの母語ではなかった。一方、教会ローマ字を学習する機会は、少なくとも名目上は教会に連なるあらゆる種類の人々に平等に開かれていた。老いも若きも、男性も女性も、無学な者も学のある者も、さらには漢族も平埔族も、「教会ローマ字」の名の下に等しく知識へのスタート地点に立つことができたのである。このことは、教会ローマ字を共通の書き言葉とする教会の文字文化が、エリート主義と対極にあることを意味していた。教会におけるそのような非エリート的文字文化醸成の可能性こそが、バークレイが1935年の死にいたるまで教会ローマ字を強く推奨し続けた大きな理由だったのではないだろうか。豊富な漢字の知識を有していたバークレイが教会では一切漢字を用いなかったことも、そのような信念のあらわれと言えよう（井川1936、58-59頁）。

　一方、同じく教会ローマ字を初期の宣教活動において推進しながらも、キャ

237

ンベルは教会ローマ字の役割について対照的な持論を展開している。1913年の時点でキャンベルは、教会ローマ字は「〔漢字の〕代替物などではなく、中国の文語に関する、より十全で正確な知識を得ようとする者を助ける簡単で便利な手引き」でしかない、と述べている[10]。キャンベルにしてみれば、教会ローマ字は確かにあらゆる人々が聖書を読めるようになるための機会を平等に与える有用な文字ツールではあったが、中国の豊かな知的文化の根幹をなすのはあくまでも漢字なのであって、教会ローマ字はその表記法にすぎなかった。したがって漢字の持つ知的伝統が有する深みに教会ローマ字は達することはできず、いつかは漢字に取って代わられるべきものだったのである。

　このように厦門在住の宣教師の間で開始された教会ローマ字と漢字との比較に関する議論は、台湾宣教の現場において、具体的な経験を伴いながら深められていったと言える。漢族の知的文化を共有しない平埔族が宣教活動のターゲットであり教会の主要な構成員だった時期には、教会ローマ字の使用は「聖書を読む」という目的に対して明らかに有用なものであった。その後、宣教のターゲットおよび現地教会の主軸は平埔族から次第に漢族へとシフトしていったが、その後も教会ローマ字の学習および使用は奨励され続け、結果、漢族と平埔族という異なる文化的背景を持つ両者が、教会ローマ字という共通の書き言葉によって結ばれることになる。さらに、日本統治期に入って漢文が漢族系台湾住民にとって必ずしも共通の書き言葉でなくなってくると、教会ローマ字が日本語に対抗する台湾人の書き言葉となる可能性も生まれてくるのである。もっとも、この時期には漢文も植民地主義に対する文化的抵抗の意味を有するようになっていたため、白話文と漢文の混ざったクレオールのいわゆる「植民地漢文」が漢族系台湾人知識人にとっての共通の書き言葉となり続けた（陳2001）。しかし、教会は西洋人宣教師という後ろ盾があったために日本統治当局による同化（＝日本化）政策から保護されていた部分があった。そのため、教会ローマ字使用が継続されることによって、日本語使用を前提とする同化主義的な知的空間から自由な、自律した知的空間を教会の中に存続させることができたのである。

10　William Campbell, *A Dictionary of the Amoy Vernacular Spoken Throughout the Prefectures of Chin-chiu, Chiang-chiu and Formosa* (Yokohama: Fukuin Print Company, 1913), iii（Klöter 2005, 98より重引）。

6. アジア初の教会機関紙としての『教会公報』

　教会ローマ字の南部台湾における普及に最も大きく貢献したのは、教会が実施していた小学校教育および成人に対する識字教育、そしてミッション教育機関の小中学校教育であったが、教会ローマ字の知的世界を大きく拡げたのは『教会公報』の発行であった。

　バークレイは『教会公報』をアジアにおける最初の教会機関紙であったと回顧している（Band 1936, 72）。確かに、中国では早期より、キリスト教の弁護と中国人知識層の啓蒙を目的とした種々の新聞・雑誌が宣教師によって発行されてはいたが、教会内での配布を目的として発行されたものとなると、『教会公報』が最初だった可能性が高い。たとえばヤング・ジョン・アレン（Young John Allen、1836-1907）によって1868年に上海で創刊された雑誌『教会新報』（*The Church News*）を前身とする『万国公報』（*A Review of the Times,* or *The Globe*

教会公報（1903年3月号）　　　　閩南聖会報（漳泉聖会報の後身、1914年
台南長栄高等中学校校史館保管　　　12月号）台南長栄高等中学校校史館保管

Magazine）は、現地の知的エリートによる記事を掲載しているが、『教会公報』に掲載される記事は教会中心の事柄に限定され、書き手のほとんどが宣教師または台湾人伝道者であった。『教会公報』が教会機関紙という性格を保持し続けた背景には、1920年代半ばまでは事実上、教会外に教会ローマ字を解することのできる人々がほとんどなかったことがある。つまり、教会ローマ字を使用することで、良くも悪くも教会外の世界から切り離された信仰的・知的世界が築かれていったのである。

　『教会公報』創刊より3年後の1888年、廈門において、体裁も内容もほとんど『教会公報』と同じ教会機関紙『漳泉聖会報』（*Chiang-Choân Church News*）がタルメージによって創刊された[11]。なぜ教会ローマ字が最初に導入された廈門で、廈門より数十年も遅れて教会ローマ字が導入された台湾よりも遅い時期になるまで、教会ローマ字を使用した新聞・雑誌が創刊されなかったのだろうか。これはおそらく、廈門在住宣教師の間で教会ローマ字の言語的地位に関する評価が定まっていなかったためであろう。バークレイは、これを中国における知的エリートのプライドと保守主義のためであると説明している（Band 1936, 68）。中国でも教会員の多くは文字を読めない層の人々であったから、教会ローマ字による新聞・雑誌を発行する有用性は台湾同様に大きかったはずだが、台湾の場合には、伝統的に文字を持たなかった平埔族の存在が、教会ローマ字を教会共通の書き言葉として導入させる動力として決定的に働いたことが大きな相違であった。

　さらに、なぜ台湾南部で1885年という年に『教会公報』が創刊されたのかと言えば、南部台湾における教勢の増加によって、諸教会の消息を巡回宣教師や伝道者が伝達するだけでは事足りなくなり、文字を介した情報メディアが必要となったことが背景にあったようだ[12]。さらにバークレイが1884年の宣教休暇中に活版印刷機の使用方法を習得し、マクスウェルがEPMに寄贈していた小型印刷機を使用できるようになったということも、1885年に『教会公報』が創刊される直接的な要因となった。

11　これは1914年に*Bân-lâm Sèng-hōe-pò*（『閩南聖会報』）と改称され、1949年まで発行された。

12　1884年までには南部台湾には受洗者数2025名、33教会、教区は彰化以南の台湾の平地のほとんどに広がり、澎湖島も含まれていた（張2005、85-87頁）。

7. 『教会公報』創刊の三つの目的

　バークレイは1925年11月号の『教会公報』において、1885年の『教会公報』創刊には次の三つの目的があったと回顧している。第一に、読者が聖書を読めるようになるため教会ローマ字の学習を励ますこと、第二に、読者が各教会のニュースを知ることによって心を合わせて相互に励まし合えるようにすること、第三に、読者が周囲の人々を聖書の真理に導くことができるように啓蒙すること、である[13]。これらの目的のもとに創刊号が1885年6月発行されたが、その内容は、「教会ローマ字の有用性」というテーマで廈門在住のEPM宣教師ヘンリー・トムソン（Henry Thompson、生没年不明）が募集をかけたエッセイ・コンテストで1位を獲得した葉漢章牧師によるエッセイ「白話字の利益」、台南長老教中学校設立に関する最新ニュース、南部教会年次大会の報告、伝道師の任命に関する報告、巻頭言、そしてあとがき、であった。バークレイが書いたと思われる巻頭言でも教会ローマ字学習の重要性が強調され、漢字を読むことができても教会ローマ字が読めなければ宣教師の発行したキリスト教文書は一切理解できないであろう、と述べられている。

8. 『教会公報』の全般的内容

　約300部から開始した『教会公報』の購読数は、1892年に700部、1906年に900部と順調に伸び、1913年には1500部に達している（張2005、96頁）。購読者は主に南部台湾の教会と信徒で、1910年の段階では購読数1100部のうち1000部は南部台湾、残りが北部台湾および中国であった（『教会公報』301号、1910年3月）。1936年までには購読数は北部台湾を含め4000部にまで伸びている（井川1936、227頁）。

　『教会公報』の内容は大まかにニュース、散文、公告、教会教勢・収支報告、の四つの部分から構成されていた。「ニュース」といっても、1894年の日清戦

13　『教会公報』500号、1925年11月（張2005、87頁より重引）。

争勃発以前までは教会外で起こった時事への言及は皆無であり、宣教師、伝道者、現地教会、各地域の伝道活動、ミッションによる教育事業や医療事業に関連するものに限定されている。しかし日清戦争（1894-95年）とその後の日本軍による台湾占領に関する情報への需要が高まるにつれ、関連する出来事についての報告が1894年9月以降毎号のように掲載されるようになり、教会に関するニュースも必然的に日本軍による武力制圧や、兵隊・兵士への言及を含むようになっていった。

　1895年11月の台湾平定宣言以降は、台湾内外における重要な出来事についての最新情報が掲載されるようになった。たとえば抗日武力勢力の鎮圧に関する情報、米西戦争（1898年）、ロシアの動向、戊戌の変法（1898年）、義和団事件（1900年）、日露戦争（1904-05年）、エドワード7世の戴冠（1901年）などである。さらに台湾の新たな統治国となった日本への関心や理解の必要を反映して、日本訪問記や日本のキリスト教事情の紹介なども掲載されるようになった。

　同様の変化は公告欄にも見て取れる。1894年以前には公告はミッションスクールの試験や伝道者の資格試験、キリスト教書店、盲学校など、ミッション主導の事業に関するものに限定されていたが、日本統治期に入ってからは統治当局の出した告示の翻訳が掲載されることもあった。新しい統治体制に適応できるよう読者を手助けしようとしたことで、植民地当局の「エージェント／手先」的な役割を結果的に果たすことになったと言えなくもない。しかし同時に『教会公報』は台湾住民の日本統治に対する憤りを代弁する一面もあった。147号（1897年6月）の巻頭言では日本による植民地統治に対して「m-kam-goan 唔甘願」（あきらめと憤りの混ざった遺憾の念）を感じる台湾住民に同情を示している。ちなみに、この「m-kam-goan 唔甘願」という台湾語の表現は、のちに文脈化神学（contextual theology）を提唱することになった黄彰輝がキーワードとして用いた語の一つである[14]。

　散文セクションには聖書講解、キリスト教に関するさまざまな教え、中国の宗教的文化的伝統の紹介、子ども向けの物語やイラスト、異国の動物の紹介などのさまざまな教育的題材が掲載されている。さらに結婚や死亡通知、日々の

14　「m-kam-goan」という語に関するより詳細な検討についてはMino 2015を参照。

デボーション、聖書Ｑ＆Ａ、祈禱課題と感謝などが1892年頃より毎号掲載されるようになり、『教会公報』を通して教会や信徒相互の情報交換が促進され、信仰の学びが共有されつつあったことが推測できる。

　ところで、西洋人宣教師によって発刊された同誌は、1932年まで西洋人宣教師が発行人をつとめるなど宣教師が編集の最終責任を持つ期間が長く続いた（表1参照）。このため必然的に、西洋人宣教師による台湾現地教会・信徒向け啓蒙のツールとしての特徴を色濃く有し、1891年以降は現地伝道者や信徒による文章が掲載されるようになったものの、現地キリスト教徒自身による主体的な信仰表現の場にはなり得なかった。1920年代以降には日本教育を受けた若手知的エリート層が教会内にも増えていたが、読者一人一人に知識への道を開くという宣教師のスタンスは、主体的な知的信仰的表現の場を求める若手エリートの思いに必ずしも応えるものではなかったのである。

表1　『教会公報』発行人一覧（1905－1942）

発行人	年　月	期　間
ダンカン・ファーガソン （Duncan Ferguson）	1905.4 ～ 1906.1	13 年
	1908.2 ～ 1910.1	
	1913.2 ～ 1922.12	
トマス・バークレイ （Thomas Barclay）	1906.2 ～ 1908.1	5 年
	1910.2 ～ 1913.1	
Ａ・Ｂ・ニールソン （A. B. Nielson）	1923.1 ～ 1929.12	7 年
エドワード・バンド （Edward Band）	1930.1 ～ 1932.4	2 年 4 か月
王守勇　（Ong Siu-iong）	1932.5 ～ 1933.4	1 年
潘道榮　（Phoa'n To-eng）	1933.5 ～ 1939.4	6 年
劉子祥　（Lau Chu-siong）	1939.5 ～ 1941.4	2 年
許水露　（Kho Chui-lo）	1941.5 ～ 1942.5	13 か月

（『教会公報』684号、張 2005、102 頁より作成）

9. 非エリート的文字文化空間の創造

『教会公報』はしばしば台湾における最初の「新聞」として言及されるが、教会ローマ字を習得した者しか読むことができなかったこのクローズドな機関紙を、一般の新聞と同一視することはできないだろう。とはいえ、そのような一種の排他性を前提としつつも、あらゆる人々が容易に習得できる文字ツールを使用していたという点において、『教会公報』は潜在的には確かに閩南語話者すべてに対して開かれた「新聞」であった。このことによって同紙は本質的に非エリート的で平等主義的な新聞としての性格を有するようになり、その結果、エリート主義でクローズドであった儒教エリートの知的空間とは対照的な文字空間が生み出されたのである。

排他的でありながら平等主義的な知的文字文化空間の形成に加え、『教会公報』の発行はそれ以前には存在しなかった宗教的な「想像の共同体」をも生み出した。内村鑑三発行の信仰雑誌『聖書之研究』購読者のネットワークが日本における無教会運動の重要なファクターをなしたことにも似て[15]、『教会公報』はその紙面を通じて南部台湾に散在するキリスト教徒や教会を有機的に繋げる役割を果たすことができた。購読者のネットワークは、目には見えないがリアリティを持つ「南部台湾の教会」として受け止められるようになり、具体的に想像することが可能な宗教組織として台湾社会の中に存在するようになっていったのである。

この『教会公報』の背後に近代知識を台湾にもたらそうとする西洋人宣教師が存在したという事実は、購読者のネットワークが、それまで台湾の知的世界を独占していた儒教エリートに対する潜在的な文化的脅威となり得ることを意味していた。しかし実際には、少なくとも20世紀以前の『教会公報』において扱われている内容は完全に非エリート的であった。1910年代になってようやく、日本内地で近代的な高等教育を受け、教会の将来的「エリート」として台

15　「紙上の教会」という語は、教会に所属していない『聖書之研究』購読者が同誌の講読を通じて想像の教会共同体を形成していたということを表すために赤江が用いているキーコンセプトである（赤江 2013）。

頭し始めた第二世代のキリスト教徒が『教会公報』にさまざまな話題の文章を寄稿するようになった[16]。しかしこのような寄稿も教会信徒の啓発を目的とした内容以上のものではなく、エリート的な文章というには程遠いものであった。

10.　日本統治期の同化政策と教会ローマ字の知的文化空間

　さて、バークレイは1895年の段階ですでに日本統治の目的を「台湾人を身も魂も心も日本人にすること」だと鋭く見抜き、同化主義政策の影響を注意深く見守っていく必要があると指摘していたが[17]、同化すなわち日本化への要求は植民地統治期の最も初期より存在していた。1910年代になると、教会の実施していた小学校のほとんどは「公学校」(四年制の台湾現地子弟向け小学校)に取って代わられ、台湾人子弟も日本語で教育を受けるようになった。日本語を用いた教育をするようにとの当局からの圧力はミッションの中等教育に対しても次第に強まり、キリスト教知識層の子弟らが急速に日本化する中、遅れを取った宣教師も自らが日本語を学習する必要を切実に感じる状況が生まれていた (Takai-Heller 2014)。

　台湾の社会がそのような急速な同化の流れに巻き込まれつつあったにもかかわらず、教会内では一般に日本統治以前より教会ローマ字を基礎とする自律した文字文化空間が形成されていたため、人々は閩南語ベースの言語的・文化的・知的アイデンティティを日本統治期を通じて保つことができた。教会における毎週の日曜学校における教会ローマ字学習、そして『教会公報』の発行が、この文字文化空間を支える二本の柱であった。それに加えて1916年には教会ローマ字訳の新約聖書が、1932年には旧約聖書が完成したことで、教会ローマ字に基づく文字文化空間と信仰空間とはより堅固なものとなっていったのである。

16　廖三重(1886-1914)および林茂生(1887-1947)は南部台湾より日本内地へ留学した最初の教会子弟であった。廖三重は鵜崎庚午郎の神学的エッセイの翻訳、林茂生は死についてというテーマのエッセイを寄稿した(『教会公報』302号、1910年5月、303号、1910年6月、305号、1910年8月など)。

17　"Annual report of 1895" (Tong 1961, 54およびBand 1947に引用されている)。

確かに新しい国語である日本語使用への圧力は増していったが、教会関係者は母語の読み書きを学ぶ機会を有しており、教会ローマ字表記の読み物も豊富にあった。つまり日本統治期の同化政策下にあっても、教会という場所は台湾人が自分たちで集まることができ、日本語を強制されない稀な公共の空間だったのである。教会は彼らにとって宗教的のみならず言語的・文化的・知的アイデンティティの拠り所であり、それが結果として、1920年代以降、若い世代の教会関係者の間に近代ナショナリズムに繋がる政治的情熱を醸成したとも言えよう。

　1920年代に教会ローマ字普及運動を教会外で主導した知的エリートで自身もキリスト教徒だった蔡培火（1889-1983）によれば、1923年の段階で教会ローマ字を読むことができた人々は約5万人[18]、すなわち台湾全人口の1.25パーセントであった。これは同化政策を標榜する台湾総督府にとって十分に脅威を感じる数字であっただろう。実際、蔡培火は閩南語を母語とする台湾の民衆を啓蒙する目的で、教会ローマ字学習の短期コース実施を何度も試みているが、統治当局によってことごとく阻害され、実現しなかった（陳2001、220-21頁）。

　しかし太平洋戦争勃発以前の台湾では、教会ローマ字を用いる教会に対して当局は一切介入していない。それはおそらく、西洋人宣教師の指導下にあった台湾教会がまったく非政治的だったためではないかと考えられる。このような教会の態度は、台頭しつつある日本化したキリスト教エリート青年層には不満に感じられるところであった。教会内の文字文化空間はキリスト教青年の知的欲求を満足させることはできず、結果的に彼らは日本式高等教育を通して会得した近代的な知的文化を前提とする、より主体的なキリスト教青年運動を教会外において追求することになっていったのである（Takai-Heller 2014）。

　このように教会自体は政治的不満を持つキリスト教青年の知的政治的欲求を満たすことはできなかったが、教会ローマ字そのものは潜在的には日本の同化政策に対する政治的文化的抵抗の有用なツールであった。蔡培火は日本で受洗したため台湾現地の教会には所属していなかった。にもかかわらず教会ローマ字の有用性についてバークレイと非常に近い見解を示していたことは興味深い。

18　蔡培火「新台湾の建設とローマ字」『台湾民報』13号、1923年12月（陳2001、227頁より重引）。

蔡培火は、教会ローマ字を基礎とする台湾現地住民中心の文化的共同体の形成、という大きなビジョンを持っており、それは教育ある者も無学の者も平等に関与することができ、特に無学な者が近代文明に触れることのできる場と想定されていた（陳2001、222-23頁）。あたかもバークレイのビジョンが、蔡培火を通じて教会の壁を越えて台湾社会にもたらされたかのようであった。

　同時に重要なのは、教会ローマ字が教会内の若い知的エリートからも完全に見放されていたわけではないという点だ。北部台湾では日本内地で教育を受けた数名の若い伝道者が教会ローマ字による発行物 *Kòa-chhài-chí*（『芥菜子』）を1925年6月に創刊した。この数名は、のちに1930年代の北部台湾教会で教会刷新運動である「新人運動」を展開し、それまでの旧指導者たちに代わって新しい指導層を形づくった人々であった（廖1996、鄧2012）。

11.　結　論

　19世紀前半の東南アジアおよび中国南部において西洋人宣教師が閩南語表記法を考案したことは、台湾におけるプロテスタント・キリスト教の展開を左右する決定的なファクターとなった。すべての教会関係者に民族、性別、年齢、身分の違いに関係なく文字を習得する機会が与えられることで、教会外には存在しない平等主義が教会内にもたらされる契機を作ったからである。この条件の下で発行された『教会公報』は、既存の儒教的な知的伝統から完全に切り離された、非エリート的、平等主義的、かつ自律的な文字文化空間を生み出した。このこと自体は画期的と言えよう。ただし、このような非エリート的な知的空間は、日本統治期以降には逆に、植民地社会で活躍することを希求した日本的で近代的な若い世代のキリスト教エリート層が有する知的あるいは政治的要求を完全に満足させることはできなかった。しかし皮肉にも、『教会公報』は、キリスト教エリート青年たちの政治的な希求を満たす性格を持たない非政治的な機関紙だったからこそ、日本統治当局による激しい言論抑圧を避けることができ、閩南語を母語とするキリスト教徒たちの言語的文化的アイデンティティを同化圧力から守る砦となった、とも指摘できるのである。

第12章

大日本帝国と福音派プロテスタント教における「公共」と朝鮮キリスト教 (1910–1919)[1]

『公道』と『基督青年』にみる植民地朝鮮のキリスト教公共圏形成

マイケル・I・シャピロ

1. はじめに

　植民地朝鮮の歴史において1910年代は新しい専制主義の時代として知られており、「武断政治」の時期と呼ばれることが多い。しかしながら、このいわゆる「武断政治」は、朝鮮キリスト教の文化においては重要な展開期としては見なされない。むしろ、「武断政治」ほど弾圧的でなかったとされる1920年代の「文化政治」が、積極的な（特に農村社会の更生を目標とした）社会運動がようやく始まった文化・精神的風土に土着化したキリスト教の出発点として見なされることのほうが一般的である[2]。これに対して、本章では朝鮮キリスト教における1920年代の社会運動が偶発的に発生したのではなく、1910年代に始まる重要な前史を持っていると考える。そして、このような前史を解明するに当たって、特に1910年代のキリスト教青年会（YMCA）の役割に注目しながら、植民地朝鮮におけるキリスト教の社会運動のルーツが「グローバル・クリスチャニティのミュンヘン学派」の研究によって明らかになった20世紀初頭を中心とするグローバルなキリスト教公共圏の出現にまで遡る、ということを示す。

1　この研究の一部は2013-15年のポスドク研究期間に行った資料調査に基づいている。ここでこの2年間の研究期間を支援してくださった日本学術振興会と同志社大学社会科学部の客員研究員として迎えてくださった板垣竜太教授に謝意を表したい。

2　Park 2015はこの時代における朝鮮キリスト教の社会運動について詳しい。

第 12 章　大日本帝国と福音派プロテスタント教における「公共」と朝鮮キリスト教（1910-1919）

　朝鮮における YMCA の社会・教育プログラムは、朝鮮人キリスト教徒学生を日本帝国とグローバル規模の福音派プロテスタント教のそれぞれの公共圏に結びつける存在であった。米国での YMCA による高等教育の普及は福音主義者が学生層をキリスト教化する目的から起こった。つまり、YMCA は世俗的な空間を伝道的な目的に転用するための手段を提供したのである。ここには教会の牧師にはできなかった公共的な役割があったし、その役割は学生指導者が担った。そして、後述する通り、1910 年代には YMCA が留学先の大学で教育を受けた朝鮮人キリスト教徒にとっても教会改革を実現させるための場であった。

　一方、明治時代の日本では 1880 年代から科学的知識 —— 特に社会進化論 —— が宗教と教育を分離させるための手段として用いられるようになり、学問は国家への奉仕であるとする教育勅語が 1890 年に発布されると、キリスト教が日本の天皇制と相容れないとする論調が生まれた。このような時代に、YMCA 運動は日本のプロテスタント教徒に近代的なナショナリズムとキリスト教への信念との間の本質的な関係を明らかにするための手段を与えたのである。したがって、日本では YMCA が、キリスト教を弁護するという西洋人宣教師の役割を日本の学生にも可能にさせたという点で、キリスト教の土着化を大きく促進させたと言えるだろう。同様に高等教育を受けた朝鮮人学生も 1910 年代の日本帝国の教育政策に抵抗してキリスト教育の理念を弁護するとともに、朝鮮におけるキリスト教の宣教師による支配を攻撃する手段として YMCA を用いた。

　本章は YMCA が 1910 年代の植民地朝鮮において日本帝国と福音主義のそれぞれの「公共圏」をいかに媒介し、結びつけたかを問うことが目的である。そのために、短命に終わった二つの雑誌を特に取り上げたい。一つは 1914 年から 1915 年までソウルで出版された『公道』（공도）であり、もう一つは 1917 年 11 月から 1919 年 1 月まで東京で刊行を続けた『基督青年』（기독청년）である。『公道』は 1920 年代にそれまでソウル YMCA を指導してきた西洋人宣教師に代わり、YMCA を朝鮮全土に広がる勢力にした人々によって創刊された雑誌である。『基督青年』は在東京朝鮮人留学生のために創立されたソウル YMCA の支部の機関紙で、投稿者には反植民地的な 3・1 運動とその後の植民地朝鮮

249

の文化界に積極的に参加した人々が多かった。この二つの雑誌を読み合わせることによって朝鮮のキリスト教と日本帝国主義の間だけではなく、西洋・日本・朝鮮のキリスト教徒内部に生じたさまざまな認知的交流・競走を特徴づけている「公共圏」を明らかにすることができる。

　この二つの雑誌がいかに「グローバル・クリスチャニティのミュンヘン学派」が見出す20世紀初頭の広域的なキリスト教公共圏と結びついていたのかを解明するために、以上の雑誌を検討する前に、まずソウルYMCAを生み出した制度的な枠組みと朝鮮YMCAがソウルと東京の両方において支部を持つように至った経緯を検討しなければならない。そして、そのためには東アジアにおける中国YMCAの展開にふれる必要がある。

2.　中国YMCAと朝鮮YMCAとの歴史的な繋がり

　朝鮮におけるYMCA運動の制度的なルーツはソウルにではなく、上海にある。なぜなら、ソウルのYMCAは義和団事件（1900年）後の上海YMCA連盟へ加盟することによって多くの恩恵を受けるようになったからである。この時期に、上海YMCAが中国YMCAを中国全土にわたる運動として展開させた。中国におけるYMCA運動の主な目的はその国の士大夫階級のキリスト教化にあった（Garrett 1970）。そして、ソウルYMCAも中国の場合と似たような展開を辿った。たとえば、フィリップ・L・ジレット（Philip L. Gillett、1872-1938）がYMCAの中央国際委員会（Central International Committee）に次のように報告している。

　　朝鮮の両班は中国の士大夫に当たる階級とも言える。我々の事業はこの上流階級の青年を対象とするのは自然であろう。朝鮮の教会から祈禱と支持はもらうことにするが、好ましくない不道徳の階級の貧民がよほど頑張らない限り、青年会に入れないように会費を高くすることが私が今考えているところである。[3]

3　Kautz Family YMCA Archives at the University of Minnesota, Minneapolis, Y.USA.9-2-21, YMCA International Work in Korea, Box 1, Report of P.L. Gillett to International Committee, 1902.

第 12 章　大日本帝国と福音派プロテスタント教における「公共」と朝鮮キリスト教（1910-1919）

　この文書が示すように、ソウルYMCAの初期の目的は主に朝鮮の支配階級である両班階層のキリスト教化であった。貴族であることを会員になるための必須条件にはしなかったものの、ジレットはソウルYMCAを社交クラブのような組織にしようとした。つまり、上海YMCAと同様にソウルYMCAも士大夫階級のキリスト教化を図ったのである。

　しかし、日露戦争によってソウルYMCAは大きく方向転換することになる。1904-05年の間、YMCAが朝鮮社会で著しく注目されるようになり、多くの朝鮮人がキリスト教を反植民地ナショナリズムと結びつけるために無断で「青年会」を結成しようとしたのである。日本帝国が韓国を保護国にした後、ソウルYMCAを指導する外国人宣教師は普通教育から実業教育のコースに舵を切ろうとしたが、ソウルYMCAはエリートのキリスト教機関として上海YMCAに所属することによって日本帝国から自立した場所として保護されていた。

　その上、ソウルYMCAの中国YMCA連盟への加盟に伴い、1906年に在東京の朝鮮人留学生のために、ソウルYMCAの東京における支部が設立された。日露戦争の結果、日本がアジアの国々にとって見習うべき存在となり、東京における在日中国人留学生が急増した。このような展開にチャンスを見出そうとしたYMCA宣教師が中国人留学生のためのYMCAを創立することを決めた。そして、同じタイミングでソウルYMCAも400人の在東京朝鮮人留学生のためのYMCAの支部を設立した。つまり、ソウルYMCAが上海YMCA運動へ加盟していることがその制度的な展開にまた決定的な影響を及ぼしたわけである。在日中国人留学生に対して在日朝鮮人留学生が著しく少なかったにもかかわらず、この在東京朝鮮人留学生YMCAは植民地期の朝鮮人留学生にとって重要な場になった。彼らが1919年2月8日に朝鮮の日本帝国からの独立を宣言するために集まったのもこのYMCAであった。

　また、在東京中国人・朝鮮人留学生YMCAは1907年に東京で開催された第7回の万国学生基督教青年会（World's Student Christian Federation）の大会とほぼ同じタイミングで設立された。そもそもこの大会は日露戦争前に開催される予定だったが、戦争の勃発によって延期された。この大会は初めて日本で開催された大規模な国際大会となった。この大会の米国・中国・日本・韓国・インドのキリスト教界における指導者たちの演説では、アジアの学生が前世代の外

国人宣教師によって導入された伝道運動を今後継続する重要な責任を持ってい
る、ということが強調されている。

　この大会の開催と同時に、日本が西洋のロシア帝国に勝利したことは、東京
のような非キリスト教的な都会が世界のキリスト教化において戦略的な地点に
なりうる、ということの可能性を示していた。要するに、ソウルYMCAの東
京における制度的なプレゼンスによって、朝鮮キリスト教がグローバル・クリ
スチャニティのミュンヘン学派が見出す1900年を中心として出現した広域的
なキリスト教の公共圏の重要な一部をなす、アジア人キリスト教エリートの認
知的なネットワークに組み入れられたのである。

　以上に略述した背景によって、初期のソウルYMCAと上海のYMCA運動の
繋がりが1900年代の東アジアにおける広域的でエリートなキリスト教界の結
成に重要な役割を果たしたことを示すことができたと思われる。また、この概
要は中国・韓国・日本のYMCA運動間の協力関係がまだ可能に見えた時代に
構成された制度的文脈において、朝鮮併合後の1910年代にどのような認知的
交流が行われたのかを分析するためにも役立つと考える。以下にその分析を試
みたい。

3.　1910年代の植民地朝鮮における『公道』と『基督青年』

　19世紀末に朝鮮に辿り着いた宣教師は早くからキリスト教の土着化を図る
ために、現地の言葉で書かれたキリスト教文学の重要性を認識していた。そし
て、カトリック教会とプロテスタント福音派の宣教師がそれぞれ聖書の朝鮮語
への翻訳を手掛けた。1889年にKorean Religious Tract Society（朝鮮宗教文書
会）が組織され、日清戦争（1894-95年）後にはハングル文字のキリスト教系新
聞が出版されるようになった。また、メソジスト宣教師ジョージ・ヒーバー・
ジョーンズ（George Heber Jones、1867-1919）が神学月報をはじめとして、数
多くの雑誌を出版し、その他にも出版所がいくつか組織された[4]。そして、著名
な蓮洞教会をはじめとして、ナショナリズムの運動や政府に積極的に関与して

───────────
4　李1987、310-313頁。ここでこの文献を私に紹介くださった松谷元和教授に謝意を表したい。

第 12 章　大日本帝国と福音派プロテスタント教における「公共」と朝鮮キリスト教（1910-1919）

いた朝鮮人会員を含めたキリスト教会も結成されるようになり、それが短命に
終わった、キリスト教を国民生活の改善と結びつけようとした「家庭雑誌」の
出版にも繋がった。つまり、1900年代までにはすでにキリスト教と朝鮮のア
イデンティティとの関係を独自の立場から論じる土着的なキリスト教文学が現
れつつあったと言える。

　しかし、1910年までは朝鮮のキリスト教文学がキリスト教を公共的な言説
として発展させたというよりは、むしろ直接的な宣伝活動（たとえその目的が
宗教的にせよ、あるいは宗教的ナショナリズムにあったにせよ）に使われていたと
言えよう。このような意味において、『公道』や『基督青年』は朝鮮のキリス
ト教文学にとっては新しい出発点になった。また、これらの雑誌は20世紀初
頭を中心に現れたキリスト教におけるグローバル規模の公共圏と植民地朝鮮に
おける1920年代以後のキリスト教系社会運動とを結びつける存在だったので
ある。この点を論証するために、以下で両雑誌を比較検討してみることにした
い。

3.1.　『公道』

『公道』は1914年10月に創刊された。メソジスト教徒で有名な教育家であ
る申興雨（1883-1959）という人物がその社長であった。申は牧師として米国
のロサンゼルスでの仕事の経験を有しており、南カリフォルニア大学で教育
を受けていた。1911年に帰国した後、キリスト教系の培材学堂の校長に就任
し、ソウルYMCAにも関わりを持つようになる。1920年代には朝鮮YMCA
の総主事に就任し、朝鮮YMCAを朝鮮全土に及ぶ機関とするべく拡張を図っ
た。また、『公道』の編集者は、1920年代の朝鮮YMCAに積極的に関わるよ
うになった姜邁（1878-1941）であった。そして、この雑誌の投稿者には日本
または米国に留学中ですでにYMCAの積極的な会員になっていたかまたは
将来そうなっていった人が多くいた。『公道』の表紙に印刷された英語のス
ローガン "Published Monthly in the Interest of Education, Religion and Social
Betterment"（教育、宗教および社会改善のために毎月刊行）は『公道』のキリ
スト教やキリスト教教育の公共における立場と役割をよく物語っている。この雑
誌は1910年代のソウルYMCAの関心を反映しているだけではなく、1920年代

253

の展開も予測していると言えるだろう。

　なお、『公道』の内容を検討する前に、まず朝鮮併合後に朝鮮のキリスト教を取り巻いていた状況を簡単に説明しなければならないだろう。まず、1911年に勃発したいわゆる「105人事件」では、キリスト教徒を多く含む数百人の朝鮮人が朝鮮総督寺内正毅（1852-1919）を暗殺しようとしたという、無根拠と言ってよい容疑で検挙された。123人が起訴され、そのうち105人が有罪判決を言い渡された。「張本人」とされた6人以外は控訴審で無罪となり、この6人も1915年に大正天皇の即位に伴った恩赦により釈放された。この事件により、朝鮮総督府と西洋人宣教師・朝鮮人キリスト教徒との関係が一気に悪化した。

　もう一つは本書第8章において筆者がすでに取り上げている本郷教会の牧師であった海老名弾正（1856-1937）の呼びかけに応じて始まった1910年代の日本組合基督教会の朝鮮における伝道活動である。これは併合前の朝鮮で日本語学校を経営していた熊本バンド出身で海老名の弟子だった渡瀬常吉（1867-1944）等の指導によるものであったが、他の日本のキリスト教会は主に在朝日本人に限って伝道活動を行っていたのに対して、日本組合基督教会だけがあえて朝鮮人に対して直接の伝道活動を行い、そして総督府と協力関係を結んだうえで、日本帝国に対する忠誠心におもねるような「日本的」キリスト教を朝鮮人に押しつけようとした。日本組合基督教会の朝鮮における伝道活動は入会会員数で言えば、決して芳しい成果があったとは言えないが、把握の困難な一定の文化的な影響を有していたようだ。たとえば、1913年にソウルYMCAにおいて、日本組合基督教会に改宗した朝鮮人会員により、外国人宣教師からソウルYMCAの指導権を奪い取ることを目的とした「維新会」という団体が結成された。このような内紛は最終的に失敗に終わったものの、ソウルYMCAの上海YMCAへの所属を終わらせ、日本YMCA連盟への加入をもたらした。そして、この事件によって、ソウルYMCAの朝鮮人会員と指導権を握る外国人宣教師との間の深刻な溝が初めて露呈され、ソウルYMCAと上海YMCAとの関係が正式に終わったことによって、間接的ではあるが朝鮮人がソウルYMCA運動を指導することが可能になったと言えよう。

　最後に普通教育を通して国語（日本語）教育を普及させようとする総督府の目的を明らかにした1911年の朝鮮教育令にふれておきたい。この政策の結果、

第 12 章　大日本帝国と福音派プロテスタント教における「公共」と朝鮮キリスト教 (1910-1919)

朝鮮キリスト教徒が植民地統治下の朝鮮におけるキリスト教系私立教育の役割を公共の場で弁護する必要が生じた。政治的な状況の違いがあるにせよ、これは日本プロテスタント教徒が明治時代に直面したジレンマに似た面があると言えよう。そして、『公道』が最後に刊行された1915年3月に総督府の「改正私立学校規則」が発布され、朝鮮における私立学校のカリキュラムが総督府の審理の対象になった。これによって、学校で教えられる宗教的な内容が著しく制限された。

　要するに、『公道』は総督府が急速に朝鮮のキリスト教系学校に対する支配を強めつつあった時期に出版されていたのである。この時期はいわば日本国家の介入による植民地朝鮮のキリスト教界における初めての「教勢不振」の時期だったと言えるが、明治後期の日本における「教勢不振」と同様に、1910年代は朝鮮キリスト教にとってそれまで推進してきた教育政策を問い直さなければならない時期となった。そのゆえに『公道』では植民地統治下の朝鮮教育における変化が特に大きなテーマの一つになっている。この雑誌に毎号掲載される論文からは、朝鮮におけるキリスト教系の私立学校教育は、植民地統治下の社会的・政治的変化を切り抜けて生き残るために、変革されなければならないという鋭い意識が読み取れる。だが、この意識は朝鮮社会の植民地化への対応であると同時に、朝鮮のキリスト教系教育を現代世界の流れに適応させるために改めたいという希望も反映していると思われる。たとえばある社説では「効率のいい教師」の必要性が強調されている（「Efficient Teachers the Primary Need［社説］」『公道』第2巻2号、1915年2月）。

　　学校がまだ新奇であり、初級事業のみ行う（教育）機関が「大学」や「学院」の名称を取っていた古き良き時代において、教育をめぐる諸問題は比較的簡単かつ容易であった。黒板が備わっている、ゆとりのある部屋と授業を教える教師がいればそれで十分であった。多くの私立学校が消滅することの重要な意味に気づかないではいられない。効率のいい教師を持つことが一番核心となるべき点である。その他のすべての問題はこの点を中心とするいわば衛星にすぎない。私立学校の教員は全員効率的なのか？　彼らは現在の教育状況、とりわけミッションにおける教育の危機とどのよう

な関係を持っているのか？　今日は諸問題が重なりかつ複雑になっている。生活における競争が日々激しくなりつつあるし、私立学校が生き残るためには教授の仕方を改善しなければならない。宗教的学校の目的は徳行をことさら強調して高等学問の代わりにすることではなく、それを補足することであるべきだ。

　こうして、『公道』は朝鮮のキリスト教系私立学校が生き残るために「高等学問」に通じている「効率のいい教師」が必要だとしたのである。

　　これは根本的な変化でなくてはならない。教師は師範学校で養成されたものでなくてはならない。海外で流行している教育制度は見逃すべきではないし、政府〔総督府〕がいかに早いペースで〔朝鮮の〕教育制度の標準を引き上げているのかを見るべきである。政府の高等普通学校には師範の学部を設置しているし、同等の私立的教育機関もできる限り、同じような教師を養成する学部を持つべきである。

　つまり、教育家を養成しなければならないというのがこの社説の主旨である。そして、教育家の養成がまた『公道』の雑誌としての使命でもあったと言えそうだ。この社説は最後に以下のような指摘をしている。「今日の世界において目的に向かった前進（telic progress）の利益性が十分に証明されている」（「Efficient Teachers the Primary Need［社説］」『公道』第2巻2号、1915年2月、2-3頁）。ここでは「目的に向かった前進の利益性」がキリスト教系教育をさまざまな変化が起きている植民地朝鮮で発展させるために最も必要とされている。そして、このような「目的に向かった前進」こそ『公道』が最も強く提示しようとしたことである。この意味においては『公道』の編集陣は日本帝国が「普通教育」を促進させることで「目的に向けた前進」の道を開いている、と大っぴらに称賛していた。たとえば、ある社説は、伝統的に朝鮮の教育制度はもっぱら支配階級であった両班のためのものであり、日清戦争後にさまざまな初等・中等学校や語学学校が開校されるに至ったが、これらはすべてお飾りであり、本格的な教育を全く実践してこなかった、とする。この時代に日本人と西

第12章　大日本帝国と福音派プロテスタント教における「公共」と朝鮮キリスト教（1910-1919）

洋人宣教師が開いた私立学校のみが実質的に新しい教育を提供したと主張する。この意味で、朝鮮の私立学校は改革を必要としており、それは基本的には「普通教育・実業教育・専門教育」を通して「旧教育の弊を矯め」、「新教育を完成させる」、という朝鮮教育令の立場に一致しているというのが『公道』の主張である。

　1911年の朝鮮教育令では「生活」という規範概念が普通教育の基準に据えられている。『公道』もこのような「生活」を中心とする教育思想に基づいて朝鮮キリスト教の批評を展開させた（「提案：朝鮮의教育進歩（続）」『公道』第2巻1号、1915年1月、80頁）。しかし、朝鮮総督府が「生活」を役に立つかどうかという視点から見ていたのに対して、『公道』はより高い目的に向かって生活を導くために宗教教育の必要性を論じている。たとえば、『公道』がルドルフ・クリストフ・オイケン（Rudolph Christoph Eucken、1846-1926）の概念である「精神的生活」（「宗教及倫理：오이켄（オイケン）의宗教思想」『公道』第1巻1号、1914年11月）、あるいはハーバート・スペンサー（Herbert Spencer、1820-1903）の社会進化論を紹介する論文などを掲載しているのは朝鮮キリスト教の近代化を図る目的であると同時に、日本帝国が宗教的教育を牽制しようとすることを防ぐためでもあっただろう（「社会改善：스펜서의社会思想」『公道』2巻2号、1915年1月）。

　『公道』の多くの論文によると、キリスト教系学校が朝鮮人を社会において有用な人物となるよう養成し、また、日本帝国の皇室に対する忠誠心を養育するという総督府の立場を支持していた。この主張を展開する際に、『公道』の編集者・投稿者は日本人キリスト教徒が明治時代においてキリスト教が国家への忠誠心を培わせるために必要な条件だとしたのと似たような修辞的戦略を用いた。つまり、日本のキリスト教徒がそうしたように、『公道』の投稿者は人間が宗教を必要とすること自体は科学的思考に反するどころか、むしろ科学によって論証される自然の法則であるとしたというわけである。ここで実に興味深いのは『公道』の日本人投稿者も同じように論じていることである。たとえば、1907年に在朝日本人のために設立された京城キリスト教青年会の主事であった丹羽清次郎（1865-1957）は宗教が朝鮮の発達に対する障害物ではなく、むしろ朝鮮が最も必要としているものだとしたのである。

257

マイケル・I・シャピロ

　我朝鮮の貧弱に陥り遂に我が日本国の支持を待ち教導を得、併合を受けて
　初めて新生活に入らんとするに至れるは抑々如何なる経路に依れるや、こ
　れ極めて緊要にして興味多き問題なすらんばあらず、然もこれ決して一朝
　一夕決して論断し得るものに非ず〔…〕而して朝鮮の貧弱陥れる根本的原
　因に至っては吾等は之を民の信仰なきに依ると断定せんとするなり。（丹
　羽清次郎「朝鮮人の最大必要」『公道』第2巻2号、1915年2月、110頁）

　在朝日本人の立場を代表した丹羽の「我朝鮮」が今や日本帝国の一部として
「新生活」を発見しつつあるとするような論調はもちろん『公道』の多くの朝
鮮人投稿者の視点と大きく違っているだろう。それにもかかわらず、宗教こそ
が朝鮮の最も必要としていることである、とする丹羽の主張は『公道』の社説
方針とまったく一致していたのである。丹羽によると朝鮮におけるキリスト教
徒は20万人にも達したが、1000万人ぐらいの朝鮮人がまだ危険な「無宗教の
有様」にあるというのである。「人文蒙昧なる民と雖も必ず宗教あり、必ず人
間以上の目的物あり」（同所）と指摘し、宗教的信念は「人々の交誼を結ぶ上
に於いてまた家庭を作り社会国家をなす上に必要欠くべからざるものにして斯
の如き信なくんば究万事するに至ることは最も明なる所なり」（同上、113頁）
とする。つまり、丹羽は日本帝国による朝鮮併合を正当づけながらも、朝鮮に
おいてキリスト教系教育を維持することの必要性を論じていたのである。この
ような意味において、彼が論文の最後に書いた以下の一節は特に示唆的である。

　然り而して此の信仰なく教籌なきものは人類として道義敗し敗退其の最高
　の地位を失い、更に自然界の道理を此発見する能わず、永く蛮野不文の境
　域に呻吟すべし、則ち吾人は断信し且断言す
　只信仰あり国語盛んならん（同上、114頁）

　つまり、植民地朝鮮において宗教教育を認めることが朝鮮人に「国語」を教
育し、日本社会に同化させるための唯一の方法だ、というのが丹羽の主張であ
る。丹羽の論文は帝国主義的な論理に基づいているが、彼は朝鮮キリスト教徒

258

第 12 章　大日本帝国と福音派プロテスタント教における「公共」と朝鮮キリスト教（1910-1919）

が朝鮮において公への発言権を持っていると認識していると捉えるべきだろう。

　最後に『公道』の投稿者のなかで特に興味深い人物である洪秉璇（홍병선、1888-1967）を取り上げたいと思う。洪は1900年代に渡瀬常吉の日本語学校で教育を受けてから1911年に同志社大学の神学部を卒業した後に、日本組合基督教会の朝鮮における伝道活動に加わった。しかし、1910年代の半ば、理由は不明だが朝鮮側の監理教会に改宗し、1920年代のYMCAの農村更生運動の指導者になった。したがって、エリートなキリスト教の土着化をめぐる様々なプロセスを解明する上で、洪は実に興味深い人物である。「宗教の曙光」という論文の中で洪はまず朝鮮キリスト教を現代生活と一致させるべきだというような主張を展開させる。

　　　然らば即ち、生活が完全な生活で完全無欠な現在を企て考える時に生活の
　　　一面が科学・哲学なら、又一面は宗教といえる。従って、現代文明はその
　　　物質精神両方面を通して、生活の完全を企てるのに調歩一致するので現代
　　　人が一方で飢餓を訴えるが他方で精神の楽土を渇望するのが今日の思潮の
　　　大勢だ。（洪秉璇「宗教의曙光」『公道』2巻1号、1915年、22頁）

　ここまでは『公道』における典型的な論理であるが、それから洪が朝鮮キリスト教を未開と考えている状況に対する嫌悪感がすぐに明らかになる。

　　　今日朝鮮の所謂耶蘇教は実社会と学問を蔑視し耶蘇基督の精神がその伝道
　　　者と信者の間で一毫も実行に現れないで単に妙弁名称にすぎず、思想とし
　　　て見れば十七世紀的旧思想として天堂だけ論じる。（洪秉璇「宗教의曙光」
　　　『公道』2巻1号、1915年、22頁）

　このような表現は特に他の『公道』の内容と比較した場合驚くほど辛辣である。実際、筆者が知る限り、1915年という時点でこのような朝鮮人キリスト教徒による朝鮮キリスト教に対する鋭い批判は他に存在しない。しかし、翌年の1916年には当時在東京留学生であった李光洙（1892-1950）が朝鮮の近代文学の金字塔とも言われる『無情』という小説を発表するに先立ち、朝鮮におけ

259

るキリスト教に対して独自の痛烈な批判を展開した。そして、後述するように、このような朝鮮キリスト教会の社会の現実に対する消極的な態度への激情的な批判は『基督青年』においても展開された。

> 今日宗教道徳腐敗の改善はもちろん、思想の革新はこれ以上煩うことが必要ないように実生活実社会と調和して並進するような朝鮮的新耶蘇教朝鮮的新仏教朝鮮的新儒教が更生復興し、吾人が将来慶栄万歳するか。この時はいつでこの人は誰なのだろうか。（洪秉璇「宗教의曙光」『公道』2巻1号、1915年、23頁）

　ここで洪は朝鮮キリスト教だけではなく、朝鮮の宗教界全体を朝鮮の文化的風土に土着させることの重要性を主張している。彼は「今日朝鮮宗教家の多くは驕慢、惰弱、無識、無理想」であると痛烈に批判した。そういう意味でこの論文は単に近代世界の公共圏におけるキリスト教の役割を弁護しているというよりは、むしろキリスト教を植民地の朝鮮の公共における新しい文化的な力に変えようとしている。そして、次項で明らかになるようにこれこそ『基督青年』の学生投稿者が自分たちの役割として心に描いていたことである。この二つの雑誌を比較することによって、ソウルと東京で活動していた朝鮮人キリスト教徒の間に起きていた認知的交流のプロセスを解明することができる。

3.2. 『基督青年』

『基督青年』[5]は1917年に在東京朝鮮人留学生のYMCAの学生主事であった白南薫（1885-1967）によって創刊された。1917年には東京に在留する朝鮮人留学生たちはすでに朝鮮社会の改革を目指す勢力としての自分たちのアイデンティティを認識しており、このような改革をいかにして実現すべきかを『学之光』などの朝鮮人学生雑誌で議論し始めていた。『基督青年』の創刊によって、彼らはこのような変革を行うに当たってキリスト教がどのような役割を果たすべきかを論じることができるようになった。主に10〜20代の青年からなる

5　この雑誌の第9-13号を送ってくださった在日本韓国YMCAの田附和久氏に感謝を表したい。

第 12 章　大日本帝国と福音派プロテスタント教における「公共」と朝鮮キリスト教 (1910-1919)

　この雑誌の投稿者にとっては、総督府が朝鮮半島で実践しつつある教育規則ではなく、むしろ彼らが日本で受けた教育を活かして新しい朝鮮キリスト教の文化を創造することに関心があった。『公道』の場合と違い、この雑誌の投稿者のほとんどはキリスト者の教育家ではなく、むしろ世に出始めた文化評論家であった。彼らは朝鮮キリスト教が科学から距離を置いていることだけではなく、その文芸に対する無関心な態度も非難した。そして、それによって、朝鮮におけるキリスト教文化をいかに土着化させるべきなのか、という『公道』においてすでに示唆された疑問をより明確にした。

　『基督青年』においては朝鮮キリスト教会の改革が常に重要なテーマになっていた。『公道』の投稿者と同様に『基督青年』に論文を投稿した学生らも朝鮮のキリスト教の社会生活からの断絶を鋭く批判した。たとえば、文学の批評家である田榮澤（전영택、1894-1968）は精神面と物質面においての「教会の覚醒」の必要について論じた（田榮澤（筆名：秋湖）「朝鮮基督教会의覚醒」『基督青年』第 5 号、1918 年 3 月）。彼はキリスト教が「現世に天国を建設するのを主旨」とし、「数多い宗教のなかで最も現世的な宗教、生の宗教」[6]であるとした。そして、のちに朝鮮文化の歴史家かつ社会主義者であった鄭魯湜（정노식、1891-1965）が「西洋人の宗教西洋人の歴史が産出した宗教〔…〕死後天堂〔に行くことが〕人生の唯一目的ではない。地上に天国を建設することが我々人類の理想である」ことを宣言した（鄭魯湜「思想統一의宗教로基督教를論하야教会의覚醒에對한使命에及함」『基督青年』第 7 号、1918 年 5 月、6-7 頁）。

　しかし、鄭をはじめとして、『基督青年』に投稿した学生らにとって教会の改革を論じなければならなかった理由は、日本帝国の朝鮮半島における教育政策に対応するためだったというよりは、むしろ朝鮮における外国人宣教師の支配的な地位に対抗するためであった。鄭は「自然科学とは何か、経済とは何か、哲学とは何か、文学とは何か、芸術とは何か」や「社会の思潮」を全く教育しないような神学校を作る宣教師たちを酷評した。「元来我が国の神学校は学校よりむしろ講習所といった方が適当であろう。」その結果として朝鮮キリスト

6　鄭魯湜「朝鮮人의生活과예수教와의関係（三）」『基督青年』第 9 号、1918 年 9 月、1-3 頁。1918 年 5 月の『基督青年』が第 7 号と記されているのに、同年 9 月が第 9 号になっている理由が不明であるが、この雑誌が朝鮮人留学生の夏休みの間に休刊していた可能性があると思われる。

教会は若い世代を導くために必要な指導力が欠けていると彼は考えたのである。

　外国人宣教師諸君！　どうか神学校を常設し、朝鮮人を神学に対して外国
　留学をしなくてもいいようにしてくださるように懇切に願います。
　見てください。近日京城では各官私立学校生徒やその他の青年達が長老教
　と監理教礼拝堂にはよく行かず組合教とかその他の日本人が経営する教
　会には興味ありそうに通うのはどうしてでしょうか。これはもう無能で混
　沌としたような説教を嫌う傾向です。諸君が万が一お互いに競争的事業で
　半島の教会を向上前進させようと思えば、一日でも早く有用な人物を養成
　しなければならないと思います。(鄭魯湜「朝鮮人의生活과예수教와의関係
　(四)」『基督青年』第10号、1918年10月、2頁)

　以上の引用文は日本組合基督教会が従来の朝鮮キリスト教にとって文化的な
脅威になっていたことと、これが一部の朝鮮人キリスト教徒に教会の文化改革
の必要性を確信させたことを示唆している。以上にみるように、鄭の論文をは
じめ、多くの『基督青年』の投稿論文を通して朝鮮人キリスト教徒の間で対立
をはらんだ認知的交流が行われていたのである。
　実際、東京に留学した若い朝鮮人キリスト教徒は、年上世代の朝鮮人キリス
ト教徒との世代間対立を意識したようである。たとえば、若い詩人であり評論
家でもあった李一(이일、1892-没年不明)は以下のように書いている。

　朝鮮基督教徒信者が其子弟等を東京へ留学しに送る時に、一番恐れるこ
　とが「東京に留学しに行けば、信仰が堕落する」というのが一つの前提だ。
　従って、東京は信仰生活にとって一つの危険地域として定まっている。こ
　れはただその父兄だけではなく、全基督教会もこれを認める。(李一(筆
　名：雪汚堂下人)「朝鮮青年等의信仰上移動은開放？　堕落？　(一)」『基督青
　年』第5号、1918年3月、8頁)

　李は年上のキリスト教徒の態度が「自己唯貴〔独善的〕で自己万能」になっ
ているとし、彼らの在東京留学生のキリスト教徒に対する誤解が現代世界につ

第12章 大日本帝国と福音派プロテスタント教における「公共」と朝鮮キリスト教 (1910-1919)

いての無知と無関心さからくるとした。李には朝鮮キリスト教徒の二世代間の対立が朝鮮社会における「新旧思想」の対立を反映しているように思えた。そして、李は「現代思想」によってもたらされた世代間の違いはあまりに大きいため、その違いをある学生が年上の人々に説明できると期待してはならないとした。そして、このような「現代思想」によってできた違いは二世代間の朝鮮における西洋人宣教師に対する態度の違いにも繋がっているとした。

　　一言で言えば、父兄の時代と現代との間に大きな差異がある、ということは何の躊躇いもなく言える十分な事実で、父兄もこれを認めるだろう。更に言えば、父兄の脳髄の西洋信仰を輸入する時代と現代とは雲泥の差がある。父兄の脳髄に移植した信仰は十年が一日と同じで、少しも進化がなく、十年二十年前に聞いた西洋人宣教師の講義を今日聞いてもそれが有難いが、青年には鼻大宣教師の天国が来るのだという絶叫が耳によく入ってこない。父兄と宣教師の目にはこれが堕落にみえるだろうが、青年として自己弁護が許されるのであれば、〔我々は〕開放されたのだ。天国が来ないというのではない。必ず来るが、青年の感受性は老人たちのそれと少し違うということだ。(李一（筆名：雪汚堂下人)「朝鮮青年等의信仰上移動은開放？　堕落？（続前)」『基督青年』第6号、1918年4月、5頁)

　東京に留学している朝鮮人キリスト教徒は年上世代に時代的な隔たりを感じたばかりではなく、空間的な隔たりも感じていた。彼らにとっては東京に留学することは全く違う生活様式を体験することだった。李は言う。「生活は変わったが、これは朝鮮生活から日本生活に変わったという意味ではなく、二三世紀前の時代の生活から突然二三世紀の生活を一歩で走ってきたのだ。」このような急な変化が朝鮮人学生の感受性にも必然的に変化を及ぼした。たとえば、年上の世代が在東京朝鮮人留学生が教会に出席しなくなったことをよく批判すると李は言うが、彼は在東京の留学生が教会に出席しなくなることは彼らがそこで初めて体験するような新しい自由に対する自然な反応だとした。それはそもそも「本国でも信仰がなかったということだ。決して東京に来てからなくなったわけではない」とする。留学生が東京に来てから教会に出席しなくなる

263

ということは彼らが朝鮮にいる間に信念を見つけられずにいたことを証明している、と李は言う。だが、朝鮮の若い世代が父母や西洋人宣教師におべっかを使うようになることは気力のない世代になるのと同じだと李は考えた。彼と同様に多くの在東京朝鮮人留学生は朝鮮が重要な転換期に入っていると感じていた。

　李はこの論文の最後で同世代の朝鮮人学生キリスト教徒らに近代思想だけで満足することなく、もう一歩進んで彼らが東京で覚えた理性主義を年上世代の信念と融合させるかたちで新しい宗教的姿勢を発展させるように呼びかけた。前時代においては「西洋人宣教師が彼らの頭として我々の父母の理性を活動させた」が、朝鮮のキリスト教徒学生が「人生の全体」を対象とする宗教性を開発しなければならないと彼は考えたのである。その一方でもう一人の投稿者、李鍾麟（生没年不明）はこのような世代間の葛藤を違った視点から捉えている。李は宣教師に対して寛容な態度をとりながらも、朝鮮の若い世代が朝鮮社会と世界で起きている著しい変化に対応しなければならない、ということも認めている。

　　近来、青年信者の間ではこの新旧思想の衝突を云々すれば、必ず西洋人宣教師を排斥し、現在教会の役者と我が父兄達が無知だとして、不平を言うばかりになる。〔…〕まず、宣教師諸氏について言えば、自分たちの故国江山と離別して、親戚や友人から離れて荊棘と困難が多い疎遠な朝鮮に来て、千辛万苦を甘んじているのは上帝の無限な愛を覚えた結果だ。〔…〕この根本精神に対して朝鮮人の私たちのなかで誰がこれを祝賀し、感謝しないだろうか。けれど、非難する言葉は「彼等がやることは霊的で非社会的すぎるし、時代を無視する」とするが、これには一理あるが、私は全然賛同できない。彼等の職責は宣教師である。目的が霊的事業で、これに熱中しているのは明白なのだ。そして、彼らが伝道に従事しながらも、時間と金銭を消費し、学校病院等の事業をし、社会への貢献が少なくないのにいかにして「彼らがやるのは霊的で非社会的すぎる」と非難できるか。（李鍾麟（筆名：鳳凰山人）「今後教会에対한余의愚見（一）」『基督青年』第10号、1918年10月、3-4頁）

第12章　大日本帝国と福音派プロテスタント教における「公共」と朝鮮キリスト教（1910-1919）

　以上の引用文において李は寛大な態度をとっているにもかかわらず、若い世代が朝鮮社会や世界で起きているさまざまな変化に対応しなければならないことを認めている。「今回の世界大戦が政治、軍事、経済界に一大変動を惹起したことはもちろん、宗教、文芸、教育の各方面に膨大な影響を及ぼすだろう」（同所）と彼は言った。これは朝鮮キリスト教における世代間の隔たりは単なる修辞的戦略ではなく、この朝鮮人青年が自分の生きている時代をどう感じたかを反映していると言えよう。朝鮮キリスト教はやがて留学を通して近代世界を体験した人々によって指導されるという想定は『基督青年』の投稿者に共通していたのである。在日本韓国YMCAは朝鮮人学生が1919年2月8日に朝鮮の独立を宣言するために集まった場所として有名であるが、『基督青年』はこのYMCAがエリート的で土着的なキリスト教が発出し、複雑な認知的交流が行われた場所であったことの証しであった。そして、前述したように、植民地朝鮮におけるエリートなキリスト教文化の一面は1900年代に始まるソウルYMCAの発展の過程に辿ることができる。

4.　結　論

　『公道』と『基督青年』は短命に終わってしまった雑誌だが、それらを読み合わせることによって、日本植民地統治下の朝鮮では1920年代のキリスト教社会運動がどのように1910年代以前に形成されたエリートなキリスト教言説のグローバルな公共圏と結びつけられたかを追跡してみた。本章が朝鮮・韓国のキリスト教を他の地域のキリスト教と繋げ、また、朝鮮・韓国キリスト教内部に構築されたネットワークや認知的交流をより深く分析する研究を喚起できるよう期待している。

引用・参考文献一覧

【欧文文献】

Adogame, Afe. 2013. *The African Christian Diaspora. New Currents and Emerging Trends in World Christianity.* London: Bloomsbury.

Adogame, Afe, Roswitha Gerloff, and Klaus Hock, eds. 2008. *Christianity in Africa and the African Diaspora. The Appropriation of a Scattered Heritage.* London / New York: Continuum International Publishing Group.

Adogame, Afe, and Shobana Shankar, eds. 2012. *Religion on the Move! New Dynamics of Religious Expansion in a Globalizing World.* Leiden: Brill.

Adogame, Afe, and James Spickard. 2010. *Religion Crossing Boundaries.* Leiden: Brill.

Allen, Darrell. 2014. *Beyond Pacifism. Determining the Legacy of Uchimura Kanzô.* Saarbrücken: Scholar's Press.

Anderson, Benedict. 2005. *Under Three Flags: Anarchism and the Anti-Colonial Imagination.* London: Verso.

Anderson, Emily. 2014. *Christianity and Imperialism in Modern Japan. Empire for God.* London / New York: Bloomsbury.

Andrews, Charles Freer. 1905. "The Effect of the Japanese Victories upon India." *The East and West* (October) : 361–72.

Andrews, Charles Freer. 1912. *The Renaissance in India. Its Missionary Aspect.* London: Church Missionary Society.

Anson, Peter F. 1964. *Bishops at Large.* London: Faber and Faber.

Aritonang, Jan Sihar, and Karel Steenbrink, eds. 2008. *A History of Christianity in Indonesia.* Leiden / Boston: Brill.

Asad, Talal. 1992. "Conscripts of Western Civilization." In *Dialectical Anthropology: Essays in Honor of Stanley Diamond, vol. 1: Civilization in Crisis: Anthropological Perspectives*, edited by Christine W. Gailey, 333–51. Gainesville: University Press of Florida.

Asamoah-Gyadu, J. Kwabena, Andrea Fröchtling, and Andreas Kunz-Lübcke, eds. 2013. *Babel is Everywhere! Migrant Readings from Africa, Europe and Asia.* Frankfurt / Main: Peter Lang.

Aydin, Cemil. 2007. *The Politics of Anti-Westernism in Asia. Visions of World Order in Pan-Islamic and Pan-Asian Thought.* New York: Columbia University Press.

Baagø, Kaj. 1969. *Pioneers of Indigenous Christianity.* Bangalore: Christian Institute for the Study of Religion and Society and the Christian Literature Society.

Bade, Klaus J., Pieter C. Emmer, Leo Lucassen, and Jochen Oltmer, eds. 2013. *The Encyclopedia of Migration and Minorities in Europe. From the 17th Century to the Present.* Cambridge: Cambridge University Press.

Band, Edward. 1936. *Barclay of Formosa.* Tokyo: Christian Literature Society.

Band, Edward. 1947. *Working His Purpose Out: The History of the English Presbyterian Mission, 1847–1947.* Taipei: Ch'eng Wen Publishing Co.

Baum, Wilhelm, und Dietmar W. Winkler. 2000. *Die Apostolische Kirche des Ostens. Geschichte der sogenannten Nestorianer.* Klagenfurt: Kitab.

Baumann, Martin. 2003. *Alte Götter in neuer Heimat. Religionswissenschaftliche Analyse zu*

Diaspora am Beispiel von Hindus auf Trinidad. Marburg: diagonal.

Baumer, Christoph. 2005. *Frühes Christentum zwischen Euphrat und Jangtse*. Stuttgart: Urachhaus.

Baumgartner, Jakob. 1992. "Evangelisierung in indianischen Sprachen." In *Conquista und Evangelisation*, hrsg. von Michael Sievernich, Arnulf Camps und Andreas Müller, 313–47. Mainz: Grünewald.

Baumstark, Anton. 1922. *Geschichte der syrischen Literatur*. Bonn: De Gruyter.

Bayly, Christopher A. 1996. "The Indian Ecumene: An Indigenous Public Sphere." In Christopher A. Bayly, *Empire and Information. Intelligence Gathering and Social Communication in India, 1780–1870*, 180–211. Cambridge: Cambridge University Press.

Bayly, Susan. 1981. "A Christian Caste in Hindu Society: Religious Leadership and Social Conflict Among the Paravas of Southern Tamilnadu." *Modern Asian Studies* 15 (2): 203–34.

Bedjan, Paul, ed. 1895. *Histoire de Mar-Jabalaha*. Paris: Ernest Leoux.

Bennett, Adrian. 1983. *Missionary Journalist in China: Young J. Allen and His Magazines, 1860–1883*. Athens, GA: University of Georgia Press.

Bhattacharya, Neeladri. 2005. "Notes Towards a Conception of the Colonial Public." In *Civil Society, Public Sphere, and Citizenship: Dialogues and Perceptions*, edited by Rajeev Bhargava and Helmut Reifeld, 130–56. New Delhi: SAGE.

Blanco, John D. 2009. *Frontier Constitutions: Christianity and Colonial Empire in the Nineteenth-Century Philippines*. Berkeley: University of California Press.

Blaschke-Eick, Simone. 2010. *In die neue Welt! Deutsche Auswanderer in drei Jahrhunderten*. Hamburg-Reinbeck: Rowohlt.

Blyden, Edward Wilmot. 1887. *Christianity, Islam and the Negro Race*. London: W. B. Whittingham & Co. [faximile of first edition: Eastford: Martino Fine Books, 2016].

Böll, Verena. 1998. "Von der Freundschaft zur Feindschaft: Die äthiopisch-orthodoxe Kirche und die portugiesischen Jesuiten in Äthiopien, 16. und 17. Jahrhundert." In *"Christen und Gewürze". Konfrontation und Interaktion kolonialer und indigener Christentumsvarianten*, hrsg. von Klaus Koschorke, 43–48. Göttingen: Vandenhoeck und Ruprecht.

Bragado, Erlinda. 2002. "Sukimátem: Isabelo de Los Reyes Revisited." *Philippine Studies* 50: 50–74.

Braun, Oscar, ed. 1953. *Timothei Patriarchae Epistolae*. Louvain: Imprimerie orientaliste L. Durbecq.

Brock, Sebastian. 2006/07. "East Syriac Pilgrims to Jerusalem in the early Ottoman Period." *ARAM* 18/19: 189–201.

Budge, E. A. Wallis. 1928. *The Monks of Kûblâi Khan, Emperor of China*. London: Religious Tract Society.

Burlacioiu, Ciprian. 2012. "Transatlantische Vernetzung indigener christlichen Eliten am Beispiel der 'African Orthodox Church' 1920–1930." In *Missionsgeschichte als Geschichte der Globalisierung von Wissen*, hrsg. von Ulrich van der Heyden und Andreas Feldtkeller, 97–109. Stuttgart: Franz Steiner Verlag.

Burlacioiu, Ciprian. 2013a. "Orthodoxie zwischen New York und Ostafrika. Die Geschichte einer transatlantischen schwarzen Kirche im frühen 20. Jahrhundert." *CAS-Aviso* [Center for Advanced Studies, LMU] 3: 12–15.

Burlacioiu, Ciprian. 2013b. "The Role of the Religious and Secular Black Press in the Forging of the Transatlantic Black Community at the Turn of the 20th Century." In *Veränderte Landkarten. Auf dem Weg zu einer polyzentrischen Geschichte des Weltchristentums*. Festschrift für Klaus Koschorke, hrsg. von Ciprian Burlacioiu and Adrian Hermann, 169–88. Wiesbaden: Harrassowitz.

Burlacioiu, Ciprian. 2014. "Die African Orthodox Church als transkontinentale Bewegung in den 1920er und 1930er Jahren. Von einer 'imaginierten' zur 'realen' Orthodoxie." In *Polycentric Structures in the History of World Christianity / Polyzentrische Strukturen in der Geschichte des Weltchristentums*, edited by Klaus Koschorke and Adrian Hermann, 359–75. Wiesbaden: Harrassowitz.

Burlacioiu, Ciprian. 2015. *"Within three years the East and the West have met each other in the African Orthodox Church". Die Genese einer missionsunabhängigen schwarzen Kirche im transatlantischen Dreieck USA-Südafrika-Ostafrika (1921–1950)*. Wiesbaden: Harrassowitz.

Cabrita, Joel, David Maxwell, and Emma Wild-Wood, eds. 2017. *Relocating World Christianity. Interdisciplinary Studies in Universal and Local Expressions of the Christian Faith*. Leiden: Brill.

Campbell, James T. 1995. *Songs of Zion. The African Methodist Episcopal Church in the United States and South Africa*. Oxford / New York: Oxford University Press.

Chao, Samuel Hsiang-En. 1991. *John Livingston Nevius (1829–1893): A Historical Study of His Life and Mission Methods*. PhD dissertation, Fuller Theological Seminary.

Choi, Young-Woong. 2012. "The Mission of the Presbyterian Church of Korea in Shangdong, North China, 1913–1957." In *Transkontinentale Beziehungen in der Geschichte des Außereuropäischen Christentums / Transcontinental Links in the History of Non-Western Christianity*, edited by Klaus Koschorke, 117–30. Wiesbaden: Harrassowitz.

Clarke, Colin, Ceri Peach, and Steven Vertovec, eds. 1990. *South Asians Overseas. Migration and Ethnicity*. Cambridge: Cambridge University Press.

Clarke, Sathianathan. 2014. "World Christianity and Postcolonial Mission: A Path Forward for the Twenty-First Century." *Theology Today* 71 (2): 192–206.

Clifford, Mary D. 1969. "Iglesia Filipina Independiente: The Revolutionary Church." In *Studies in Philippine Church History*, edited by Gerald H. Anderson, 223–55. Ithaca: Cornell University Press.

Cohen, Robin, ed. 1995. *The Cambridge Survey of World Migration*. Cambridge: Cambridge University Press.

Cohen, Robin. 1997. *Global Diasporas. An Introduction*. Cornwall: University of Washington Press.

Colless, Brian Edric. 1970. "The Traders of the Pearl. The Mercantile and Missionary Activities of Persian Christians in South-East Asia." *Abr-Nahrain* IX: 17–38.

Comneno, M. A. Lala. 1997. "Nestorianism in Central Asia during the First Millenium: Archaeological Evidence." *Journal of the Assyrian Academic Society* 11: 20–67.

Continuation Committee. 1913. *The Continuation Committee Conferences in Asia 1912–1913: A Brief Account of the Conferences Together with Their Findings and Lists of Members*. New York: Published by the Chairman of the Continuation Committee.

Cook, James A. 2011. "A Transnational Revolution: Sun Yat-sen, Overseas Chinese, and the Revolutionary Movement in Xiamen, 1900–12." In *Sun Yat-Sen. Nanyang and the 1911 Revolution*, edited by Lee Lai To and Lee Hock Guan, 170–99. Singapore: Institute of

引用・参考文献一覧

Southeast Asian Studies.

Cooke, Lloyd A. 2013. *The Story of Jamaican Mission: How the Gospel Went from Jamaica to the World*. Kingston, Jamaica: Arawak Publishing.

Cullinane, Michael. 2003. *Ilustrado Politics: The Response of the Filipino Educated Elite to American Colonial Rule, 1898–1907*. Quezon City: Ateneo de Manila University Press.

Daily, Christopher A. 2013. *Robert Morrison and the Protestant Plan for China*. Hong Kong: Hong Kong University Press.

Daniels, David. 2012. "Reterritorizing the West in World Christianity: Black North Atlantic Christianity and the Edinburgh Conferences of 1910 and 2010." *Journal of World Christianity* 51 (1): 102–23.

Daniels, David. 2014. "Kongolese Christianity in the Americas of the Seventeenth and Eighteenth Centuries." In *Polycentric Structures in the History of World Christianity / Polyzentrische Strukturen in der Geschichte des Weltchristentums*, edited by Klaus Koschorke and Adrian Hermann, 215–26. Wiesbaden: Harrassowitz.

Datta, K. K. 1969. "The Year 1905. A Turning Point in Asian History." *Studies in Asian History. Proceedings of the Asia History Congress 1961*, 317–21. London: Asia Publishing House.

Dauvillier, Jean. 1948. "Les Provinces Chaldéennes 'de l'Extérieur' au Moyen Age." In *Mélanges offerts au R. P. F. Cavallera*. Doyen de la Faculté de Théologie de Toulouse, à l'occasion de la quarantième année de son professorat à l'Institut Catholique, 261–316. Toulouse: Toulouseä Biliothèque de l'Institut Catholique.

David, M. D. 1992. *The YMCA and the Making of Modern India*. Delhi: National Council of YMCAs of India.

David, M. D. 2012. "Indian Christians and National Movement. A Case Study of the Role of the Indian YMCA and Its Leaders." In *India's Christian Heritage*, edited by O. L. Saitang and G. Menachery, 317–33. Bangalore: Church History Association of India.

de Achutegui, Pedro, S.J., and Miguel A. Bernad, S.J. 1960. "Brent, Herzog, Morayta, and Aglipay." *Philippine Studies* 8: 568–83.

de Achutegui, Pedro, S.J., and Miguel Bernad, S.J. 1961–72. *Religious Revolution in the Philippines*, 4 vols. Quezon City: Ateneo de Manila University Press.

de Boer, Wim H., und Peter-Ben Smit. 2008. "Die frühen Beziehungen zwischen der IFI und der Utrechter Union." *Internationale Kirchliche Zeitschrift* 98: 122–44, 169–90.

de Boer, Wim H., und Peter-Ben Smit. 2012. *In necessariis unitas: Hintergründe zu den ökumenischen Beziehungen zwischen der Iglesia Filipina Independiente, den Kirchen der Anglikanischen Gemeinschaft und den altkatholischen Kirchen der Utrechter Union*. Frankfurt / Main: Peter Lang.

Demeterio, Feorillo P. A. 2012. "Don Isabelo de Los Reyes (1864–1938): Forerunner of Filipino Theology." *Philippiniana Sacra* 47: 883–916.

Dharampal-Frick, Gita. 2007. "Der Russisch-Japanische Krieg und die indische Nationalbewegung." In *Der Russisch-Japanische Krieg 1904/05. Anbruch einer neuen Zeit?*, hrsg. von Maik Hendrik Sprotte, Wolfgang Seifert und Heinz D. Löwe, 259–75. Wiesbaden: Harrassowitz.

Dreher, Martin. 1978. *Kirche und Deutschtum in der Entwicklung der Evangelischen Kirche lutherischen Bekenntnisses in Brasilien*. Göttingen: Vandenhoeck & Ruprecht.

Dua, Ramparkash P. 1966. *The Impact of the Russo-Japanese (1905) War on Indian Politics*. Delhi:

S. Chand.

Ebright, Donald. 1944. *The National Missionary Society of India, 1905–1942*. PhD dissertation, University of Chicago.

Eddy, G. S. 1907. "The Japan Conference." *Young Men of India* xviii (7): 87–91.

Eikelmann, Renate, Hrsg. 2009. *Die Wittelsbacher und das Reich der Mitte: 400 Jahre China und Bayern*. München: Hirmer.

Elders, Leo J. 2003. "The Nestorians in the Gulf. Just Passing Through? Recent Discoveries on the Island of Sir Bani Yas." In *Proceedings of the First International Conference on the Archeology of the United Arab Emirates, Abu Dhabi, April 15–18, 2001*, edited by Daniel T. Potts, Hasan Al Naboodah, and Peter Hellyer, 230–36. London: Trident Press.

Engel, Elisabeth. 2015. *Encountering Empire. African American Missionaries in Colonial Africa, 1900–1939*. Stuttgart: Franz Steiner Verlag.

Ertl, Thomas. 2008. *Seide, Pfeffer und Kanonen. Globalisierung im Mittelalter*. Darmstadt: Primus.

Ervin, Charles W. 2010. "Susan de Silva: Feminist Rebel and Pioneer Leftist." *Polity* 5: 14–20.

Evangelisches Missionswerk, Hrsg. 2016. *Zuflucht Europa. Wenn aus Fremden Nachbarn werden*. Hamburg: EMW.

Fairbank, John K. 1991. *Geschichte des modernen China 1800–1985*. München: Deutscher Taschenbuch Verlag.

Fischer, Thomas, und Daniel Gossel, Hrsg. 2009. *Migration in internationaler Perspektive*. München: Allitera Verlag.

Fisher, G. 1907. *Handbook of the World Students Christian Federation Conference, Tokyo, April 3–7, 1907*. Tokyo.

Fitzgerald, Timothy. 2007. *Discourse on Civility and Barbarity: A Critical History of Religion and Related Categories*. Oxford: Oxford University Press.

Forte, Antonino. 1996. "The edict of 638 allowing the diffusion of Christianity in China." In Paul Pelliot, *L'inscription nestorienne di Si-Ngan-Fou*, 349–73. Kyoto: Scuola di Studi sull'Asia Orientale; Paris: Collège de France, Institut des Hautes Études Chinoises.

Freitag, Ulrike. 2004. "Islamische Netzwerke im Indischen Ozean." In Dietmar Rothermund und Susanne Weigelin-Schwiedrzik, *Der Indische Ozean. Das afroasiatische Mittelmeer als Kultur- und Wirtschaftsraum*, 37–160. Wien: Promedia.

Frost, Mark R. 2004. "Asia's Maritime Networks and the Colonial Public Sphere, 1840–1920." *New Zealand Journal of Asian Studies* 6: 63–94.

Garrett, Shirley S. 1970. *Social Reformers in Urban China: The Chinese YMCA 1895–1926*. Cambridge: Harvard University Press.

Gealogo, Francis A. 2010. "Time, Identity, and Nation in the Aglipayan Novenario ng Balintawak and Calendariong Maanghang." *Philippine Studies* 58 (1/2): 147–68.

Gealogo, Francis A. 2011. "Religion, Science, and Bayan in the Iglesia Filipina Independiente." In *From Wilderness to Nation: Interrogating Bayan*, edited by Damon L. Woods, 108–21. Quezon City: University of the Philippines Press.

Gibson, J. Campbell. 1901. *Mission Problems and Mission Methods in South China*. New York, Chicago, Toronto: Fleming H. Revell Co.

Gillman, Ian, and Hans-Joachim Klimkeit. 1998. *Christians in Asia before 1500*. Ann Arbor: University of Michigan Press.

Gillroy, Paul. 1995. *The Black Atlantic. Modernity and Double Consciousness*. Cambridge, MA:

Harvard University Press.

Gollwitzer, Helmut. 1983. "Völkerbund und afroamerikanische Emanzipation." In Peter Halblützel, *Dritte Welt. Historische Prägung und politische Herausforderungen*, 95–120. Wiesbaden: Harrassowitz.

Gruber, Judith, and Sigrid Rettenbacher, eds. 2015. *Migration as a Sign of the Times. Towards a Theology of Migration*. Leiden: Brill.

Gründer, Horst. 2015. *Welteroberung und Christentum*. Gütersloh: Gütersloher Verlagshaus.

Habermas, Rebekka. 2008. "Mission im 19. Jahrhundert. Globale Netze des Religiösen." *Historische Zeitschrift* 56: 629–79.

Habermas, Rebekka, und Richard Hölzl, Hrsg. 2014. *Mission global. Eine Verflechtungsgeschichte seit dem 19. Jahrhundert*. Wien / Köln: Böhlau.

Hämmerli, Maria, and Jean-François Mayer, eds. 2014. *Orthodox Identities in Western Europe: Migration, Settlement and Innovation*. Farnham / Burlington: Ashgate.

Hage, Wolfgang. 1978a. "Der Weg nach Asien: Die ostsyrische Missionskirche." In *Die Kirche des frühen Mittelalters*, hrsg. von Knut Schäferdiek, 360–96. München: Chr. Kaiser Verlag.

Hage, Wolfgang. 1978b. "Einheimische Volkssprachen und syrische Kirchensprache in der nestorianischen Asienmission." In *Erkenntnisse und Meinungen*, hrsg. von Gernot Wießner, 2: 131–60. Wiesbaden: Harrassowitz.

Hage, Wolfgang. 2004. "Yahballaha III, † 1317." In *Syrische Kirchenväter*, hrsg. von Wassilios Klein, 168–78. Stuttgart: W. Kohlhammer.

Hage, Wolfgang. 2007. *Das orientalische Christentum*. Stuttgart: W. Kohlhammer.

Hamman, Adalbert. 1985. *Die ersten Christen*. Stuttgart: Reclam.

Hanciles, Jehu J. 2002. *Euthanasia of a Mission: African Church Autonomy in a Colonial Context*. Westport: Praeger.

Hanciles, Jehu J. 2008. *Beyond Christendom: Globalization, African Migration, and the Transformation of the West*. Maryknoll, NY: Orbis Books.

Hanciles, Jehu J. 2014. "The Black Atlantic and the Shaping of African Christianity, 1820–1920." In *Polycentric Structures in the History of World Christianity / Polyzentrische Strukturen in der Geschichte des Weltchristentums*, edited by Klaus Koschorke and Adrian Hermann, 29–50. Wiesbaden: Harrassowitz.

Harper, Susan Billington. 2000. *In the Shadow of the Mahatma: Bishop V. S. Azariah and the Travails of Christianity in British India*. Grand Rapids: Eerdmans.

Hastings, Adrian. 1994. *The Church in Africa, 1450–1950*. Oxford: Clarendon Press.

Heimgartner, Martin. 2006. *Die Disputation des ostsyrischen Patriarchen Timotheos (780–823) mit dem Kalifen Al-Mahdi*. Habil. theol., Martin-Luther-Universität Halle-Wittenberg.

Hermann, Adrian. 2013. "Transregional Contacts Between Independent Catholic Churches in Asia Around 1900: The Case of the Iglesia Filipina Independiente and the Independent Catholics of Ceylon." In *Veränderte Landkarten. Auf dem Weg zu einer polyzentrischen Geschichte des Weltchristentums*. Festschrift für Klaus Koschorke, edited by Ciprian Burlacioiu and Adrian Hermann, 139–50. Wiesbaden: Harrassowitz.

Hermann, Adrian. 2014a. "Transnational Networks of Philippine Christian Intellectuals and the Emergence of an Indigenous-Christian Public Sphere around 1900." In *Polycentric Structures in the History of World Christianity / Polyzentrische Strukturen in der Geschichte des Weltchristentums*, edited by Klaus Koschorke and Adrian Hermann, 193–203. Wiesbaden:

Harrassowitz.

Hermann, Adrian. 2014b. "The Early Periodicals of the Iglesia Filipina Independiente (1903–1904) and the Emergence of a Transregional and Transcontinental Indigenous-Christian Public Sphere." *Philippine Studies. Historical and Ethnographic Viewpoints* 62 (3/4): 549–65.

Hermann, Adrian. 2016. "Publicizing Independence. The Filipino Ilustrado Isabelo de los Reyes and the 'Iglesia Filipina Independiente' in a Colonial Public Sphere." *Journal of World Christianity* 6 (1): 99–122.

Hermann, Adrian, und Ciprian Burlacioiu. 2012. "Die Publizistik und transkontinentale Vernetzung indigen-christlicher Eliten um 1910: Zwei Fallstudien." In *Etappen der Globalisierung in christentumsgeschichtlicher Perspektive / Phases of Globalization in the History of Christianity*, edited by Klaus Koschorke, 315–35. Wiesbaden: Harrassowitz.

Heywood, Linda M., ed. 2002. *Central Africans and Cultural Transformations in the American Diaspora*. Cambridge: Cambridge University Press, 2002.

Heywood, Linda M., and John K. Thornton. 2007. *Central Africans, Atlantic Creoles, and the Foundation of the Americas, 1585–1660*. Cambridge: Cambridge University Press.

Hiery, Hermann. 2014. "Island Missionaries: Spreading Christianity Within and Beyond the Pacific Islands." In *Polycentric Structures in the History of World Christianity / Polyzentrische Strukturen in der Geschichte des Weltchristentums*, edited by Klaus Koschorke and Adrian Hermann, 205–13. Wiesbaden: Harrassowitz.

Hopkins, Charles Howard. 1979. *John R. Mott 1865–1955*. Grand Rapids, MI: Eerdmans.

Howe, Renate. 2001. "The Australian Student Christian Movement and Women's Activism in the Asia-Pacific Region, 1890s–1920s." *Australian Feminist Studies* 16: 311–23.

Hsia, Ronnie Po-chia. 1993. "Mission und Konfessionalisierung in Übersee." In *Die katholische Konfessionalisierung*, hrsg. von Wolfgang Reinhard und Heinz Schilling, 158–65. Münster: Aschendorff.

Irvin, Dale T. 2008. "World Christianity. An Introduction." *The Journal of World Christianity* 1 (1): 1–26.

Jacobs, Sylvia M., ed. 1982. *Black Americans and the Missionary Movement in Africa*. Westport / London: Praeger.

Jacobsen, Knut, and Selva J. Raj, eds. 2008. *South Asian Christian Diaspora: Invisible Diaspora in Europe and North America*. Farnham / Burlington: Ashgate.

Jadin, Louis, and Mireille Dicorato, eds. 1974. *Correspondence de Dom Afonso, roi du Congo 1506–1543*. Brussels: Académie Royale des Sciences d'Outre Mer.

Jensz, Felicity, and Hanna Acke, eds. 2013. *Missions and Media: The Politics of Missionary Periodicals in the Long Nineteenth Century*. Stuttgart: Steiner.

Jeyaraj, Daniel. 2012. "Missionary Attempts of Tamil Protestant Christians in East and West during the 19th Century." In *Transkontinentale Beziehungen in der Geschichte des Außereuropäischen Christentums / Transcontinental Links in the History of Non-Western Christianity*, edited by Klaus Koschorke, 131–44. Wiesbaden: Harrassowitz.

Jeyaraj, Daniel. 2014. "Claiming Indian Values to Formulate Guianese Identity: Contributions by Two Indian Christians in 19th Century British Guiana." In *Polycentric Structures in the History of World Christianity / Polyzentrische Strukturen in der Geschichte des Weltchristentums*, edited by Klaus Koschorke and Adrian Hermann, 153–72. Wiesbaden: Harrassowitz.

引用・参考文献一覧

Jürgens, Henning P., und Thomas Weller, Hrsg. 2010. *Religion und Mobilität. Zum Verhältnis von raumbezogener Mobilität und religiöser Identitätsbildung im frühneuzeitlichen Europa.* Göttingen: Vandenhoeck & Ruprecht.

Kamat, Pratima P. 2012. "'The Indian Cry' (O Brado Indiano) of Padre António Alvares: 'Swadeshi' or 'Seditious'?" *Indian Church History Review* 46: 69–91.

Katz, Nathan. 1995. "The Judaisms of Kaifeng and Cochin: Parallel and Divergent Styles of Religious Acculturation." *Numen* 42 (2): 118–40.

Kim, Grace Ji-Sun, and Joseph Cheah, eds. 2014. *Asian Christianity in the Diaspora.* New York: Palgrave Macmillan.

Kim, Sebastian Ch., and Kirsteen Kim. 2015. *A History of Korean Christianity.* Cambridge / New York: Cambridge University Press.

Klein, Wassilios. 2000. *Das nestorianische Christentum an den Handelswegen durch Kyrgystan bis zum 14. Jahrhundert.* Turnhout: Brepols.

Klein, Wassilios. 2002. "Syriac Writings and Turkic Language according to Central Asian Tombstone Inscriptions." *Hugoye: Journal of Syriac Studies* 5 (2): 213–23.

Klöter, Henning. 2002. "The History of Peh-oe-ji." Paper presented at the 2002 International Conference on Taiwanese Romanization Studies［2002 Tâi-ôan-lô-má-j, kàu-hàk kap gián-kiù kok-chè hàk-sýt gián-thó-höe 2002 台湾羅馬字教学 kap 研究国際学術研討会］. Taitung: Taiwanese Romanization Association.

Klöter, Henning. 2005. *Written Taiwanese.* Wiesbaden: Harrassowitz.

Koschorke, Klaus. 1994. "Konfessionelle Spaltung und weltweite Ausbreitung des Christentums im Zeitalter der Reformation." *Zeitschrift für Theologie und Kirche* 91: 10–24.

Koschorke, Klaus, ed. 1998a. *"Christen und Gewürze". Konfrontation und Interaktion kolonialer und indigener Christentumsvarianten.* Göttingen: Vandenhoeck & Ruprecht.

Koschorke, Klaus. 1998b. "Dutch Colonial Church and Catholic Underground Church in Ceylon in the Seventeenth and Eighteenth Centuries." In *"Christen und Gewürze". Konfrontation und Interaktion kolonialer und indigener Christentumsvarianten*, edited by Klaus Koschorke, 95–105. Göttingen: Vandenhoeck & Ruprecht.

Koschorke, Klaus. 2000. "Der russisch-japanische Krieg und die indigen-christlichen Eliten Indiens." In Dieter Becker und Andreas Feldtkeller, *Mit dem Fremden leben. Perspektiven einer Theologie der Konvivenz. Theo Sundermeier zum 65. Geburtstag*, 213–25. Neuendettelsau: Erlanger Verlag für Mission und Ökumene.

Koschorke, Klaus. 2009a. "'Ob er nun unter den Indern weilt oder unter den Chinesen ...': Die ostsyrisch-nestorianische 'Kirche des Ostens' als kontinentales Netzwerk im Asien der Vormoderne." *Jahrbuch für Europäische Überseegeschichte* 9: 9–35.

Koschorke, Klaus, ed. 2009b. *Falling Walls: The Year 1989/90 as a Turning Point in the History of World Christianity / Einstürzende Mauern: Das Jahr 1989/90 als Epochenjahr in der Geschichte des Weltchristentums.* Wiesbaden: Harrassowitz.

Koschorke, Klaus. 2010. "Polyzentrische Strukturen der globalen Christentumsgeschichte." In *Intercultural Perceptions and Prospects of World Christianity*, edited by Richard Friedli, Jan A.B. Jongeneel, Klaus Koschorke, and Theo Sundermeier, 105–26. Frankfurt / Main: Peter Lang.

Koschorke, Klaus. 2011. "'When is India to have her own native bishops?' Der schwarzafrikanische Bischof Samuel Ajayi Crowther (ca. 1806–1891) in der christlichen Publizistik Asiens und

273

Afrikas im 19. Jahrhundert." In *Mission und Prophetie in Zeiten der Interkulturalität*, hrsg. von Mariano Delgado und Michael Sievernich, 315‒24. St. Ottilien: EOS.

Koschorke, Klaus, ed. 2012a, *Etappen der Globalisierung in christentumsgeschichtlicher Perspektive / Phases of Globalization in the History of Christianity*. Wiesbaden: Harrassowitz.

Koschorke, Klaus. 2012b. "Edinburgh als Relaisstation: Das 'Erwachen großer Nationen', die nationalkirchlichen Bewegungen in Asien (und Afrika) und die Weltchristenheit." In *Etappen der Globalisierung in christentumsgeschichtlicher Perspektive / Phases of Globalization in the History of Christianity*, edited by Klaus Koschorke, 273‒84. Wiesbaden: Harrassowitz.

Koschorke, Klaus, ed. 2012c. *Transkontinentale Beziehungen in der Geschichte des Außereuropäischen Christentums / Transcontinental Links in the History of Non-Western Christianity*. Wiesbaden: Harrassowitz.

Koschorke, Klaus. 2012d. "Weltmission, globale Kommunikationsstrukturen und die Vernetzung der indigen-christlichen Eliten Asiens und Afrikas im 19. und frühen 20. Jahrhundert." In *Missionsgeschichte als Geschichte der Globalisierung von Wissen*, hrsg. von Ulrich van der Heyden und Andreas Feldtkeller, 193‒212. Stuttgart: Franz Steiner Verlag.

Koschorke, Klaus. 2014a. "Polycentric Structures in the History of World Christianity." In *Polycentric Structures in the History of World Christianity / Polyzentrische Strukturen in der Geschichte des Weltchristentums*, edited by Klaus Koschorke and Adrian Hermann, 15‒27. Wiesbaden: Harrassowitz.

Koschorke, Klaus. 2014b. "New Maps in the History of World Christianity: Current Challenges and Future Perspectives." *Theology Today* 71 (2): 178‒91.

Koschorke, Klaus. 2015a. "'What Can India Learn from Japan?' Netzwerke indigen-christlicher Eliten in Asien und christliche Internationalismen um 1910." In *Europa jenseits der Grenzen*, hrsg. von Michael Mann und Jürgen G. Nagel, 19‒42. Heidelberg: Drapaudi Verlag.

Koschorke, Klaus. 2015b. "'How may India profit from Japan?' Die Stellung der Frau und weibliche Erziehung in den Debatten indigen-christlicher Eliten in Asien um 1910." In *Begegnungen in Vergangenheit und Gegenwart*. Festschrift für Martin Tamcke, hrsg. von Claudia Rammelt, Cornelia Schlarb und Egbert Schlarb, 217‒27. Münster: Lit Verlag.

Koschorke, Klaus. 2016a. "Transcontinental Links, Enlarged Maps, and Polycentric Structures in the History of World Christianity." *The Journal of World Christianity* 6 (1): 28‒56.

Korschorke, Klaus. 2016b. "Religion und Migration. Aspekte einer polyzentrischen Geschichte des Weltchristentums." *Jahrbuch für Europäische Überseegeschichte* 16: 9‒35.

Koschorke, Klaus, and Adrian Hermann, eds. 2014. *Polycentric Structures in the History of World Christianity / Polyzentrische Strukturen in der Geschichte des Weltchristentums*. Wiesbaden: Harrassowitz.

Koschorke, Klaus, Adrian Hermann, Frieder Ludwig, and Ciprian Burlacioiu. 2018. *"To give publicity to our thoughts." Journale asiatischer und afrikanischer Christen um 1900 und die Entstehung einer transregionalen indigen-christlichen Öffentlichkeit. Journals of Asian and African Christians Around 1900 and the Making of a Transregional Indigenous-Christian Public Sphere*. Wiesbaden: Harrassowitz.

Koschorke, Klaus, Adrian Hermann, E. Phuti Mogase, and Ciprian Burlacioiu, eds. 2016. *Discourses of Indigenous Christian Elites in Colonial Societies around 1900. A Documentary*

引用・参考文献一覧

Sourcebook from Selected Journals. Wiesbaden: Harrassowitz.

Koschorke, Klaus, Frieder Ludwig, und Mariano Delgado, Hrsg. 2006. *Außereuropäische Christentumsgeschichte (Asien, Afrika, Afrika) 1450–1990.* Neukirchen / Vluyn: Neukirchener Verlag.

Koschorke, Klaus, Frieder Ludwig, and Mariano Delgado, eds. 2007. *A History of Christianity in Asia, Africa, and Latin America, 1450–1990: A Documentary Sourcebook.* Grand Rapids: Eerdmans.

Kreiser, Klaus. 1981. "Der japanische Sieg über Rußland (1905) und sein Echo unter den Muslimen." *Die Welt des Islam* 21: 209–31.

Kretschmar, Georg. 1982. "Erfahrungen der Kirche. Beobachtungen zur Aberkios-Inschrift." In *Communio Sanctorum.* Mélanges offerts à Jean-Jacques von Allmen, édité par Boris Bobrinskoy et al., 73–85. Genf: Labor et Fides.

Labourt, Hieronymus, ed. 1903. *De Timotheo I Nestorianorum Patriarcha.* Paris.

Lahiri, Smita. 2007. "Rhetorical Indios: Propagandists and their publics in the Spanish Philippines." *Comparative Studies in Society and History* 49: 243–75.

Lampe, Peter. 1987. *Die stadtrömischen Christen in den ersten beiden Jahrhunderten.* Tübingen: Mohr Siebeck.

Lang, David M. 1980. *Armenia. Cradle of Civilization.* London: Unwin Hyman.

Lange, Raeburn. 2002. *Island Ministers: Indigenous Leadership in Nineteenth Century Pacific Island Christianity.* Sydney: Pandanus Books.

Lauser, Andrea, und Cordula Weißköppel, Hrsg. 2008. *Migration und religiöse Dynamik. Ethnologische Religionsforschung im transnationalen Kontext.* Bielefeld: Transcript-Verlag.

Lee, Hui-chen. 2013. "Translation and the invention of writing: The case of Southern Min alphabet in Taiwan." *Kaleidoscope* 5 (1): 60–71.

Lee, Joseph Tse-Hei. 2001. "The Overseas Chinese Networks and Early Baptist Missionary Movement Across the South China Sea." *Historian* 63 (4): 752–68.

Lee, Joseph Tse-Hei. 2003. *The Bible and the Gun. Christianity in South China, 1860–1900.* New York / London: Routledge.

Lehmann, Hartmut, Hrsg. 2005. *Migration und Religion im Zeitalter der Globalisierung.* Göttingen: Wallstein.

Lessing, Hanns, Julia Besten, Tilman Dedering, Christian Hohmann und Lize Kriel, Hrsg. 2011. *Deutsche evangelische Kirche im kolonialen südlichen Afrika. Die Rolle der Auslandsarbeit von den Anfängen bis in die 1920er Jahre.* Wiesbaden: Harrassowitz.

Lewis, W. J., William Theodore Aquila Barber, and John R. Hykes. 1890. *Records of the General Missionary Conference Held at Shanghai, May 7–20, 1890.* Shanghai: American Presbyterian Mission Press.

Lieu, Samuel N. C. 2006. "Nestorian Remains from Zaitun (Quanzhou)." In *Jingjiao: The Church of the East in China and Central Asia,* edited by Roman Malek and Peter Hofrichter, 277–91. Sankt Augustin: Institut Monumenta Serica.

Lodwick, Kathleen. 1986. *The Chinese Recorder Index: A Guide to Christian Missions in Asia, 1867–1941.* Delaware: Scholarly Recourses Inc.

Ludwig, Frieder. 2000. *Zwischen Kolonialismuskritik und Kirchenkampf: Interaktionen afrikanischer, indischer und europäischer Christen während der Weltmissionskonferenz Tambaram 1938.* Wiesbaden: Harrassowitz.

275

Ludwig, Frieder. 2014. "Are the Ethiopians 'the Prussians of Africa' or 'the Japanese of Africa'? Transatlantic and Transcontinental Networks in the West African Press of the 1890s." In *Polycentric Structures in the History of World Christianity / Polyzentrische Strukturen in der Geschichte des Weltchristentums*, edited by Klaus Koschorke and Adrian Hermann, 227–38. Wiesbaden: Harrassowitz.

Ludwig, Frieder. 2015. "'Carpe Diem!' Aushandlungsprozesse in den kirchlichen und politischen Emanzipationsbewegungen Nigerias zwischen den Kriegen." In *Begegnungen in Vergangenheit und Gegenwart*. Festschrift für Martin Tamcke, hrsg. von Claudia Rammelt, Cornelia Schlarb und Egbert Schlarb, 228–42. Münster: Lit Verlag.

Ludwig, Frieder. 2016. "Religion und Geschichte in der afrikanischen und afro-amerikanischen Historiographie: Skizzierung einflussreicher Positionierungen in der zweiten Hälfte des 19. Jahrhunderts." *Geschichte und Gott*. XV. Europäischer Kongress für Theologie, hrsg. von Michael Meyer-Blanck, 980–95. Leipzig: Evangelische Verlagsanstalt.

Ludwig, Frieder, and J. Kwabena Asamoah-Gyadu, eds. 2011. *African Christian Presence in the West. New Immigrant Congregations and Transnational Networks in North America and Europe*. Trenton: Africa World Press.

Lutz, Jessie G., and Rolland Ray Lutz. 1998. *Hakka Chinese Confront Protestant Christianity, 1850-1900*. Armonk, NY: M. E. Sharpe.

Malek, Roman, and Peter Hofrichter, eds. 2006. *Jingjiao: The Church of the East in China and Central Asia*. Sankt Augustin: Institut Monumenta Serica.

Mallampalli, Chandra. 2004. *Christians and Public Life in Colonial South India, 1863–1937*. London: Routledge.

Marks, Steven G. 2005. "Bravo, Brave Tiger of the East! The War and the Rise of Nationalism in British Egypt and India." In *The Russo-Japanese War in Global Perspective*, vol. 1, edited by John W. Steinberg, Bruce W. Menning, David Schimmelpenninck van der Oye, David Wolff, and Shinji Yokote, 609–28. Leiden / Boston: Brill.

Martin, Sandy D. 1989. *Black Baptists and African Missions*. Macon, GA: Mercer University Press.

Martin, Sandy D. 2012. "African American Christians and the African Mission Movement during the 19th Century." In *Transkontinentale Beziehungen in der Geschichte des Außereuropäischen Christentums / Transcontinental Links in the History of Non-Western Christianity*, edited by Klaus Koschorke, 57–72. Wiesbaden: Harrassowitz.

Mino, Kazue. 2015. "Towards the Development of Contextualizing Theology: Taiwanese Christians' and Campbell Moody's Reflections on Christian Mission in the Colonial Context of the 1920s–1930s." In *Huang Zhanghui Mushi de Jingshen Zichan Yantao Lunwenji*. 黃彰輝牧師的精神資產研討論文集, edited by Huang Zhanghui Mushi Baisui Jinian Huodong Weiyuanhui 黃彰輝牧師百歲紀念活動委員会, 327-79. Tainan: Nanshen Chubanshe.

Moffett, Samuel Hugh. 1992. *A History of Christianity in Asia I*. San Francisco: HarperSanFrancisco.

Moffett, Samuel Hugh. 2005. *A History of Christianity in Asia II*. Maryknoll, NY: Orbis Books.

Mogase, E. Phuti. 2014. "Mission in Controversy: A revision of Adelaide Casely-Hayford's Approach." In *Frauen und Zeiten*. Frauen in der Hermannsburger Mission und ihren Partnerkirchen, hrsg. von Jobst Reller, 43–72. Berlin / Münster: Lit Verlag.

Mogase, E. Phuti, and Frieder Ludwig. 2013. "Women in Mission and Media in English-Speaking West Africa, c. 1890-1930. A Tentative Outline of Developments and

Trajectories." In *Veränderte Landkarten. Auf dem Weg zu einer polyzentrischen Geschichte des Weltchristentums*. Festschrift für Klaus Koschorke, hrsg. von Ciprian Burlacioiu and Adrian Hermann, 151–60. Wiesbaden: Harrassowitz.

Mojares, Resil B. 2006. *Brains of the Nation: Pedro Paterno, T. H. Pardo de Tavera, Isabelo de Los Reyes, and the Production of Modern Knowledge*. Quezon City: Ateneo de Manila University Press.

Mojares, Resil B. 2013. *Isabelo's Archive*. Mandaluyong City: Anvil.

Moule, Arthur Christopher. 1930. *Christians in China Before the Year 1550*. New York / Toronto: Society for Promoting Christian Knowledge.

Mulvey, Patricia A. 1976. *The Black Lay Brotherhoods of Colonial Brazil. A History*. PhD dissertation, City University of New York.

Mundadan, A. Mathias. 1967. *The Arrival of the Portuguese in India and the Thomas Christians under Mar Jacob 1498–1552*. Bangalore: Dharmaram College.

Mundadan, A. Mathias. 1984. *History of Christianity in India I*. Bangalore: Theological Publications in India.

Murakami, Yoshihide. 1965. "W. H. Medhurst in the History of Chinese Linguistics." *The Journal of Religion* 7: 59–63.

Nagata, Judith. 1995. "Chinese Custom and Christian Culture: Implications for Chinese Identity in Malaysia." In *Southeast Asian Chinese and China. The Politico-Economic Dimension*, edited by Leo Suryadinata, 166–201. Singapore: Times Academic Press.

Nehru, Jawaharlal. 1980. *An Autobiography*. New Delhi: Jawaharlal Nehru Memorial Fund.

Neill, Stephen. 1984. *The History of Christianity in India: The Beginnings to AD 1707*. Cambridge: Cambridge University Press.

Nevius, John L. 1886. *Methods of Mission Work*, Shanghai: American Presbyterian Mission Press.

Ng, Peter Tze Ming. 2014. "The Making of Modern China: Reflections on the Role of Chinese YMCA Christians who Returned from Japan and the US in the Early 20th Century." In *Polycentric Structures in the History of World Christianity / Polyzentrische Strukturen in der Geschichte des Weltchristentums*, edited by Klaus Koschorke and Adrian Hermann, 131–41. Wiesbaden: Harrassowitz.

Nirei, Yosuke. 2007. "Toward a Modern Belief: Modernist Protestantism and Problems of National Religion in Meiji Japan." *Japanese Journal of Religious Studies* 34 (1): 151–75.

Nirei, Yosuke. 2012. "Globalism and liberal expansionism in Meiji Protestant discourse." *Social Science Japan Journal* 15 (1): 75–92.

Noll, Mark A. 2009. *The New Shape of World Christianity: How American Experience Reflects Global Faith*. Downers Grove: InterVarsity Press.

Oltmer, Jochen. 2016a. *Globale Migration. Geschichte und Gegenwart*. München: C. H. Beck.

Oltmer, Jochen, Hrsg. 2016b. *Handbuch Staat und Migration in Deutschland seit dem 17. Jahrhundert*. Berlin / Boston: Walter de Gruyter.

Osterhammel, Jürgen, und Niels P. Peterson. 2003. *Geschichte der Globalisierung. Dimensionen, Prozesse, Epochen*. München: Beck.

Park, Albert L. 2015. *Building a Heaven on Earth. Religion, Activism and Protest in Japanese-Occupied Korea*. Honolulu: University of Hawaii Press.

Park, Joon-Sik. 2012. "Korean Protestant Christianity: A Missiological Reflection."

International Bulletin of Missionary Research 36: 59–64.

Pickering, William A. 1898. *Pioneering in Formosa: Recollections of Adventures Among Mandarins, Wreckers, & Head-hunting Savages*. London: Hurst & Blackett.

Porter, Andrew. 2004. *Religion versus Empire? British Protestant Missionaries and Overseas Expansion, 1700–1914*. Manchester: Manchester University Press.

Ptak, Roderich. 2007. *Die maritime Seidenstrasse. Küstenräume, Seefahrt und Handel in vorkolonialer Zeit*. München: C. H. Beck.

Rajak, Tessa. 2006. "The Jewish Diaspora." In *The Cambridge History of Christianity*, vol. 1, edited by Margaret M. Mitchell and Francis M. Young, 53–68. Cambridge: Cambridge University Press.

Ranche, Apolonio M. 2000. "The Iglesia Filipina Independiente (IFI): A People's Movement for National Freedom, Independence, and Prosperity." *Philippiniana Sacra* 35: 513–34.

Rawlinson, John Lang. 1990. *The Recorder and China's Revolution: a Topical Biography of Frank Joseph Rawlinson, 1871–1937*. Notre Dame: Cross Cultural Publications.

Report. 1908. *Report of the Conference of the World's Student Christian Federation at Tokyo April 3–7, 1907*. New York [n. d.].

Revollido, Eleuterio J. 2009. *The Interplay of Nationalism and Ecumenism in the Ministry of the Nine Supreme Bishops of the IFI: 1902–2002*. PhD dissertation, University of Santo Tomas.

Robert, Dana L. 2008. "The First Globalization? The Internationalization of the Protestant Missionary Movement Between the World Wars." In *Interpreting Contemporary Christianity*, edited by Ogbu U. Kalu, 93–130. Grand Rapids: Cambridge University Press.

Roche, Patrick A. 1984. *Fishermen of the Coromandel: A Social Study of the Paravas of the Coromandel*. New Delhi: South Asia Books.

Rodell, Paul A. 1988. "The Founding of the Iglesia Filipina Independiente (the 'Aglipayan' Church): An Historiographical Review." *Philippine Quarterly of Culture and Society* 16: 210–34.

Rodell, Paul. 2005. "Inspiration for Nationalist Aspirations? South East Asia and Japan's Victory." In *The Russo-Japanese War in Global Perspective*, vol. 1, edited by John W. Steinberg, Bruce W. Menning, David Schimmelpenninck van der Oye, David Wolff, and Shinji Yokote, 629–54. Leiden / Boston: Brill.

Rodríguez, P. Isacio R., O.S.A. 1960. *Gregorio Aglipay y los orígenes de la Iglesia Filipina Independiente (1898–1917)*, 2 vols. Madrid: Departamento de Misionología Española, Consejo Superior de Investigaciones Científicas.

Romein, Jan Marius. 1958. *Das Jahrhundert Asiens. Geschichte des moderne asiatischen Nationalismus*. Bern: A. Francke Verlag.

Rothermund, Dietmar, und Susanne Weigelin-Schwiedrzik. 2004. *Der Indische Ozean. Das afroasiatische Mittelmeer als Kultur-und Wirtschaftsraum*. Wien: Promedia.

Rouse, Ruth, Stephen Charles Neill, and Harold C. Fey. 1993. *A History of the Ecumenical Movement 1517–1968*, vol. 1/2 (4th revised edition). Geneva: World Council of Churches.

Russel, Horace O. 2000. *The Missionary Outreach of the West Indian Church. Jamaican Baptist Missions to West Africa in the 19th Century*. New York: Peter Lang.

Ruttmann, Hermann. 1996. *Kirche und Religion von Aussiedlern aus den GUS-Staaten*. Marburg: REMID.

Sachau, Eduard. 1908. *Syrische Rechtsbücher, Bd. 2*. Berlin: G. Reimer.

Sanneh, Lamin. 1999. *Abolitionists Abroad: American Blacks and the Making of Modern West Africa*. Cambridge: Harvard University Press.

Sareen, Tilak Raj. 2007. "India and the War." In *The Impact of the Russo-Japanese War*, edited by Rotem Kowner, 239–50. New York: Routledge.

Sargant, Norman. 1962. *The Dispersion of the Tamil Church*. New Delhi: ISPCK.

Schumacher, John N. 1981. *Revolutionary Clergy: The Filipino Clergy and the Nationalist Movement, 1850–1903*. Quezon City: Ateneo de Manila University Press.

Schurhammer, Georg. 1934. *The Malabar Church and Rome During the Early Portuguese Period and Before*. Trichinopoly: Printed by F. M. Ponnuswamy.

Schurhammer, Georg, S.I. 1963. "Die Bekehrung der Paraver (1535–1537)." *Gesammelte Studien II: Orientalia*. Hrsg. zum 80. Geburtstag des Verfassers unter Mitwirkung von László Szilas S.I., 215–54. Roma / Lisboa: IHSI / Centro de Estudos Históricos Ultramarino.

Scott, William H. 1963. "The Philippine Independent Church in History." *Silliman Journal* 10: 298–310.

Scott, William H. 1987. *Aglipay Before Aglipayanism*. Quezon City: Aglipayan Resource Center.

Selb, Walter. 1981. *Orientalisches Kirchenrecht, Bd. 1: Die Geschichte des Kirchenrechts der Nestorianer (von den Anfängen bis zur Mongolenzeit)*. Wien: Verlag der österreichischen Akademie der Wissenschaften.

Sensbach, John. 2005. *Rebecca's Revival: Creating Black Christianity in the Atlantic World*. Cambridge: Harvard University Press.

Sensbach, John. 2012. "Transcontinental Marriages: The Evangelist Christian Jacobus Protten Africanus (West Africa) and the Former Slave Rebecca Freundlich Protten (Caribbean)." In *Etappen der Globalisierung in christentumsgeschichtlicher Perspektive / Phases of Globalization in the History of Christianity*, edited by Klaus Koschorke, 239–54. Wiesbaden: Harrassowitz.

Seth, Mesrovb J. 1937. *Armenians in India. From the Earliest Times to the Present Day*. Calcutta: [published by the author].

Shapiro, Michael I. 2010. *Christian Culture and Military Rule. Assimilation and its Limits during the First Decade of Japan's Colonial Rule in Korea, 1910–1919*. PhD dissertation, University of California, Berkeley.

Shedd, Clarence Prouty, ed. 1955. *History of the World's Alliance of Young Men's Christians Associations*. London: SPCK.

Shenk, Wilbert R. 1981. "Rufus Anderson and Henry Venn: A Special Relationship?" *International Bulletin of Missionary Research* 5 (4): 168–72.

Shenk, Wilbert R. 2006. *Henry Venn, Missionary Statesman*. Eugene, OR: Wipf and Stock Publishers.

Simon, Benjamin. 2010. *From Migrants to Missionaries. Christians of African Origins in Germany*. Frankfurt / Main: Peter Lang.

Smit, Peter-Ben. 2011. *Old Catholic and Philippine Independent Ecclesiologies in History: The Catholic Church in Every Place*. Leiden: Brill.

Smit, Peter-Ben. 2013. "Von der Kolonialkirche zur indigenen Theologie: Die Geschichte der Iglesia Filipina Independiente anhand ihrer Interpretation der Bibel." *Jahrbuch für europäische Überseegeschichte* 11: 95–115.

Somaratna, G. P. V. 1989. "Pre-Portuguese Christianity in Sri Lanka." *Indian Church History*

Review 23: 144–54.

Sonntag, Mira. 2017. "A legacy in question: Uchimura Kanzô (1861–1930) and Christianity in modern Japan." *Religious Studies Review* 43 (2): 125–35.

Spliesgart, Roland. 2006. *'Verbrasilianerung' und Akkulturation. Deutsche Protestanten im brasilianischen Kaiserreich am Beispiel der Gemeinden in Rio de Janeiro und Minas Gerais (1822–1889)*. Wiesbaden: Harrassowitz.

Sprotte, Maik Hendrik, Wolfgang Seifert und Heinz D. Löwe, Hrsg. 2007. *Der Russisch-Japanische Krieg 1904/05. Anbruch einer neuen Zeit?* Wiesbaden: Harrassowitz.

Standaert, Nicolas, ed. 2001. *Handbook of Christianity China, vol. 1: 635–1800*. Leiden: Brill.

Stauffer, Milton Theobald, Tsinforn C. Wong, and M. Gardner Tewksbury, eds. 1922. *The Christian Occupation of China, A General Survey of the Numerical Strength and Geographical Distribution of the Christian Forces in China Made by the Special Committee on Survey and Occupation China Continuation Committee, 1918–1921*, Shanghai: China Continuation Committee.

Steinberg, John W., Bruce W. Menning, David Schimmelpenninck van der Oye, David Wolff, and Shinji Yokote, eds. 2005. *The Russo-Japanese War in Global Perspective*, vol. 1. Leiden / Boston: Brill.

Takai-Heller, Yuki. 2014. "Missionary Perspective on Christianization, Japanization, and Modernization in Taiwan during the Japanese Colonial Era: With a special focus on the emergence of modernized Christian youth." In *Chuanjiaoshi Bixia de Dalu yu Taiwan* 傳教師筆下的大陸與台灣, edited by Wang Chengmian [Peter Chen-main Wang] 王成勉, 253–88. Taoyuan: National Central University Press.

Tang, Li. 2004. *A Study of the History of Nestorian Christianity in China and Its Literature in Chinese*. Frankfurt / Main: Peter Lang.

Thomas, George. 1979. *Christian Indians and Indian Nationalism, 1885–1950*. Frankfurt / Main: Peter Lang.

Thomas, Megan C. 2006. "Isabelo de los Reyes and the Philippine Contemporaries of La Solidaridad." *Philippine Studies* 54: 381–411.

Thomas, Megan C. 2012. *Orientalists, Propagandists, and Ilustrados: Filipino Scholarship and the End of Spanish Colonialism*. Minneapolis: University of Minnesota Press.

Thornton, John. 1984. "The Development of an African Catholic Church in the Kingdom of Kongo: 1491–1750." *Journal of African History* 25: 147–67.

Thornton, John K. 1988. "On the Trail of Voodoo: African Christianity in Africa and the Americas." *The Americas* 44: 261–78.

Thornton, John K. 1991. "African Dimensions of the Stono Rebellion." *American Historical Review* 96: 1101–1113.

Thornton, John K. 1993. "'I Am the Subject of the King of Congo'. African Political Ideology and the Haitian Revolution." *Journal of World History* 4: 181–214.

Thornton, John. 1998. *Africa and Africans in the Making of the Atlantic World, 1400–1800*. Cambridge: Cambridge University Press.

Toepel, Alexander. 2005. "Traces of Nestorianism in Manchuria and Korea." *Oriens Christianus* 89: 77–85.

Toepel, Alexander, Hrsg. 2008. *Die Mönche des Kublai Khan. Die Reise der Pilger Mar Yahballaha und Rabban Sauma nach Europa*. Darmstadt: Wissenschaftliche Buchgesellschaft.

引用・参考文献一覧

Toepel, Alexander, and Chung Ju-Mi. 2004. "Was there a Nestorian mission in Korea?" *Oriens Christianus* 88: 29–35.

Tong, Hollington K. 1961. *Christianity in Taiwan: A History*. Taipei: China Post.

Torre, Michael D., ed. and trans. 2013. *Do Not Resist the Spirit's Call: Francisco Marín-Sola on Sufficient Grace*. Washington: Catholic University of America Press.

Tseng, Timothy. 1999. "Chinese Protestant Nationalism in the United States, 1880–1927." In *New Spiritual Homes. Religion and Asian Africans*, edited by David K. Yoo, 19–51. Honolulu: University of Hawaii Press.

Tsolidis, Georgina, ed. 2014. *Migration, Diaspora and Identity. Cross-National Experiences*. Heidelberg / New York: Springer.

Tubach, Jürgen. 1994. "Der Apostel Thomas in China. Die Herkunft einer Tradition." in *VI Symposium Syriacum 1992*, edited by René Lavenant, 299–310. Roma: Pontificio Instituto Orientale.

Tubach, Jürgen. 1999. "Die nestorianische Kirche in China." In *Nubica et Aethiopica*, vol. 4/5, edited by Peter Nagel and Piotr O. Scholz, 61–193. Warschau: ZAS PAN.

Vertovec, Steven. 2000. *The Hindu Diaspora. Comparative Patterns*. London / New York: Routledge.

Vilaça, Helena, Enzo Pace, Inger Furseth, and Per Pettersson, eds. 2014. *The Changing Soul of Europe. Religious and Migrations in Northern and Southern Europe*. Farnham / Burlington: Ashgate.

Vink, Markus. 2000. "Church and State in Seventeenth-Century Colonial Asia: Dutch-Parava Relations in Southeast India in a Comparative Perspective." *Journal of Early Modern History* 4 (1): 1–43.

von Harnack, Adolf. 1924. *Die Mission und Ausbreitung des Christentums in den ersten drei Jahrhunderten*. Leipzig: Hinrichs'sche Buchhandlung.

Walls, Andrew F. 1996. *The Missionary Movement in Christian History: Studies in the Transmission of Faith*. Maryknoll, NY: Orbis Books.

Walls, Andrew F. 2002. "Sierra Leone, Afroamerican Remigration, and the Beginnings of Protestantism in West Africa." In *Transkontinentale Beziehungen in der Geschichte des Außereuropäischen Christentums / Transcontinental Links in the History of Non-Western Christianity*, edited by Klaus Koschorke, 45–56. Wiesbaden: Harrassowitz.

Walls, Andrew F. 2008. "Towards a Theology of Migration." In *South Asian Christian Diaspora. Invisible Diaspora in Europe and North America*, edited by Knut A. Jacobsen and Selva J. Raj, 407–20. Farnham / Burlington: Ashgate.

Warner, Michael. 2002. *Publics and Counterpublics*. Cambridge: Zone Books.

Weber, Hans-Ruedi. 1966. *Asia and the Ecumenical Movement, 1895–1961*. London: SCM Press.

Weisz, Tiberiu. 2006. *The Kaifeng Stone Inscriptions. The Legacy of the Jewish Community in Ancient China*. Lincoln, N.E.: iUniverse, Inc.

Wellnitz, Britta. 2003. *Deutsche evangelische Gemeinden im Ausland. Ihre Entstehungsgeschichte und die Entwicklung ihrer Rechtsbeziehungen zur EKD*. Tübingen: Mohr Siebeck.

Wendt, Reinhard. 2012. "Globalisierung in christentumsgeschichtlicher Perspektive. Kommentierende Bemerkungen aus allgemein-historischer Sicht." In *Etappen der Globalisierung in christentumsgeschichtlicher Perspektive / Phases of Globalization in the History of Christianity*, edited by Klaus Koschorke, 373–76. Wiesbaden: Harrassowitz.

Wendt, Reinhard, und Timo Baumann. 1993. "Zur Vorgeschichte der Dekolonisierung in Asien. Japans Einfluss auf die Emanzipationsbewegungen zwischen Meiji-Restauration und Erstem Weltkrieg." *Internationales Asienforum* 24: 331–56.

Whittemore, Lewis Bliss. 1961. *Struggle for Freedom: History of the Philippine Independent Church*. Greenwich, CT: Seabury Press.

Wicki, Josef. 1976. "Die unmittelbaren Auswirkungen des Konzils von Trient auf Indien (ca. 1565–1585)." In *Missionskirche im Orient: Ausgewählte Beiträge über Portugiesisch-Asien*, hrsg. von Josef Wicki, 213–29. Immensee: SMB Immensee.

Williams, Caroline A., ed. 2009. *Bridging the Early Modern Atlantic World*. Farnham / Burlington: Ashgate.

Williams, C. Peter. 1990. *The Ideal of the Self-Governing Church: A Study in Victorian Missionary Strategy*. Leiden: Brill.

Williams, Samuel Wells. 1896. "Preface." In S. Wells Williams, *A Syllabic Dictionary of the Chinese Language According to the Wu-fang Yuen Yin, with the Pronunciation of the Characters as Heard in Peking, Canton, Amoy, and Shanghai*, vi-vii. Shanghai: American Presbyterian Mission Press.

Williams, Walter L. 1982. *Black Americans and the Evangelization of Africa 1877–1900*. Madison: University of Wisconsin Press.

Wilmhurst, David. 2000. *The Ecclesiastical Organisation of the Church of the East, 1318–1913*. Louvain: Peeters.

Wilmshurst, David. 2011. *The Martyred Church. A History of the Church of the East*. London: East & West Publishing Ltd.

Winkler, Dieter W., and Li Tang, eds. 2009. *Hidden Treasures and Intercultural Encounters*. Studies on East Syriac Christianity in China and Central Asia. Wien / Münster: Lit Verlag.

Wolff, David, Steven G. Marks, Schimmelpenninck van der Oye David, John W. Steinberg, and Yokote Shinji, ed. 2007. *The Russo-Japanese War in Global Perspective, vol. 2*. Leiden / Boston: Brill.

Wong, Danny Tze-Ken. 1998. *The Transformation of an Immigrant Society. A Study of the Chinese of Sabah*. London: Asean Academic Press.

Wright, Arnold, ed. 1907. *Twentieth Century Impressions of Ceylon: Its History, People, Commerce, Industries, and Resources*. London: Lloyd's Greater Britain Publishing.

Xie, Bizhen. 2006. "The History of Quanzhou Nestorianism." In *Jingjiao: The Church of the East in China and Central Asia*, edited by Roman Malek and Peter Hofrichter, 257–77. Sankt Augustin: Institut Monumenta Serica.

Xu, Longfei. 2004. *Die nestorianische Stele in Xi'an. Begegnung von Christentum und chinesischer Kultur*. Bonn: Norbert Maria Borengässer.

Yang, Fenggang. 1999. *Chinese Christians in America. Conversion, Assimilation and Adhesive Identities*. University Park, PA: Pennsylvania State University Press.

Yoo, David K., ed. 1999. *New Spiritual Homes: Religion and Asian Africans*. Honolulu: University of Hawaii Press.

引用・参考文献一覧

【日本語・中国語文献】

赤江達也（2013）『「紙上の教会」と日本近代 —— 無教会キリスト教の歴史社会学』岩波書店

足名貞道（2008）「植村正久の日本論（1）」『アジア・キリスト教・多源性』6、1-24 頁

井川直衛（1936）『バアクレイ博士の面影』キリスト教真理社

茨木智志（2014）「「歴史」教育における自国史と世界史の課題 —— 戦後日本の中学校社会科　歴史的分野の成立と展開に焦点を当てて」『歴史教育史研究』12、18-38 頁

植村正久（1931-1934）『植村正久全集』（全 5 巻、別巻 3 冊）植村正久全集刊行会

植村正久（1966）『植村正久著作集』（全 7 巻）新教出版社

内村鑑三（1980-1984）『内村鑑三全集』（全 40 巻）岩波書店

王林（2004）『西学与変法 ——『万国公報』研究』斎魯書社

黄昭弘（1993）『清末寓華西教士之政論及其影響 —— 以『万国公報』為主的討論』宇宙光出　版社

小川圭治・池明観編（1984）『日韓キリスト教関係史資料 1876-1921』新教出版社

太田愛人（1989）『開化の築地・民権の銀座 —— 築地バンドの人々』築地書館

勝尾金弥（2012）『七一雑報を創ったひとたち』創元社

加藤陽子・佐高信（2011）『戦争と日本人 —— テロリズムの子供たちへ』角川学芸出版

蒲豊彦（2013）「長江流域教案と"子ども殺し"」、森時彦編『長江流域社会の歴史景観』京都　大学人文科学研究所、265-99 頁

倉田明子（2014）『中国近代開港場とキリスト教 —— 洪仁玕がみた「洋社」会』東京大学出　版会

小崎弘道（1938a）『小崎全集』第二巻警醒社内小崎全集刊行会

小崎弘道（1938b）『小崎全集』第三巻警醒社内小崎全集刊行会

佐藤公彦（2010）『清末のキリスト教と国際関係 —— 太平天国から義和団・露清戦争、国民　革命へ』汲古書院

佐藤公彦（2015）『中国の反外国主義とナショナリズム —— アヘン戦争から朝鮮戦争まで』　集広舎

佐波亘編著（1938）『植村正久と其の時代』（第 2 巻）、教文館

朱海燕（2016a）「中華民国初期における宗教批判について」『言語・地域文化研究』16、　111-29 頁

朱海燕（2016b）「1920 年代中国における反キリスト教運動と中国キリスト教会の本色化」　『明治学院大学キリスト教研究所紀要』48、265-90 頁

朱海燕（2016c）「中国の共産主義と反キリスト教運動 —— 1922 年の世界キリスト教学生同盟　会議の開催への反対」『アジア研究』62：3、69-85 頁

朱海燕（2016d）「『非教』と『護教』のせめぎ合い —— 1922 年の広東における『非キリスト　教』運動」『明治学院大学キリスト教研究所紀要』49、53-80 頁

卓南生（1990）『中国近代新聞成立史 1815-1874』ぺりかん社

竹内弘行（2008）『康有為と近代大同思想の研究』汲古書院

武田清子（1967）『土着と背教』新教出版社

趙暁蘭・呉潮（2011）『伝教士中文報刊史』復旦大学出版社

張妙娟（2005）『開啓心眼 ——『台湾府城教会報』与長老教会的基督徒教育』人光出版社

姚興富（2006）『耶儒対話与融合 ——『教会新報』（1868-1874）研究』宗教文化出版社

沈国威編著（1999）『『六合叢談』（1857-58）の学際的研究』白帝社

陳培豊（2001）『同化と同床異夢 —— 日本統治下台湾の国語教育再考』三元社

陳慕真（2015）『白話字的起源与在台湾的発展』（国立台湾師範大学台湾語文学系博士論文）

鄧慧恩（2012）「芥菜子的香気 ── 再談北部基督長老教会的新人運動」『台湾文献』63：4、67-99頁

湯清（1987）『中国基督教百年史』道声出版社

富坂キリスト教センター編（1988）『キリスト教と大嘗祭』新教出版社

富坂キリスト教センター編（1996）『近代天皇制の形成とキリスト教』新教出版社

富坂キリスト教センター編（2001）『大正デモクラシー、天皇制、キリスト教』新教出版社

富坂キリスト教センター編（2007）『十五年戦争期の天皇制とキリスト教』新教出版社

中村敏（2011）『日本プロテスタント海外宣教史 ── 乗松雅休から現在まで』新教出版社

奈良常五郎（1959）『日本YMCA史』日本YMCA同盟出版部

原田章吉編（1894）『湖畔論集』十字屋書店

松浦章等編著（2006）『退迩貫珍　附解題・索引』上海辞書出版社

三川智央（2010）「『西國立志編』と明治初期の「小説」観（I）」『人間社会環境研究』20、39-41頁

村田雄二郎編（2010）『万国公法の時代　洋務・変法運動　原典中国近代思想史2』岩波書店

矢田部千佳子（2018）「「非戦主義者の戦死」精読と内村鑑三の「犠牲の精神」」『内村鑑三研究』51、35-73頁

山口修（1976）「日本史における「神」の問題」『聖心女子大学キリスト教文化研究所報』3、1-3頁

山本澄子（2006）『中国キリスト教史研究』（増補改訂版）、山川出版社

楊代春（2002）『『万国公報』与晩清中西文化交流』湖南人民出版社

横井時雄（1894）『我邦の基督教問題』警醒社書店

頼永祥（1994）『教会史話（二）』人光出版社

李若文（1993）「教案に見る清末司法改革の社会的背景 ── 西洋宣教師の訴訟介入により引き起こされた事象を中心に」『東洋学報』74：3/4、351-81頁

李萬烈（1987）『韓国基督教文化運動史』韓基督教出版社

廖安惠（1996）『北部台湾基督長老教会《新人運動》的研究』（国立成功大学碩士論文）

梁元生（1978）『林楽知在華事業与『万国公報』』中文大学出版社

林楽知編（1968a）『教会新報（二）　清末民初報刊叢書之三』華文書局

林楽知編（1968b）『万国公報（六）　清末民初報刊叢書之四』華文書局

渡瀬常吉（1938）『海老名弾正先生伝』龍吟者

渡辺祐子（1994）「清末揚州教案」『史学雑誌』103：11、1889-1924頁

新聞・雑誌一覧

ローマ字表記の新聞・雑誌

新聞・雑誌名	発行場所	発行時期	本書の主な参照頁
Andover Review	ニュートン（米国）	1884－1893	223
Bân-lâm Sèng-hōe-pò〔漢字表記：『閩南聖会報』〕	廈門	1914－1949	240
Chiang-Choân Sèng-hōe-pò〔漢字表記：『漳泉聖会報』〕	廈門	1888－1914	239-40
Chinese Repository	広州	1832－1851	232-33
Daily Christian Advocate〔注：メソジスト・エピスコパル教会総会中に発行される新聞〕	米国各地	1848－現在に至る	224
Der Katholik	マインツ（ドイツ）	1821－1918	144
Indian Christian Herald	コルカタ	1870－1903	31
Inkanyiso yase Natal	ピーターマリッツバーグ（南アフリカ）	1889－1896	91, 93-102, 157
Kòa-chhài-chí〔漢字表記：『芥菜子』〕	屏東	1925－1937	247
La Iglesia Filipina Independiente: Revista Católica	マニラ	1903－1904	94, 98-103, 130-34, 139-44
La patria	マニラ	1899－1903	129, 139-43, 147
La Redencion del Obrero	マニラ	1903－1904	94,130
La Verdad	マニラ	1903	94-96, 99, 129, 135-36, 144-47
Libertas	マニラ	1899－1918	129, 139-43, 147
Missionary Register	ロンドン	1813－1855	215
Tâi-lâm-hú Kàu-hoē-pò〔漢字表記：『台南府教会報』〕	台南	1892	230, 239-47
Tâi-lâm Hú-siâⁿ Kàu-hoē-pò〔漢字表記：『台南府城教会報』〕	台南	1893－1905	230, 239-47
Tâi-lâm Kàu-hoē-pò〔漢字表記：『台南教会報』〕	台南	1906－1913	230, 239-47
Tâi-oân-hú-siâⁿ Kàu-hōe-pò〔漢字表記：『台湾府城教会報』〕	台南	1885－1891	230, 239-47
Tâi-oân Kàu-hōe Kong-pò〔漢字表記：『台湾教会公報』〕	台南	1932－1942	230, 239-47

Tâi-oân Kàu-hōe-pò 〔漢字表記：『台湾教会報』〕	台南	1913－1932	230, 239-47
The Chinese Recorder and Missionary Journal	福州 上海	1868－1871 1874－1941	214
The Christian Patriot	マドラス（現在のチェンナイ）	1890－1929	30-32, 45, 64, 93-112, 115-25, 128
The Gold Coast Leader	ケープ・コースト（ガーナ）	1902－1934	94, 103
The Harvest Field	マイソール（インド）	1880－1924	108, 110, 120-21
The Hindu	マドラス（現在のチェンナイ）	1978－現在 に至る	99
The Independent	ニューヨーク	1848－1928	144
The Indian Witness	コルカタ	1882?－1958	112
The Japan Christian Intelligencer	東京	1926－1928	167
The Japan Daily Mail	東京	1865－1917	163
The Japan Weekly Mail	横浜	1870－1917	163
The Kaffir Express	ラブデール（南アフリカ）	1870－1875	95
The Lagos Standard	ラゴス（ナイジェリア）	1895－1920	94, 99-102, 162
The Lagos Weekly Record	ラゴス（ナイジェリア）	1891－1930	94, 99
The Missionary Recorder	福州	1867－1868	214
The Negro Churchman	ニューヨーク	1923–1931	103
The New York Times	ニューヨーク	1851－現在 に至る	133
The New Zealand Tablet	ダニーデン	1873－1996	133
The Sierra Leone Weekly News	フリータウン（シエラレオネ）	1884－1951	94

漢文および和文の新聞・雑誌

新聞・雑誌名	発行場所	発行時期	本書の主な 参照頁
『益知新録』	上海	1876－1878	199
『格致彙編』	上海	1876－1878 1880－1882 1890－1892	199
『遐迩貫珍』	香港	1853－1856	198, 211
『基督教世界』	大阪	1903－1942	169-70

新聞・雑誌一覧

『教会新報』〔注：初期は『中国教会新報』〕	上海	1868－1874	197-209, 212, 239
『国民之友』〔ローマ字表記：The Nation's Friend〕	東京	1887－1898	163
『察世俗毎月統記伝』	マラッカ（現在のムラカ）	1815－1821	197, 211
『七一雑報』	神戸	1875－1883	153-61, 168
『新人』〔ローマ字表記：Shin-jin〕	東京	1900－1926	174-75, 181, 185-94
『真光雑誌』	広州	1902－1906	195
『循環日報』	香港	1874－1947	202
『生命月刊』	北京	1920－1926	195
『聖書之研究』	東京	1900－1930	162-66, 170-71, 244
『台湾民報』	東京、台北	1923－1929	246
『中外新報』	寧波	1858－1861	212
『中西聞見録』	北京	1872－1875	199
『東京新報』〔ローマ字表記：Tokei Sinpo〕	東京	1876－1877?	155-56, 162
『東京独立雑誌』〔ローマ字表記：The Tokyo Independent〕	東京	1898－1900	161-62
『東京毎週新報』	東京	1880－1885	155-56
『東西洋考毎月統記伝』	広州、シンガポール	1833－1838	197-98
『日本評論』	東京	1890－1894	164
『福音週報』	東京	1890－1891	164
『福音新報』	東京	1981－1942	167, 187, 193
『文社月刊』	蘇州	1926－1928	195
『万国公報』	上海	（週刊）1874－1883（月刊）1889－1907	195-210, 212, 239
『万朝報』	東京	1892－1940	161, 163, 171
『無教会』	東京	1901－1902	165
『六合雑誌』	東京	1880－1921	175-81, 185-86
『六合叢談』	上海	1857－1858	198

287

漢字およびハングルを使用する新聞・雑誌

新聞・雑誌名	発行場所	発行時期	本書の主な参照頁
『学之光』 〔ハングル表記：학지광〕	東京	1914－1930	260
『基督青年』 〔ハングル表記：기독청년〕	東京	1917－1919	248-53, 260-65
『公道』 〔ハングル表記：공도〕	ソウル	1914－1915	248-49, 252-61, 265

おわりに

　本書に含まれている諸論文はこれまでのキリスト教史の歴史記述を改めようとするものである。これらは近代出版メディアとの関連において諸地域を見つめ、そこに生きるキリスト教徒の多様な経験、中でもキリスト教系新聞・雑誌に反映された彼らの経験に「グローバル性」を見出そうと努めている。新聞・雑誌などの出版メディアが登場し、一般市民が意見を交わす空間としての「公共圏」が提供された時代は、近代国民国家の形成期と重なる。だからこそ、この時期の現地人キリスト教徒に注目すれば、彼らがどのようにして自分の信仰を（構築されつつある）自国のアイデンティティと結びつけ、信仰をナショナルなものとして捉えようとしているかが見えてくる。

　一方、「グローバル・クリスチャニティのミュンヘン学派」は地域や大陸をまたぐ繋がりの発掘に取り組み、個別の国民性を超越しようとする汎アフリカ主義や汎アジア主義の言論に注意を払う。それはたしかに重要な視点であるに違いない。しかしその結果、各地で植民地支配からの解放を目指す現地人キリスト教徒が、他地域の進歩に励まされながら、自らの国民的アイデンティティをどう捉えていたのか、望ましい「国民国家」についてどう考えていたのかということは見えてこなくなる。この問題を追究するには、現地のキリスト教徒が自国を「国民国家」として意識し始める —— 国民性に目覚める —— プロセスと並んで、国民国家の概念がキリスト教的に解釈されるプロセスにも注目する必要があるだろう。その意味で、19世紀の宣教運動において最も重要であった「神の国」という概念の解釈に関して、地域によってどのような共通点と相違があったかは、今後とも調査する必要がある。

　さらに、現地のキリスト教徒は内部の言論では互いに自国についての意見や夢、懸念を分かち合っていたが、外部と繋がろうとする時には内部に存在する主張の多様性を抑えながら議論を進めていたと考えられる。少なくとも、新聞・雑誌の著者はそれぞれ対象にしている読者を意識して記事を書いたことは確かであろう。キリスト教の「グローバル・ヒストリー」を対象とする研究は、このような内部志向と外部志向それぞれが生む言論・言説の幅と両者の接点に

も注意を払うべきではないだろうか。新帝国主義の時代でもあった近代に各地で勃発していた戦争についての報道からも、自国志向と他国への意識の両方を読み取ることができる。近代出版メディアにおける軍事通信は軍事史の観点からは研究されてきたが、キリスト教という思想的枠組みの中で、つまり軍事に対するキリスト教解釈のダイナミクスに注目して分析された例はまだない。これは今後「グローバル・クリスチャニティ」の歴史研究が提示できるであろうもう一つの興味深いテーマである。

　また、「グローバル・ヒストリー」のアプローチを東アジアのキリスト教史に適用する場合、そこに共通の文化遺産として継承されたもの —— 漢字や儒教など —— がキリスト教系ネットワークの形成を支えるインフラストラクチャーとして存在していたことも見逃してはならない。キリスト教徒 —— 宣教師も現地キリスト教徒も —— が地域をまたぐネットワークを築いていくにあたってはこの他にも利用可能なものがあったはずだ。「グローバル・クリスチャニティのミュンヘン学派」の研究では、同時代の世俗的な運動との関連性が指摘されているが、これに加えて他宗教が開発した情報伝達の経路なども考慮すべきであろう。

　以上、キリスト教の「グローバル・ヒストリー」研究の今後についていくつかの可能性を指摘したが、もしさらに多くの歴史学者がこの新しいアプローチを積極的に取り入れれば、国境を超えた学術交流も促進され、そこから得られる研究成果もまたますます深みのあるものになっていくだろう。

　なお、本書は独立行政法人日本学術振興会平成31年度（2019年度）科学研究費助成事業（科学研究費補助金）（研究成果公開促進費）19HP5099の交付を受けて出版された。

　最後に、本書の企画趣旨にご賛同いただき、それぞれの専門分野の視点から論考を寄稿していただいた執筆者のみなさま、翻訳者のみなさまに心からお礼を申し上げる。また、出版に際しては新教出版社社長・小林望氏と編集・森本直樹氏にご尽力いただいた。

ミラ・ゾンターク

【執筆者紹介】（執筆順）

クラウス・コショルケ　第1章、第2章、第3章、第4章、第5章

1948年生まれ。ミュンヘン大学プロテスタント神学部名誉教授、リバープール・ホープ大学特任客員教授、バーゼル大学特任客員教授。古代教会史、ヨーロッパ域外キリスト教史およびキリスト教拡張史が専門分野で、「グローバル・クリスチャニティのミュンヘン学派」の創始者。業績に関しては本書文献表を参照。その他の日本語論文として「聖書翻訳と印刷機——宗教改革が世界に及ぼした影響」『福音と世界』72：6（2017年6月）、15-21頁がある。また新著の *"Owned and conducted entirely by the Native Christian Community". Der 'Christian Patriot' und die indigen-christliche Presse im kolonialen Indien um 1900* (Wiesbaden: Harrassowitz) は2019年に刊行予定。

アドリアン・ヘルマン　第6章

1981年生まれ。ボン大学国際科学フォーラム（FIW）教授。グローバル化した世界の宗教史、フィリピンキリスト教史、宗教概念の受容史および（特に仏教系の）宗教的近代主義研究が専門分野で、「グローバル・クリスチャニティのミュンヘン学派」の中心メンバー。業績に関しては本書文献表を参照。その他に、*Unterscheidungen der Religion. Analysen zum globalen Religionsdiskurs und zum Problem der Differenzierung von 'Religion' in buddhistischen Kontexten des 19. und frühen 20. Jahrhunderts* (Göttingen: Vandenhoeck & Ruprecht, 2015), 共編の *Orte der europäischen Religionsgeschichte* (Würzburg: Ergon, 2015), "Distinctions of Religion. The Search for Equivalents of 'Religion' and the Challenge of Theorizing a 'Global Discourse of Religion'." In *Making Religion. Theory and Practice in the Discursive Study of Religion*, edited by Frans Wijsen and Kocku von Stuckrad (Leiden: Brill, 2016), 97-124 などがある。

マイケル・Ⅰ・シャピロ　第8章、第12章

1977年生まれ。同志社大学嘱託研究員。研究分野は日韓関係史。
博士論文「キリスト教文化と武断政治——日本帝国の朝鮮植民地主義における同化主義とその限界」を元に書籍を執筆中。

倉田明子（くらた・あきこ）　第9章

1976年生まれ。東京外国語大学総合国際学研究院准教授。専門は中国近代史、キリスト教史、香港地域史。
主な著作に『中国近代開港場とキリスト教』（東京大学出版会、2014年）、「漢会とロバーツ」『キリスト教史学』70（2016年）、33-52頁、（共著）『はじめての中国キリスト教史』（かんよう出版、2016年）。

渡辺祐子（わたなべ・ゆうこ）　第10章

明治学院大学教授。東京外国語大学大学院地域文化研究科博士後期課程（学術博士）。
主な著作に「華中伝道の祖　グリフィス・ジョン　試論」『明治学院大学キリスト教研究所紀要』46（2014年）、71-103頁、（共著）『はじめての中国キリスト教史』（かんよう出版、2016年）、「「満洲国」における宗教統制とキリスト教」『明治学院大学キリスト教研究所紀要』51（2019年）、293-323頁。

髙井ヘラー由紀（たかい・へらー・ゆき）　第11章
1969年生まれ。台湾南神神学院神学研究所助理教授。国際基督教大学博士課程修了。
専門は台湾キリスト教史。
主な著作に「日本統治下台湾における台日プロテスタント教会の「合同」問題」『キリスト教史学』59（2005年）、109-41頁、「日本植民地統治期の台湾YMCA運動史試論」『明治学院大学キリスト教研究所紀要』45（2012年）、71-118頁、"Free from the Barriers between the 'Colonizer' and the 'Colonized'? The Holiness Movement in Colonial Taiwan, 1921-1941"（『東海歴史研究集刊』第二期、台中市：東海大学歴史学系、2015年9月）、163-202頁。

【訳者紹介】

工藤万里江（くどう・まりえ）　第1章、第4章
立教大学大学院キリスト教学研究科博士後期課程在籍。新教出版社『福音と世界』編集スタッフ。訳書にパトリック・S・チェン『ラディカル・ラブ —— クィア神学入門』（新教出版社、2014年）、論文「『神学とはクィアなもの』? —— エリザベス・スチュアートの『クィア神学』理解の批判的考察」日本基督教学会編『日本の神学』57（2018年9月）、26-48頁他。

平田貴子（ひらた・たかこ）　第2章、第3章、第5章、第6章
津田塾大学（国際関係学科）卒。
二十数年間、主に学術関係の翻訳。

《編者紹介》

ミラ・ゾンターク

1971年生まれ。立教大学文学部教授。近現代アジア・キリスト教史、日本宗教思想史および女性／フェミニスト神学が専門分野。業績には、「日本におけるキリスト教フェミニズムとその公益性」西村明編『いま宗教に向きあう第2巻：隠される宗教、顕れる宗教』（岩波書店、2018年）161-175頁、"Christian Feminism in Japan: 'Minoritarian' and 'Majoritarian' Tendencies, Struggles for Self-Assertion, and Multiple 'Lines of Flight'." *Journal of Religion in Japan* 4/2-3 (2015): 105-32, "Divine Healing in the Early Holiness Movement of Japan." *Religious Studies in Japan* 1 (2012): 39-59や『大正期日本における合理主義と救済——1918/19年のキリスト再臨待望運動の「厚い記述」』（博士学位論文、東京大学大学院人文社会系研究科）などがある。

〈グローバル・ヒストリー〉の中のキリスト教
—— 近代アジアの出版メディアとネットワーク形成

2019年6月22日　第1版第1刷発行

編　者　ミラ・ゾンターク
発行者　小林　望
発行所　株式会社 新教出版社
　　　　〒162-0814 東京都新宿区新小川町9-1
　　　　電話 03 (3260) 6148　FAX 03 (3260) 6198
　　　　URL http://www.shinkyo-pb.com/

印刷所　モリモト印刷株式会社

配給元　日キ版　〒162-0814 東京都新宿新小川町9-1
　　　　　　　　電話 03 (3260) 5670　FAX 03 (3260) 5637

ISBN 978-4-400-21327-7　C1016　　　　　　　　Printed in Japan

©2019　　　　　　　　　　　落丁・乱丁本はお取り替えいたします。